瑞达法考客观题系列

2024 国家统一法律职业资格考试

民事诉讼法精讲

8

◎韩心怡 编著

中国民主法制出版社

图书在版编目（CIP）数据

2024国家统一法律职业资格考试．民事诉讼法精讲．8／韩心怡编著．—北京：中国民主法制出版社，2023.11
（瑞达法考客观题系列）
ISBN 978-7-5162-3431-0

Ⅰ．①2… Ⅱ．①韩… Ⅲ．①民事诉讼法－中国－资格考试－自学参考资料 Ⅳ．①D920.4

中国国家版本馆CIP数据核字（2023）第202837号

图书出品人：刘海涛
责任编辑：陈 曦 张雅淇 李 郎 魏敬仁

书 名／2024国家统一法律职业资格考试·民事诉讼法精讲8
作 者／韩心怡 编著

出版·发行／中国民主法制出版社
地址／北京市丰台区右安门外玉林里7号（100069）
电话／（010）63055259（总编室） 63058068 63057714（营销中心）
传真／（010）63055259
http：//www.npcpub.com
E-mail：mzfz@npcpub.com
经销／新华书店
开本／16开 787毫米×1092毫米
印张／15 字数／347千字
版本／2023年11月第1版 2023年11月第1次印刷
印刷／三河市鑫鑫科达彩色印刷包装有限公司

书号／ISBN 978-7-5162-3431-0
定价／66.00元

勿将今事待明日——代序

又是一年深秋时，当我照例开始精讲书的编写工作时，《仲裁法》的修订工作仍然停滞不前，而《民事强制执行法（草案）》亦存在不少分歧。在此背景下，经过反复思考、讨论和比较，我最终决定按期出版2024年客观题精讲书。若在考试大纲出台前上述法律有立法变动，再另行出版专门的增补小册子。这样一方面可以确保大家在最佳时间启动民诉学科的备战学习，不受修法进程中不确定因素的拖延；另一方面也可以让大家更加有针对性地掌握新修内容。

一、彻底告别司考时代：精讲书的新变化

2023年法考真题的命题方式，再次深刻证明了司考时代的真正终结。对基本原理的超灵活考查、对实体法与程序法的深度融合考查，使得单凭口诀、公式等"黑科技"，根本无法从容应对考试，更难在主观阶段找到突破点。依循法考命题的最新趋势，结合2023年修正后的《民事诉讼法》，我对本书进行了全面修订和更新：进一步提升了民诉法知识点与民商事实体法的结合度；增加了新出台的司法解释的核心内容；更新了民诉相关的指导性案例和公报案例；还原了2018年至2023年客观题和主观题的考点；等等。

从体例结构方面来看，本书共十九讲，每一讲都由"思维导图""考点概览""原理点睛""记忆胶囊""避坑指南""真题回放""串讲小课堂"等板块构成。其中"思维导图"旨在提纲挈领，厘清知识框架结构，便于打通内部关系脉络；"考点概览"利用表格展示本讲的核心考点，帮助大家精准掌握学习重点；"避坑指南"对命题中的常见陷阱和易错点进行专门提示。针对每一讲中的高频考点、核心考点以及难点，均采用示例的方法给予着重解析，从而将案例分析自然融于其中，并借助表格和图示等手段对易混淆点和难点进行破解。在每一讲结束后，设有"串讲小课堂"板块，帮助考生浓缩该讲的关键内容，巩固记忆，并借助"真题回放"中近几年的真题进行融会贯通，帮助大家准确把握法考改革后的命题风格和命题方向，逐步积累解题经验。本书在最后还配有"重要知识点快速索引"，便于大家在学习和后续复习过程中，快速定位相关知识点。

此外，为了契合"实体法与程序法相结合""法律规范与制度原理相结合"的考查趋势，书中通过"原理点睛"板块来帮助大家理解制度背后的基本原理和运行规律；通过"实体拓展""指导案例链接"等板块帮助大家掌握民诉与民商事实体法的结合点。与此同时，通过"解题窍门""记忆胶囊"等板块以及各式图表，帮助大家提炼记忆要点和破题窍门，从而快速提高得分率。

二、主客一体化：民诉法的正确打开方式

本书将继续延续我过去六年的授课特点：一是在讲解民诉与仲裁知识点的同时，最大限度地融入与民商事实体法相结合的考点，贴合法考的最新命题风格；二是主客观一体化，在客观精讲阶段，就帮助大家基本达到主观阶段的知识水平，努力实现主客观一考而过；三是着重讲解制度背后的基本原理，帮助大家在理解的基础上进行记忆，从而能够灵活运用、举一反三。

以最新命题趋势为指引，结合本书的体例和线索，大家在备战2024年法考的过程中需要牢记以下几个备考“锦囊”。

第一，要夯实基础。在复习的初期阶段，切不可好高骛远，一定要正确认识基础知识和法条的重要作用，只有牢固且全面地掌握了基本知识，才能在接下来的备考过程中事半功倍。

第二，要切实掌握民事诉讼的核心理论和基本原理，并能够运用相关理论和原理分析实际问题。为了回应理论性考查的不断强化，不能仅限于对法条的孤立记忆，而是要了解法律规范和制度背后的相关理论及原理，并能够运用这些理论和原理来独立思考、分析。

第三，要全面掌握新修内容和亮点制度。除了民诉和仲裁的相关规范更新外，还要结合民商事实体法的最新制度，对新增内容和修改内容进行全面掌握，包括每年新公布的指导性案例、公报案例等。

第四，要非常重视案例分析能力的培养。借助本书中的各种大小案例和示例，对相关知识点进行深入理解并能够灵活运用，从而一方面适应客观题综合性、灵活性的命题趋势，另一方面强化主观题大案例的解构能力，反复练习梳理法律关系、阅读法律文书并进行自主转述的能力，真正做到以不变应万变。

第五，要特别强化实体法与程序法相结合的能力。在学习民诉法知识的过程中，要注意其与民商事实体法之间的关联性；在学习民法和商法的过程中，要重视其与民诉法之间的交融点。只有这样，才能适应法考在客观题，尤其是主观题部分的考查模式，从而顺利通关。

今年，也许是您第一次踏上法考备战之路，或许曾经有过失败的辛酸经历。但此时此刻，大家都站在了同一条起跑线上，都是一个全新的开始。请记住此刻自己的“鸡血”状态和豪情壮志，在接下来注定不轻松的备战时光里，请做到今日事、今日毕。坚持，远比豪情壮志更重要，细水长流才是真。衷心祝愿大家：2024年开心通关，顺遂如意！

韩心怡

2023年11月初于北京

民诉法的核心框架

- 总体结构概览
  - 民诉总论
    - 民诉法概述；基本原则；基本制度；诉；主管与管辖；当事人与诉讼代理人；诉讼辅助与保障制度
  - 民事证据与证明
    - 证据论
    - 证明论
  - 民事诉讼程序
    - 普通程序
    - 简易程序：传统型+小额诉讼程序
    - 二审程序
    - 再审程序
  - 非讼程序
    - 特别程序
    - 督促程序
    - 公示催告程序
  - 民事执行程序
    - 执行概述；执行管辖与执行管辖异议；执行行为异议；执行标的异议与再审；执行标的异议与执行异议之诉；委托执行；执行担保；执行和解；参与分配；变更、追加被执行人；各种执行措施
  - 民商事仲裁
    - 仲裁协议
    - 仲裁程序
    - 仲裁司法审查

目　录

第一讲

民事诉讼与多元化的纠纷解决机制

思维导图

- 民诉法概述
  - 多元化的解纷机制：和解；人民调解；民商事仲裁；劳动仲裁
  - 民诉法的性质：基本法+程序法+部门法+公法
  - 民诉法的效力
  - 民事司法程序的体系结构：诉讼程序+非讼程序+执行程序

考点概览

多元化的民事纠纷解决机制	和解：私力救济
	人民调解：社会救济；“可诉可确”
	民商事仲裁：入口自治、出口强制；或裁或审；一裁终局；适用范围有限
	劳动争议：仲裁前置（先仲裁、后诉讼）；无须仲裁协议
	民事诉讼：公力救济；执行力；适用范围广
民诉法的性质	在法律体系中的地位——基本法
	调整的社会关系——部门法
	规定的内容——程序法
	公私法划分——公法
民诉法的效力	无论是谁，只要选择了在中国境内用诉讼的方式解决民事纠纷，就只能用中国的民事诉讼法

一、民事诉讼初认识

民事诉讼，是指民事争议的当事人向人民法院提出诉讼请求，人民法院在双方当事人和其他诉讼参与人的参加下，依法审理和裁判民事争议的程序和制度。[1]

---

〔1〕 参见张卫平：《民事诉讼法》（第五版），法律出版社2019年版，第5页。

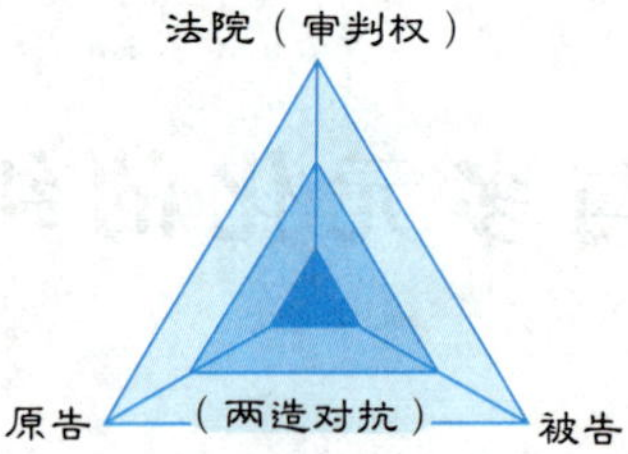

1. 民事诉讼行为，即民事诉讼活动，是指发生在人民法院、当事人和其他诉讼参与人之间的行为。

注意：法院的内部行为（如合议庭评议案件、审委会讨论案件等）不属于民事诉讼行为。

2. 民事诉讼法律关系，是指受民事诉讼法调整的，存在于法院、当事人和其他诉讼参与人之间的诉讼权利和诉讼义务关系。

原理点睛

民事诉讼的三角形结构：法院居中裁判＋双方当事人平等对抗。

3. 民事司法程序的类型概览

民事司法程序＝诉讼程序＋非讼程序＋执行程序

（1）诉讼程序：一审普通程序＋简易程序（传统型简易程序＋小额诉讼程序）＋二审程序＋审判监督程序（再审程序）

（2）非讼程序：特别程序（6种[1]）；督促程序；公示催告程序

（3）执行程序

原理点睛

诉讼程序的主要功能是解决纠纷；非讼程序不解决纠纷，适用于非民事争议的案件；执行程序的主要功能是实现权利。程序的功能不同，制度设计、体系结构和运行原理亦随之不同。

二、多元化的民事纠纷解决机制

1. 民事诉讼：不告不理；强制执行力保障；法定性和规范性；适用范围较广（财产关系＋人身关系）。

2. 民商事仲裁："入口自治、出口强制"；协议仲裁；或裁或审；一裁终局；适用范围有限。

提示：法院的受案范围广于仲裁委员会，平等主体之间纯粹的人身权益纠纷不能仲裁。

---

〔1〕特别程序中共包括7种案件，其中选民资格案件不属于非讼案件，其他6种均为非讼性质的案件。选民资格案件虽然不是非讼案件，但其规则与其他6种特别程序基本一致。

3. 劳动仲裁：劳动诉讼的前置程序（先仲裁、后诉讼）

（1）劳动仲裁的启动不以存在仲裁协议为前提；劳动仲裁是提起劳动诉讼的前置程序。

（2）劳动仲裁不受《仲裁法》的调整，而是由《劳动争议调解仲裁法》调整。

4. 人民调解

人民调解

（1）合同效力：调解协议具有法律约束力，效力相当于民事合同，双方就调解协议的履行或内容发生争议，一方当事人可以就调解协议向法院起诉，而不能针对原纠纷提起诉讼。一方当事人不履行人民调解协议，另一方向法院提起诉讼的，应以对方当事人为被告。

（2）与非讼程序的衔接：人民调解协议生效之日起30日内，双方当事人可以共同向法院提出司法确认申请。司法确认裁定书具有执行力。

提示：人民调解协议本身不能作为执行依据，执行依据是法院出具的司法确认裁定书。

记忆胶囊　人民调解协议“可诉可确”。

【例】方大锤与宋大毛是同事，方大锤为了购买某品牌登山棒，向宋大毛借款3万元，并约定5个月之后返还借款本金及利息共计32000元。还款期限届满后，方大锤始终未依约还款，在多次催促无果的情况下，宋大毛萌发了起诉的念头。后经人民调解组织调解，双方达成协议：方大锤在10日内返还借款本金3万元，宋大毛放弃追索利息。

本案中，在人民调解组织主持下达成的调解协议具有民事合同性质的效力，但没有强制执行力。（1）如果在履行调解协议的过程中发生争议，方大锤和宋大毛均有权就调解协议向法院起诉，但此时诉讼的对象是该调解协议中约定的权利义务关系，而不能直接针对二人原先的借款纠纷提起诉讼；如果法院判决撤销了该调解协议，那么当事人可以针对原纠纷起诉。（2）如果并不存在争议，但是宋大毛担心方大锤反悔，此时可以由双方共同向法院申请司法确认。若法院经审查出具了司法确认裁定书，则该裁定书能够成为申请法院强制执行的依据。但需要特别注意的是，无论是否经过司法确认，人民调解协议本身不具有强制执行力，不能成为执行依据。简言之，人民调解协议虽然事实上确定了执行的具体内容，但具有执行力、能够成为执行依据的是法院出具的司法确认裁定书这一公文书。

三、民事诉讼法的性质和效力

（一）民事诉讼法的性质

1. 在法律体系中的地位：基本法
2. 调整的社会关系：部门法（具有独立的调整对象）
3. 规定的内容：程序法
4. 公私法的划分：公法（三大诉讼法均为公法）

原理点睛

民事诉讼程序、制度和具体规则的设置均须遵循民事诉讼法的基本属性，否则有违社会主义法治理念的基本要求。

（二）民事诉讼法的效力

1. 对人效力：在中国法院进行民事诉讼，无论是中国自然人、法人或其他组织，还是外国自然人、无国籍人、外国企业和组织，均必须适用中国的《民事诉讼法》。简言之，无论是谁，只要是在我国领域内进行民事诉讼，就必须适用我国的《民事诉讼法》。

提示：民事诉讼法涉及国家司法主权，因此，在我国境内的主体只要选择了通过诉讼的方式解纷民事纠纷，就必须适用我国的民事诉讼程序规则。

2. 对事效力：民事诉讼法适用于哪些案件，即法院的主管范围（受案范围），包括平等主体之间因财产关系和人身关系而引发的纠纷。

3. 时间效力[1]：不同于民事实体法，民事诉讼法作为程序法具有溯及力。

4. 空间效力：凡在中华人民共和国领域内进行民事诉讼，均适用中国的《民事诉讼法》，包括中国的领土、领海、领空以及领土的延伸部分，还包括使领馆和航空器。

串讲小课堂

1. 民商事仲裁 VS 劳动仲裁：(1) 启动民商事仲裁需要达成书面的仲裁协议，启动劳动仲裁无须仲裁协议；(2) 民商事仲裁与民事诉讼相互排斥（“或裁或审”）；劳动仲裁是提起劳动诉讼的前置程序（先仲裁、才能后诉讼）。

2. 人民调解：“可诉可确”。经过司法确认后的人民调解协议本身没有执行力，有执行力的是司法确认裁定书。

3. 民事诉讼法的属性：基本法；公法；部门法；程序法。

4. 无论是谁，只要选择在中国境内用诉讼的方式解决民事纠纷，就必须适用中国的《民事诉讼法》。

5. 民事司法程序：诉讼程序 + 非讼程序 + 执行程序。

---

〔1〕 我国的《民事诉讼法》自1991年正式颁行，目前共进行过5次修正，分别发生在2007年、2012年、2017年、2021年和2023年。

第二讲

民事诉讼法的基本原则和基本制度

思维导图

- 民诉法的基本原则
  - 平等原则
  - 同等原则与对等原则
  - 处分原则
  - 辩论原则
  - 民事诉讼诚信原则
  - 民事检察监督原则
  - 法院调解原则
  - 在线诉讼与线下诉讼具有同等效力原则
- 民诉法的基本制度
  - 合议制度；单一式+陪审制
  - 回避制度
  - 公开审判制度：法定不公开与可以不公开
  - 两审终审制：一审终审的情形

考点概览

基本原则	平等原则	当事人在诉讼上的地位一律平等；对当事人在适用法律上一律平等
	同等原则与对等原则	同等是常态，对等是报复
	辩论原则	贯穿于诉讼程序的全过程；书面辩论 + 口头辩论
	处分原则	实体性处分 + 程序性处分；依法处分 + 诚信处分
	民事诉讼诚信原则	所有参与民事诉讼法律关系的主体均应遵守诚信原则

续表

基本原则	民事检察监督原则	审判检察监督＋执行检察监督；抗诉＋检察建议
	在线诉讼与线下诉讼具有同等效力原则	当事人同意；在线诉讼与线下诉讼法律效力同等

基本制度	合议制度	陪审制的适用范围；独任制的适用范围；合议庭的评议原则
	回避制度	适用对象；自行回避＋申请回避＋决定回避；回避的决定权
	两审终审制度	一审终审的例外情形（不得上诉）
	公开审判制度	法定绝对不公开＋依申请可以不公开；公众的裁判文书查阅权

一、民事诉讼法的基本原则[1]

（一）当事人诉讼地位平等原则

《民事诉讼法》（2023 年修正）[2]第 8 条规定：民事诉讼当事人有平等的诉讼权利。人民法院审理民事案件，应当保障和便利当事人行使诉讼权利，对当事人在适用法律上一律平等。

1. 平等原则的具体要求

（1）无论身份、诉讼中的角色、实体法上有无过失，民事诉讼当事人在诉讼上的地位一律平等；

（2）当事人有平等地使用诉讼权利的手段；

（3）法院中立客观：法院平等地保障双方当事人行使诉讼权利；对当事人在适用法律上一律平等。

2. 民事诉讼当事人各方享有同等的诉讼权利，承担对等的诉讼义务。

避坑指南

诉讼权利同等、诉讼义务对等≠诉讼权利义务完全相同。双方当事人的诉讼权利义务有些相同，有些则不同但相对应，即诉讼权利和诉讼义务的相同性与对应性。

诉讼权利义务的相同性	双方当事人均有权委托诉讼代理人、向法院提交证据、申请法院调取证据、申请回避、申请保全、参加庭审、进行辩论、提出上诉，等等
诉讼权利义务的对应性（区别性）	原告享有起诉权，被告享有应诉答辩权、反诉权；原告有权选择管辖法院，被告有权提出管辖权异议；原告有权提出、放弃、变更诉讼请求，被告有权承认、反驳诉讼请求；等等

〔1〕 鉴于法院调解原则的重要性及其与具体制度和规则的紧密联系，本书将在第七讲对法院调解进行专门讲授，在本讲中暂不涉及。

〔2〕 本书中的《民事诉讼法》，法条均为 2023 年修正后的。

（二）同等原则与对等原则

1. 同等原则：在民事诉讼中，外国当事人（外国人、无国籍人、外国企业和组织）与中国当事人（公民、法人和其他组织）具有平等的诉讼地位，有同等的诉讼权利义务，不因当事人是外国人而限制或扩大其诉讼权利，或者减少或加重其诉讼义务。

平等原则与同等原则、对等原则的区分

2. 对等原则：在民事诉讼中，遇有外国法院对中国公民、法人和其他组织的民事诉讼权利加以限制的，中国法院也相应地限制该国公民、企业或者组织的民事诉讼权利。

解题窍门

（1）同等是常态（原则上一视同仁）；对等是报复（你欺负我，我就报复你）。

（2）平等原则 VS 同等原则、对等原则：平等原则针对的是诉讼当事人双方之间的关系，适用于所有的民事诉讼中；同等原则和对等原则针对的是国内与涉外、中国当事人与外国当事人之间的关系，适用于涉外民事诉讼领域。

（三）辩论原则

1. 辩论原则贯穿于诉讼程序的全过程，但不适用于非讼程序和执行程序。

注意：辩论原则≠法庭辩论环节。

2. 辩论权是当事人的专属权利，仅当事人享有辩论权，法院、其他诉讼参与人不享有辩论权。

3. 辩论权的行使方式：口头辩论＋书面辩论。

4. 辩论的内容：（1）实体问题（事实问题、证据问题）；（2）法律问题；（3）程序问题。

5. 辩论权对审判权的约束：当事人主张和辩论的对象是法院审理和裁判的对象，当事人主张和辩论的事实及证据是法院裁判的依据；对于当事人无争议的事实，法院可以直接作为裁判的依据。

【例】在实践中，剥夺当事人辩论权的常见行为主要包括：审判人员不允许当事人行使辩论权利；以不送达起诉状副本或上诉状副本等方式，致使当事人无法行使辩论权；应当开庭而不开庭；违法缺席判决。

（四）处分原则

《民事诉讼法》第13条第2款规定：当事人有权在法律规定的范围内处分自己的民事权利和诉讼权利。

1. 处分权是当事人的专属权利，诉讼代理人、证人等其他诉讼参与人均不享有处分权。

2. 适用范围：当事人在整个诉讼过程中都可依法行使处分权。

记忆胶囊 辩论权和处分权都是当事人的专属权利，但是二者的适用范围不同。辩论原则仅适用于诉讼程序，不适用于执行程序和非讼程序；而处分原则既适用于诉讼程序，也可能适用于非讼程序和执行程序。

3．当事人处分的内容：自己享有的民事实体权利和民事诉讼权利，即实体性处分与程序性处分。对民事实体权利的处分一般通过处分诉讼权利来实现，例如：诉讼中自认、认诺、放弃主张、接受调解等；但处分程序权利不一定涉及对实体权利的处分，例如当事人放弃委托诉讼代理人、放弃提出管辖权异议等。

4．处分权的行使方式：（1）明示处分；（2）默示处分。

5．处分权的相对性、有限性：当事人行使处分权须符合法律规定，不能损害国家利益、社会公共利益和他人合法权益，即依法处分、诚信处分。

解题窍门 处分原则 VS 辩论原则：处分原则涉及诉讼请求的范围，法院超判或漏判均违反处分原则；辩论原则涉及事实和证据问题，法院该质证而不质证、将未经质证的证据直接作为定案依据，违反辩论原则。

原理点睛

当事人的处分权与法院的审判权（诉权与审判权）构成了民事诉讼程序的核心和主线，二者之间相互制约。一方面，法院裁判不能超出当事人的请求范围，体现了处分权对审判权行使范围的限制；另一方面，当事人行使处分权须遵循依法处分的要求，法院代表国家对当事人行使处分权的行为进行监督，体现了审判权对处分权的约束作用。

辩论原则与处分原则的区分

实战演练 （2018年真题回忆版）甲公司与乙公司于2016年10月签订《房屋租赁合同》一份，甲公司将房屋出租给乙公司使用。该合同约定：租赁期限自2016年10月30日起至2026年10月29日止，每月租金为人民币11.8万元，装修免租期为5个月，逾期支付租金需按日租金千分之五支付违约金，逾期支付租金累计超过1个月，出租方可提前解除合同，承租方应支付违约金11.8万元。合同签订后，乙公司自2017年7月起拒不履行支付租金的义务。甲公司经多次催讨无果，2018年2月诉至法院，要求乙公司支付自2017年7月30日起至2018年2月28日止的房屋租金70.8万元。一审法院审理后作出判决，要求乙公司支付拖欠的房屋租金70.8万元，并支付逾期付款的利息3600元，解除双方之间的租赁合同。关于法院对该案判决的评论，下列选项中正确的有？[1]

A. 该判决符合法律规定，实事求是，全面保护了权利人的合法权益

B. 该判决不符合法律规定，违反了民事诉讼的处分原则

C. 该判决不符合法律规定，违反了民事诉讼的公开审判制度

D. 该判决不符合法律规定，违反了民事诉讼的两审终审制度

（五）民事诉讼诚信原则

《民事诉讼法》第13条第1款规定：民事诉讼应当遵循诚信原则。

1．诉讼诚信原则的适用对象：当事人、其他诉讼参与人、法院，即所有参与民事诉

---

〔1〕 答案：B。本案中，原告只要求被告支付违约金，法院超判了利息和解除合同，一旦看到法院超判或漏判的情况，应当立马想到违反了处分原则。因此，选项B的说法正确。

讼的主体均应遵守民事诉讼诚信原则。

2. 民事诉讼诚信原则在民事诉讼法律制度中的具体体现

法院	依法行使审判权和执行权；公正司法
当事人	客观陈述（保证书）；及时提供证据（逾期举证的法律后果）；不得借助诉讼损害国家利益、社会公益、他人合法权益（恶意诉讼）；禁反言
诉讼参与人	证人如实作证（保证书）；鉴定人客观鉴定（承诺书）；翻译人员如实翻译
检察机关	依法行使民事检察监督权

实战演练 （2014年卷三第37题）根据《民事诉讼法》规定的诚信原则的基本精神，下列哪一选项符合诚信原则?[1]

A. 当事人以欺骗的方法形成不正当诉讼状态

B. 证人故意提供虚假证言

C. 法院根据案件审理情况对当事人提供的证据不予采信

D. 法院对当事人提出的证据任意进行取舍或否定

（六）民事检察监督原则

1. 民事检察权的性质和功能：公权力对公权力的监督；以法院审判权和执行权为监督对象。

原理点睛

民事检察监督权属于公权制约型监督，对法院行使审判权和执行权的行为进行监督，而不包括当事人、其他诉讼参与人的行为。

2. 监督范围和监督对象：民事审判检察监督+民事执行检察监督。

（1）对生效民事判决、裁定、调解书的监督；

（2）对审判程序中审判人员违法行为的监督；

（3）对民事执行活动的监督。

3. 多元化的监督方式：抗诉+检察建议。

（1）抗诉

最高人民检察院对各级人民法院已经发生法律效力的民事判决、裁定、调解书，上级人民检察院对下级人民法院已经发生法律效力的民事判决、裁定、调解书，发现有《民事诉讼法》规定情形的，应当向同级人民法院提出抗诉。

记忆胶囊 除了最高法的生效裁判由最高检"同级抗"，其他均为"上抗下"。

---

〔1〕答案：C。按照民事诉讼诚信原则的内涵和具体要求，当事人和其他诉讼参与人、法院均应当诚实守信的依法行使权利或职权。以欺骗方式形成诉讼、故意作伪证、法院恣意认证，均有违诚信原则的精神和要求。法院对当事人提供的证据不予采信是其依法行使认证权的应有权限。因此，选项C当选。

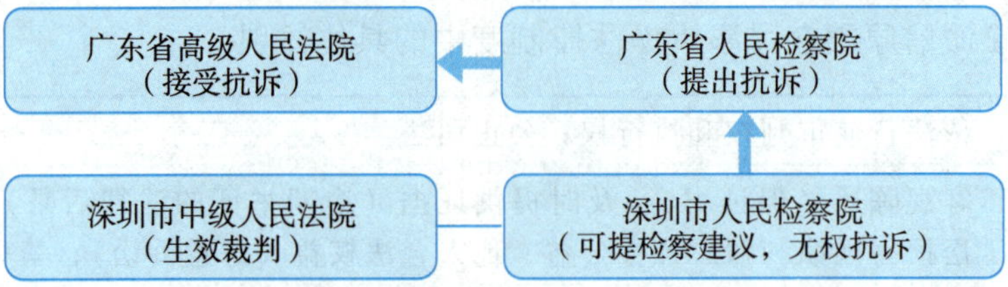

（2）检察建议

检察建议属于同级监督，但要向上一级检察机关备案。各级检察机关向同级法院提出再审检察建议的，须经该人民检察院检察委员会讨论决定。

（七）在线诉讼与线下诉讼具有同等效力原则

《民事诉讼法》第16条规定："经当事人同意，民事诉讼活动可以通过信息网络平台在线进行。民事诉讼活动通过信息网络平台在线进行的，与线下诉讼活动具有同等法律效力。"

1. 法院适用在线诉讼的前提条件是当事人同意，即当事人享有处分权、选择权。
2. 在线诉讼与线下诉讼具有同等的法律效力。

避坑指南

一方当事人同意以在线方式进行，另一方不同意的，同意的一方可以以在线的方式进行诉讼。

实战演练 （2022年真题网络回忆版）甲在某网站购买了一个乙公司生产的热水壶，后因质量问题发生纠纷并诉至法院。法院组织双方当事人以线上视频的方式交换证据，乙公司同意，甲明确拒绝，法院依此认为甲放弃了交换证据的权利。法院的做法违反了民诉法的哪项基本原则？[1]

A. 对等原则

B. 同等原则

C. 诚信原则

D. 在线诉讼原则

二、民事诉讼法的基本制度

（一）公开审判制度

1. 公开的范围和对象

（1）范围：开庭审理的过程＋法院判决的宣告过程＋裁判文书。

（2）对象：向社会公开、媒体公开、公众公开；允许旁听和报道。

---

〔1〕 答案：D。依据《民事诉讼法》第16第1款的规定："经当事人同意，民事诉讼活动可以通过信息网络平台在线进行。"由此可知，在线诉讼虽然是我国民诉法的基本原则之一，但采用在线诉讼的前提条件是当事人同意。本案中，甲明确拒绝进行在线证据交换，法院不能依此认定甲放弃了证据交换的权利。因此，法院的做法违反了在线诉讼原则。

注意：无论是否公开审理案件，合议庭的评议过程一律不公开，宣判一律公开。

2. 公开审判制度的例外

（1）法定不公开审理的案件（应当不公开）：涉及国家秘密的案件；涉及个人隐私的案件；法律另有规定的其他情形。

（2）依当事人申请不公开审理的案件（可以不公开）：涉及商业秘密的案件；离婚案件。

避坑指南

依申请不公开审理的案件中，当事人仅有程序上的申请权，法院享有最终的决定权。此外，当事人申请不公开审理无须另一方当事人的同意，只要有一方当事人申请不公开且法院认为符合法律的相关规定，就可以不公开审理。

3. 公开审理与其他具体制度的关系

（1）公开审理与开庭审理：开庭审理≠公开审理；不公开审理≠不开庭审理。

记忆胶囊 民事诉讼以公开开庭审理为原则，以不公开开庭审理为例外。

【例】A公司与B研究所针对某种抗皱护肤产品的配方专利发生争议并诉至法院，在开庭审理前，被告A公司以该纠纷涉及公司商誉和商业秘密为由，申请法院对本案不公开审理。法院进行审查后，认为该案可以公开审理，遂没有准许被告的请求而是决定公开审理。在本案中，损害商誉并非依申请不公开审理的法定事由，且涉及商业秘密也仅属于“可以”不公开审理的情形，法院对此享有最终的决定权，因此法官决定公开审理此案的做法并无不妥。

（2）公众的裁判文书查阅权

公众可以查阅发生法律效力的判决书、裁定书，但涉及国家秘密、商业秘密和个人隐私的内容除外。

①公民、法人或者其他组织申请查阅发生法律效力的判决书、裁定书的，应当以书面形式向作出该生效裁判的法院提出，并提供具体的案号或者当事人姓名、名称。

②判决书、裁定书已经通过信息网络向社会公开的，法院应当引导申请人自行查阅；

③判决书、裁定书未通过信息网络向社会公开，且申请符合要求的，法院应当及时提供便捷的查阅服务；

④判决书、裁定书尚未发生法律效力或者已失去法律效力的，法院不提供查阅并告知申请人；

⑤发生法律效力的判决书、裁定书不是本院作出的，应当告知申请人向作出生效裁判的法院申请查阅；

⑥申请查阅的内容涉及国家秘密、商业秘密、个人隐私的，不予准许并告知申请人。

记忆胶囊 公众查阅裁判文书的“三不能”——未生效不能查，调解书不能查，涉密涉私不能查。例外——民事公益诉讼的调解书，可以允许公众查阅。

（二）回避制度

1. 回避的适用对象：参与本案审理的法院院长、副院长、审判委员会委员、庭长、副庭长、审判员、助理审判员和人民陪审员、法官助理、书记员、司法技术人员、翻译人员、鉴定人、勘验人、检察人员、执行人员。

（1）审判人员≠审判员：人民陪审员和助理审判员都属于审判人员。法官助理、书记员、司法技术人员和执行员适用审判人员回避的有关规定。

（2）证人不适用回避制度，但可以通过限制证人旁听庭审等措施，防止其受到干扰或串供。

原理点睛

证人具有不可替代性，此乃“有缘千里来作证”。

2. 回避的方式：自行回避；依申请回避；决定回避。

当事人及其代理人有权申请回避。回避申请的提出时间是案件开始审理时，回避的事由在此后才知道的，可以在法庭辩论终结前提出。

3. 回避的法定事由

（1）审判人员应当自行回避的情形

①是本案当事人或者当事人近亲属；

②本人或者其近亲属与本案有利害关系；

③担任过本案的证人、鉴定人、辩护人、诉讼代理人、翻译人员；

④是本案诉讼代理人的近亲属；

⑤本人或者其近亲属持有本案非上市公司当事人的股份或者股权；

⑥与本案当事人或者诉讼代理人有其他利害关系，可能影响公正审理。

提示：出现上述情形时，若审判人员没有自行回避，当事人有权申请其回避。

（2）当事人申请回避的法定情形

①接受本案当事人及其受托人宴请，或者参加由其支付费用的活动；

②索取、接受本案当事人及其受托人财物或者其他利益；

③违反规定会见本案当事人、诉讼代理人；

④为本案当事人推荐、介绍诉讼代理人，或者为律师、其他人员介绍代理本案；

⑤向本案当事人及其受托人借用款物；

⑥有其他不正当行为，可能影响公正审理。

（3）审判人员有应当回避的情形，没有自行回避，当事人也没有申请其回避的，由院长或者审判委员会决定其回避。

（4）在一个审判程序中参与过本案审判工作的审判人员，不得再参与该案其他程序的审判。

例外：发回重审的案件，在一审法院作出裁判后又进入第二审程序的，原第二审程序中合议庭组成人员不受上述限制。

记忆胶囊 适用自行回避的情形通常是审判人员有某些客观存在的利害关系（内在原因）；适用依申请回避的情形通常是审判人员有某些不正当行为或活动（外化行为）；而决定回避则属于上述两种回避方式均失灵时的兜底方式。

4. 回避的决定权

（1）法院院长担任审判长时的回避：审判委员会决定。

（2）审判员、人民陪审员、书记员、执行人员的回避：法院院长决定。

（3）其他人员的回避：审判长决定。

（4）检察人员的回避：检察长的回避，由检察委员会讨论决定；检察人员和其他人员的回避，由检察长决定。检察委员会讨论检察长回避问题时，由副检察长主持，检察长不得参加。

5. 回避的法律效力及救济机制

（1）被申请回避的人员在人民法院作出是否回避的决定前，应当暂停参与本案的工作，但案件需要采取紧急措施的除外。

（2）法院对回避申请应在3日内作出决定，申请人在申请被驳回后，可以申请本院复议一次，但在复议审查期间，被申请回避的人员不停止参与本案的工作。人民法院对复议申请，应当在3日内作出复议决定，并通知复议申请人。

避坑指南

被决定回避的人员无权申请复议；复议期间相关人员不停止参与工作。

实战演练　**（2018年真题网络回忆版）孙某诉朱某借款合同纠纷案，朱某得知人民陪审员唐某曾违反规定私下会见孙某的代理律师李某，遂向法院提出回避申请。关于本案的回避，下列表述中正确的有？**[1]

A. 唐某有权就回避决定申请复议

B. 朱某申请回避时，必须说明理由

C. 唐某的回避应由法院院长决定

D. 朱某应向法院院长提出针对唐某的回避申请

（三）合议制度

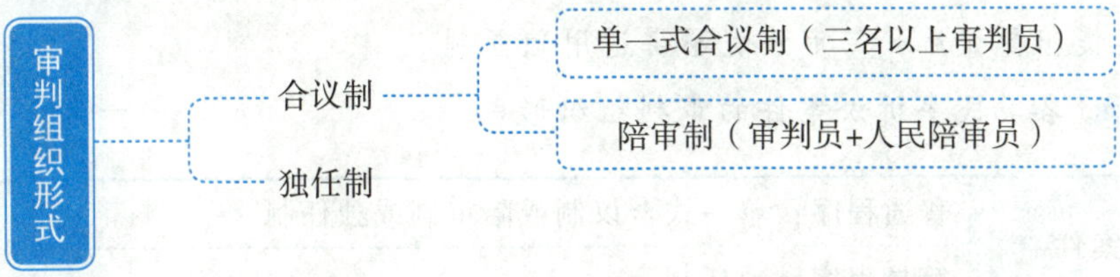

1. 合议制：由三名以上审判人员组成的合议庭对案件进行审理的制度。又分为混合式合议庭（陪审制）与单一式合议庭，前者由审判员和人民陪审员共同组成合议庭；后者只有审判员参与组庭。

2. 独任制：由一名审判员对民事纠纷案件进行审理、作出裁判的制度。

---

〔1〕答案：BC。本题考查回避制度的相关具体规定。当事人有权对回避决定申请复议，被决定回避的主体无权申请复议，唐某作为被回避的对象，没有复议申请权。选项A的说法错误。审判人员违反规定会见本案的诉讼代理人，属于依申请回避的情形，当事人在申请回避时应当说明理由。选项B的说法正确。人民陪审员属于审判人员，其回避应当由院长决定。选项C的说法正确。选项D没有法律依据，不当选。

3. 独任制的适用范围

（1）简易程序案件；

（2）大部分的非讼案件；

（3）部分普通程序案件：基层人民法院审理的基本事实清楚、权利义务关系明确的第一审民事案件，可以由审判员一人适用普通程序独任审理；

（4）部分二审案件：中级人民法院对第一审适用简易程序审结或者不服裁定提起上诉的第二审民事案件，事实清楚、权利义务关系明确的，经双方当事人同意，可以由审判员一人独任审理。

提示：（1）一审普通程序案件适用独任制的条件：基层法院 + 事实清楚、权利义务关系明确。

（2）二审案件适用独任制须经双方当事人同意。可以适用独任制的二审案件：①简易程序案件的二审；②对可上诉裁定的二审（不予受理、驳回起诉、管辖权异议的裁定）。

避坑指南

中院管辖的一审案件，不得适用独任制；中院管辖的部分二审案件，有可能适用独任制。在一审案件中适用独任制，无须当事人同意；在二审案件中适用独任制，必须双方当事人均同意。一审用普通程序审理且判决结案的，二审中绝对不能用独任制。

实战演练（2022年真题网络回忆版）李某与范某的侵权纠纷由甲市A区法院适用简易程序作出一审判决，李某不服，上诉至甲市中级法院，中级法院指定赵法官独任审理，李某对此提出异议。关于本案，下列选项中说法错误的有？[1]

A. 一审用判决方式结案的，二审法院不得适用独任制

B. 简易程序案件，在二审中法院可以自行决定适用独任制

C. 李某提出异议后，法院应当进行审查，异议成立的，不得适用独任制

D. 李某提出异议后，二审法院不得适用独任制

记忆胶囊 各类民事诉讼案件的审判组织形式

第一审案件	普通程序：单一式合议制或陪审制或独任制
	简易程序：独任制
二审发回重审案件	单一式合议制或陪审制
二审案件	单一式合议制或独任制

---

〔1〕 答案：ABC。《民事诉讼法》第41条第2款规定：“中级人民法院对第一审适用简易程序审结或者不服裁定提起上诉的第二审民事案件，事实清楚、权利义务关系明确的，经双方当事人同意，可以由审判员一人独任审理。”本案中一审适用简易程序审理，因此无论是判决结案还是裁定结案，均有可能适用独任制进行二审。选项A的说法错误。二审案件适用独任制的，必须经过双方当事人同意。选项B的说法错误。在二审案件中适用独任制，必须经过双方当事人同意，本案中李某对此提出异议，意味着李某不同意在二审中适用独任制，因此二审法院不得适用独任制。选项C的说法错误，选项D的说法正确。

续表

再审案件	适用一审程序再审：单一式合议制或陪审制
	适用二审程序再审：单一式合议制

4. 不得适用独任制的案件

《民事诉讼法》第42条规定："人民法院审理下列民事案件，不得由审判员一人独任审理：（一）涉及国家利益、社会公共利益的案件；（二）涉及群体性纠纷，可能影响社会稳定的案件；（三）人民群众广泛关注或者其他社会影响较大的案件；（四）属于新类型或者疑难复杂的案件；（五）法律规定应当组成合议庭审理的案件；（六）其他不宜由审判员一人独任审理的案件。"

记忆胶囊　不得适用独任制的案件：涉及国益或社会公益；涉群纠纷影响社会稳定；群众广泛关注或社会影响较大；新类型或复杂疑难案件；法律规定必须用合议制的案件。再审案件、发回重审案件、公益诉讼、第三人撤销之诉，均不得适用独任制。

5. 审判组织形式的转换：独任转合议（《民事诉讼法》第43条）

（1）法院依职权转换：法院在审理过程中，发现案件不宜由审判员一人独任审理的，应当裁定转由合议庭审理。

（2）当事人申请（异议）转换：当事人认为案件由审判员一人独任审理违反法律规定的，可以向人民法院提出异议。人民法院对当事人提出的异议应当审查，异议成立的，裁定转由合议庭审理；异议不成立的，裁定驳回。

6. 陪审制的适用范围：适用第一审普通程序审理的诉讼案件。

（1）只要是适用第一审普通程序审理的诉讼案件，均可吸收陪审员参加合议庭，包括一审普通程序案件、二审发回重审的案件和适用第一审程序进行再审的案件。

（2）不限于基层法院，各级法院适用一审普通程序审理的诉讼案件均可有陪审员参加。

（3）非讼案件和二审案件一律不得适用陪审制。

（4）人民陪审员不能担任审判长；不能在简易程序中担任独任审判员。人民陪审员参加7人合议庭审判案件，对事实认定，独立发表意见，并与法官共同表决；对法律适用，可以发表意见，但不参加表决。

避坑指南

能否适用陪审制，与法院的级别高低无关，但是与案件的审级有关。

7. 合议庭的评议原则：少数服从多数；合议庭不能形成多数意见时，报请审判委员会。不同意见应当如实记入合议笔录，对裁判持不同意见的审判人员应当在裁判文书上签字。

实战演练　**（2023年真题网络回忆版）某甲的合同纠纷诉讼，一审法院适用简易程序由张法官独任审理并作出判决。某甲对一审判决不服，提出上诉，二审法院裁定将案件发回重审。关于本案发回重审后的审理方式，下列选项中说法正确的有？**[1]

---

〔1〕答案：C。发回重审的案件必须另行组成合议庭，不得适用简易程序，也不得适用独任制。凡是适用一审普通程序审理的诉讼案件，均可以适用陪审制，因此发回重审的案件可以适用陪审制。

A. 一审法院适用普通程序进行重审，张法官不得担任独任审判员
B. 一审法院适用简易程序进行重审，张法官不得担任独任审判员
C. 一审法院适用普通程序进行重审，张法官不得担任合议庭审判员
D. 一审法院适用普通程序进行重审，不得有人民陪审员参与组庭

（四）两审终审制度

实行一审终审的特殊情形（不得上诉）：
1. 最高人民法院审理案件所作出的判决、裁定
2. 适用特别程序、督促程序、公示催告程序的案件
3. 一审以诉讼调解方式结案的：民事调解书自双方签收之日起生效，不得上诉
4. 大多数裁定一审终审
可以上诉的裁定：不予受理、驳回起诉、管辖权异议的裁定

避坑指南
小额诉讼中作出的管辖异议裁定、驳回起诉裁定，一经作出即生效，不得上诉。

5. 小额诉讼程序

记忆胶囊 一审终审：无处可上＋非讼案件＋调解书＋大部分裁定＋小额诉讼。

串讲小课堂

1. 平等原则并不要求原告与被告的诉讼权利和义务完全相同，双方当事人的诉讼权利有些相同，有些则不同但相对应，即诉讼权利和诉讼义务的相同性与对应性。

2. 平等原则VS同等原则、对等原则：平等原则涉及诉讼内部原告与被告之间的关系；而同等原则和对等原则属于涉外原则，涉及中国当事人与外国当事人之间的关系。同等是常态，对等是报复。

3. 辩论权和处分权都是当事人的专属权利。处分原则涉及诉讼请求的范围，法院超判或漏判均违反处分原则；辩论原则涉及事实和证据问题，法院该质证而不质证、将未经质证的证据直接作为定案依据，违反辩论原则。

4. 当事人的处分权与法院的审判权（诉权与审判权）构成了民事诉讼程序的核心和主线，二者之间相互制约。

5. 所有参与民事诉讼的主体均应遵守民事诉讼诚信原则。

6. 民事检察监督的对象包括法院的审判权和执行权，监督手段包括抗诉和检察建议。当事人和其他诉讼参与人不是检察监督的对象。

7. 公众的裁判文书查阅权："三不能"——未生效不能查，调解书不能查，涉密涉私不能查。但民事公益诉讼的调解书，可以允许公众查阅。

8. 在一审案件中适用独任制，无须当事人同意；在二审案件中适用独任制，必须双方当事人均同意。一审用普通程序审理且判决结案的，二审中绝对不能用独任制。

9. 能否适用陪审制，与法院的级别高低无关；二审案件和非讼案件不得适用陪审制。

10. 再审案件、发回重审案件、公益诉讼、第三人撤销之诉，均不得适用独任制。高级法院和最高人民法院均不得适用独任制。

11. 证人不适用回避制度。审判员、人民陪审员、书记员、执行人员的回避，由法院院长决定。

12. 发回重审的案件，在一审法院作出裁判后又进入第二审程序的，原第二审程序中合议庭组成人员可以不回避。

13. 一审终审、不得上诉的案件：最高人民法院的裁判；非讼案件；调解书；大部分的裁定；小额诉讼的判决。

第三讲

诉与反诉

思维导图

诉与反诉

- 诉讼标的、诉讼请求与诉讼标的物
- 诉的种类：确认之诉；给付之诉；变更之诉
- 反诉：主体同一；请求独立；牵连关系
- 诉的合并与分离

考点概览

诉讼标的	当事人之间发生争议并提请法院以审判的方式解决的民事实体法律关系
诉的种类	确认之诉：积极确认之诉 + 消极确认之诉
	给付之诉：给付财物之诉 + 给付行为之诉
	变更之诉：原告要求变更或消灭其与被告之间一定的法律关系的诉讼
反诉	主体同一：本诉的原告是反诉的被告，本诉的被告是反诉的原告
	程序同一：本诉与反诉适用的程序须为同一种类
	管辖同一：本诉与反诉由同一法院管辖
	目的对抗性：旨在抵消或吞并本诉原告的全部或部分诉讼请求
	请求独立性：反诉 VS 反驳——即使撤回了本诉，也不影响反诉的效力
	牵连关系（3 种）：反诉与本诉的诉讼请求基于相同法律关系；或者诉讼请求之间具有因果关系；或者反诉与本诉的诉讼请求基于相同事实
	股东代表诉讼中的反诉；建设工程施工合同纠纷中的反诉
诉的合并与分离	诉的合并：客体合并；主体合并；预备合并
	诉的分离

一、诉的要素

诉，就是当事人就特定民事争议向法院提出的保护自己民事实体权益的请求。诉是抽象的请求，而诉讼请求是具体的权利要求，是对诉的具体化。

（一）诉的三要素

1. 诉的主体：即诉讼当事人

2. 诉讼标的：即法院的裁判对象，是当事人之间发生争议并要求法院作出裁判的民事权利义务关系，即发生争议的民事实体法律关系。

记忆胶囊 诉讼标的即法律关系。

3. 诉的理由：当事人提出诉讼请求所依据的事实与法律，即原告起诉的事实依据和法律依据。

（二）相关概念的辨析

1. 诉讼标的与诉讼请求

简单来说，诉讼标的就是当事人之间发生争议的民事权利义务关系；而诉讼请求则是指当事人基于争议的民事权利义务关系向法院提出的、请求法院作出特定判决的实体上的主张。

【例 1】某甲与某乙签订了一份即食燕窝的买卖合同，约定某甲在2023年9月20日将80盒即食燕窝送至位于大望路的超市，但某甲未能按时履约。某乙多次催促交货无果，于是将某甲诉至法院，要求某甲履行交货义务并支付违约金2万元。本案中的诉讼标的是买卖合同法律关系；诉讼请求是交货和支付违约金。

【例 2】王某和张某利用年假去横琴游玩，在从机场前往酒店的途中，其所乘坐的S公司的出租车发生了交通事故，导致张某的额头、手臂等处挫伤且有轻微脑震荡。张某遂将S出租车公司诉至法院，要求其承担违约责任，赔偿其所支付的医疗费用35000元。起诉后，张某听说主张侵权损害赔偿责任，也许能够获得更多的赔偿，于是改为要求S出租车公司承担人身侵权损害赔偿责任，支付医疗费、误工费等各项损失共计40000元。

本案中，张某最初提出赔偿医疗费的诉讼请求，所依据的是其与S出租车公司的承运合同法律关系；而之后变更的请求，所依据的则是S出租车公司对其的人身侵权法律关系，即将违约之诉变更为侵权之诉，属于诉讼标的的变更。简言之，本案中张某不仅变更了诉讼请求，也变更了诉讼标的。

2. 诉讼标的与诉讼标的物

诉讼标的是当事人之间争议的实体上的权利义务关系，而诉讼标的物则是指该争议的民事权利义务关系所指向的具体对象。需要注意的是，诉讼标的是诉的必备要素，而诉讼标的物并不是诉的必备要素。任何案件都有一个特定的诉讼标的，但是并非所有案件中都存在诉讼标的物。

提示：在单纯的确认之诉或者变更之诉中，不存在诉讼标的物。

【例】在确认是否存在亲子关系案件、确认股东大会决议无效案件中，因为属于单纯的确认之诉，因此并不存在诉讼标的物。此外，如果仅要求解除婚姻关系即离婚，而不涉及共同财产分割的案件，属于单纯的变更之诉，同样不存在诉讼标的物。

二、诉的种类

根据当事人诉讼请求的内容，可以将诉分为三类：确认之诉、给付之诉和变更之诉。

（一）确认之诉

确认之诉，是指原告请求法院确认其与被告之间存在或不存在某种民事法律关系的诉。

1. 积极确认之诉：请求法院确认其与被告之间存在某种民事法律关系的诉。

例如：请求法院确认当事人之间存在收养关系；请求法院确认存在亲子关系。

2. 消极确认之诉：请求法院确认其与被告之间不存在某种民事法律关系的诉。

例如：请求法院确认公司股东大会的决议无效；请求法院确认婚姻关系无效；请求法院确认没有侵犯对方的专利权。

（二）给付之诉

给付之诉，是指原告请求法院判令被告履行一定义务的诉讼。依据请求给付的内容不同，可以将给付之诉进一步划分为：给付种类物之诉；给付特定物之诉；给付行为之诉。

1. 给付种类物之诉

这是最常见的给付之诉，例如：原告请求被告赔偿误工费6500元之诉；原告请求被告返还标准面粉900斤之诉；原告请求被告赔偿医疗费用8000元之诉；等等。

2. 给付特定物之诉

【例】王某是古董收藏爱好者，一日，王某在其朋友刘某的家中发现了一尊白菜形状的翡翠玉器，刘某称这是他的“传家宝”。王某见该玉器形象逼真、雕琢精细、质地上佳，遂向刘某提出借走观赏一周，刘某碍于面子只好答应。王某将该玉器带回家中后越看越喜爱，在约定的返还日期届满后迟迟不肯归还，并称该玉器并不属于刘某，而是自己在古董市场淘来的宝贝。无奈之下，刘某向法院提起诉讼，要求王某返还该祖传翡翠玉器。请问：刘某提出的诉的类型是什么？本案中诉的要素是什么？

答案：本案属于给付之诉，且属于给付特定物之诉。诉的要素包括：（1）诉的主体，即原告刘某和被告王某；（2）诉讼标的，即所有权法律关系；（3）诉的理由，即包括王某侵占玉器这一事实依据和《民法典》等法律依据。需要注意的是，本案中存在诉讼标的物，即该所有权发生争议的翡翠玉器，但诉讼标的物不是诉的必备要素。

3. 给付行为之诉：依据要求给付的行为之不同，可以将给付行为之诉划分为积极给付之诉（作为）与消极给付之诉（不作为）。

（1）积极给付之诉：请求对方为一定行为的诉，即要求对方的作为行为。例如：要求对方按照合同约定提供技术培训；要求对方公开赔礼道歉；要求对方按照合同中的约定进行演出；要求对方修理房屋或拆除违章建筑等。

（2）消极给付之诉：请求对方不为一定行为的诉。例如：请求对方停止侵害、停止排放污水等。

（三）变更之诉（形成之诉）

变更之诉又称为形成之诉，是指原告请求法院以判决改变或消灭既存的某种民事法律关系的诉。例如：离婚诉讼、公司解散诉讼、解除收养关系之诉、第三人撤销之诉等。

1. 变更之诉的两种主要情形：是否变更或如何变更

（1）当事人双方对现存的法律关系没有争议，但对于是否要变更现存的法律关系有争议。例如：离婚诉讼中，原被告均承认双方现在存在婚姻关系，但原告要求离婚（解除现有的婚姻关系），被告不同意。

（2）双方当事人对现存的法律关系没有争议，对要变更这一法律关系也没有争议，但对如何变更这一法律关系有争议。例如：共有财产的分割之诉，原被告对财产的共有关系没有争议，现在双方也同意变更这一共有关系，但就如何变更持不同看法，原告要求双方平均分配共有财产，而被告则认为原告只能分配到共有财产25%的份额。

诉的种类识别

2. 变更之诉与确认之诉的区分：二者在起诉目的和方向上刚好相反，变更之诉对于某种法律关系的存在并无争议，但对于是否继续维持、是否解除、是否或如何变更该种关系存在争议；而确认之诉则是对某种法律关系是否存在这一问题本身存在争议。

避坑指南

（1）判断诉的类型的唯一依据是原告的诉讼请求，与被告的答辩意见无关。

（2）变更之诉和给付之诉中可能包含确认之诉的内容，但不必然包含。例如：甲起诉乙按照合同约定履行交付木材的义务，法院在决定是否支持甲的主张时，需要首先确认甲与乙之间是否存在有效的木材买卖合同关系。但这一确认内容的存在并不影响诉的性质和类型的判定，其仍旧属于给付之诉。

（3）“三费”案件：单纯起诉要求被告给付赡养费、扶养费或抚养费的，属于给付之诉；起诉要求增加或减少原先赡养费、扶养费、抚养费数额的，属于变更之诉。

（4）第三人撤销之诉和撤销权诉讼都属于变更之诉。

（5）谨防“用非讼来骗人”的情形。

解题窍门　判断诉的种类的“两步法”

第一步：定性——确定属于诉讼案件 → 第二步：原告诉讼请求的具体内容

原理点睛

合同解除权属于形成权，以单方的意思表示即可使法律关系发生变更，无须提起变更之诉。因此，原告起诉要求解除合同的，通常属于确认之诉。而撤销权属于形成诉权，需要借助诉讼（法院的判决）来改变既存的法律关系，因此撤销权诉讼属于变更之诉（形成之诉）。

实战演练（2015年卷三第37题）李某驾车不慎追尾撞坏刘某轿车，刘某向法院起诉要求李某将车修好。在诉讼过程中，刘某变更诉讼请求，要求李某赔偿损失并赔礼道歉。针对本案的诉讼请求变更，下列哪一说法是正确的？[1]

A. 该诉的诉讼标的同时发生变更

B. 法院应依法不允许刘某变更诉讼请求

C. 该诉成为变更之诉

D. 该诉仍属给付之诉

三、反诉

反诉是指在已经提起的诉讼中，本诉的被告为了维护自己的权益，以本诉的原告为被告，向法院提出与本诉有牵连关系的独立的诉讼请求，以达到抵消、动摇或者吞并本诉的目的。

原理点睛

将本诉与反诉合并审理，能够利用同一诉讼程序解决相关联的纠纷，提高诉讼效率；还能够避免因分别审理而造成的矛盾裁判。

（一）反诉的构成要件

1. 主体同一性：反诉的原告是本诉的被告，反诉的被告是本诉的原告。

【例】 某日，老王和自己的女婿小马在超市购买圣诞礼盒，排队时，小马与超市的保安张某发生口角并引发肢体冲突，张某的鼻梁被小马打伤，老王在拉架过程中被张某推倒在地并导致尾骨骨裂。事后，老王碍于面子不想声张此事，遂自己承担了治疗尾骨骨裂的医药费，不想保安张某却将小马诉至法院，要求小马赔偿医疗费和误工费共计3800元。得知自己的宝贝女婿被起诉，老王一怒之下将张某诉至法院，要求其赔偿医疗费和误工费共计5000元。本案中，老王提出的诉是否构成反诉？

答案：老王提出的诉不构成反诉，因为其不符合主体同一的要求。在张某提起的诉讼中，当事人是原告张某和被告小马，而老王并非该诉的主体；在老王提起的诉讼中，

---

〔1〕 答案：D。本案的诉讼标的是民事侵权法律关系，诉讼请求起初是要求李某修车，之后变更为要求李某赔偿损失并赔礼道歉。在变更诉讼请求时，诉讼标的始终是民事侵权法律关系，并未因诉讼请求的变更而发生变化。因此，选项A说法错误。在法庭辩论终结前，当事人有权变更诉讼请求。因此，选项B说法错误。选项C和选项D考查诉的分类，变更后的诉讼请求是赔偿损失并赔礼道歉，为给付之诉。因此，选项C说法错误，选项D说法正确，当选。

当事人是原告老王和被告张某，小马并非该诉的主体。简言之，反诉的被告应当是本诉的原告，否则主体不同一，不构成反诉。

实体拓展

股东代表诉讼的反诉：股东依法提起股东代表诉讼后，被告以原告股东恶意起诉侵犯其合法权益为由提起反诉的，法院应予受理。被告以公司在案涉纠纷中应当承担侵权或者违约等责任为由对公司提出的反诉，因不符合反诉的要件，法院应当裁定不予受理；已经受理的，裁定驳回起诉。

股东代表诉讼的反诉

2. 目的对抗性：被告提出反诉的目的在于抵消或者吞并本诉原告的全部或者部分诉讼请求。

3. 请求的独立性：本诉被告提出的反诉是一个独立的请求，即独立的诉，本诉的被告可以选择提出反诉，也可以选择不提出反诉，而是向有管辖权的法院另行起诉。因此，即使本诉的原告撤回了本诉，也不影响反诉的效力。

【例】甲与乙签订了一份丝绸布料买卖合同，约定由甲向乙提供500匹特级丝绸，乙向甲支付布料款120万元。甲向乙交付全部丝绸布料后，乙仅向甲支付了50万元的货款，甲遂将乙诉至法院，请求法院判令乙支付剩余的70万元货款。在诉讼中乙提出，甲所供应布料并非合同中所约定的特级丝绸，而是价钱仅值特级丝绸1/3的二级丝绸，且乙用甲所提供的丝绸布料制作的唐装，因为质量不合格而被国外的买家全部退货，给乙造成了极大的损失。问题：(1) 本案中，乙可以通过哪些方式救济自己所遭受的损失？(2) 如果乙选择向法院提出反诉，后甲自觉局势不利，便申请撤回本诉并经法院准许，此时如何处理乙提出的反诉？

答案：(1) 乙有两种选择，一是向有管辖权的法院提起一个独立的诉讼，追究甲的违约责任并要求赔偿损失；二是向受理本诉的法院提出反诉，由法院将本诉与反诉合并审理。(2) 如果甲撤回本诉，不会影响反诉的存在，法院应对反诉继续审理，如果甲无正当理由拒绝到庭的，法院有权依法对甲作出缺席判决。

4. 程序的同一性：反诉与本诉应当适用的程序必须属于同一种类。例如，反诉与本诉均属于应当适用普通程序审理的案件，或均属于适用简易程序审理的案件。

5. 存在牵连关系

反诉与本诉的诉讼请求基于相同法律关系，或者诉讼请求之间具有因果关系，或者反诉与本诉的诉讼请求基于相同事实。简言之，牵连关系要求本诉与反诉存在法律上或事实上的联系。

(1) 诉讼请求基于相同法律关系

实体拓展

建设工程施工合同纠纷中的反诉［《最高人民法院关于审理建设工程施工合同纠纷案件适用法律问题的解释（一）》第16条］：发包人在承包人提起的建设工程施工合同纠纷案件中，以建设工程质量不符合合同约定或者法律规定为由，就承包人支付违约金或者赔偿修理、返工、改建的合理费用等损失提出反诉的，人民法院可以合并审理。

（2）诉讼请求之间具有因果关系

（3）诉讼请求基于相同的事实

提示：牵连关系并不要求本诉与反诉必须基于同一法律关系。

【例】甲公司与乙公司签订了一份建筑工程承包合同，约定由甲公司包工包料为乙公司建设一座三层食堂，建筑过程中，乙公司应当按照甲公司的要求支付一定的工程进度款，其余工程款应在食堂竣工后30日内一次性支付。食堂竣工验收后，乙公司一直拖欠甲公司工程款不肯支付，甲公司无奈向法院起诉，请求判令乙公司支付所欠工程尾款100万元。法院受理案件后，乙公司提出，在食堂建设过程中，甲公司准备的建筑材料不够，为保证工程进度不被拖延，乙公司借给甲公司价值40万元的建筑材料，但甲公司尚未归还，因此请求法院判令甲公司向其支付原材料款40万元。本案中存在两个不同的法律关系：一是甲公司与乙公司之间的建筑工程承包合同；另一个是甲公司与乙公司之间的建筑材料借用合同。这两个法律关系属于相牵连且目的对抗的不同的诉讼请求，符合反诉对牵连关系的要求。

6. 管辖同一：反诉应当向受理本诉的法院提起，如果反诉专属其他法院管辖，或者双方当事人订有仲裁协议，不得向本诉法院提起反诉。

提示：本诉法院对反诉可以基于牵连管辖或应诉管辖获得管辖权，只要不违反专属管辖、协议管辖、仲裁协议等规范，本诉法院对反诉都具有管辖权。反诉应由其他法院专属管辖，或者与本诉的诉讼标的及诉讼请求所依据的事实、理由无关联的，裁定不予受理，告知另行起诉。

反诉的识别

记忆胶囊 反诉的特点——主体同一；管辖同一；程序同一；目的对抗；牵连关系；请求独立。

解题窍门 识别反诉的从易到难“三步法”

1. 主体是否同一（本诉原告是反诉被告，本诉被告是反诉原告）→ 2. 请求是否独立（假如本诉不存在）→ 3. 是否具备牵连关系（3种择其一）

（二）反诉与反驳

1. 反驳：当事人一方对另一方所提出的诉讼请求或事实主张表示不同意的意思，即被告针对原告提出的诉讼请求和理由，从实体上、程序上、事实上和法律上予以辩驳。与反诉不同，反驳不是一个独立的诉讼请求，但反驳的目的也是使原告的诉讼目的无法实现。

2. 反驳与反诉的区分窍门——请求是否具有独立性

假如本诉不存在，被告对原告的主张能否单独向法院提起一个诉讼（请求的独立性）——如果能，则可能成立反诉；如果不能，则可能属于反驳。反驳的目的虽然也在于使原告的诉讼目的无法实现，但它并非向法院提出独立的诉讼请求，反驳会因为原告撤诉而丧失其存在的意义，而反诉则是被告通过发动进攻来进行防御。

【表】反驳 VS 反诉

—	反驳	反诉
性质	一方当事人对抗对方当事人诉讼主张的一种手段，不具有诉的性质	被告针对本诉原告提出的一种独立的诉
目的	仅否定对方当事人提出的诉讼主张，没有提出独立的诉讼请求	对本诉的原告提出了独立的反请求，主张独立的实体权利，同时抵消或吞并原告提起的全部或部分诉讼请求
主体	反驳的主体是所有当事人	反诉的提出主体只能是本诉的被告

实战演练 **（2014年卷三第43题）刘某与曹某签订房屋租赁合同，后刘某向法院起诉，要求曹某依约支付租金。曹某向法院提出的下列哪一主张可能构成反诉？**[1]

A. 刘某的支付租金请求权已经超过诉讼时效

B. 租赁合同无效

C. 自己无支付能力

D. 自己已经支付了租金

四、诉的合并与分离

（一）诉的合并

诉的合并，是指法院将两个或两个以上彼此之间有牵连的诉合并到一个诉讼程序中审理和裁判，旨在提高诉讼效率，防止在相关联问题上作出相互矛盾的裁判。

1. 诉的主体合并：将数个当事人合并到同一诉讼程序中审理和裁判。例如：必要共同诉讼；普通共同诉讼；原告或被告在诉讼中死亡，数个继承人继受诉讼；等等。

2. 诉的客体合并：将同一原告对同一被告提起的两个以上的诉或者本诉与反诉合并到同一诉讼程序中审理。例如：原告既诉请被告返还借款，又诉请被告返还租用的房屋；原告既起诉离婚，又起诉要求分割共同财产。

（1）如果其中一诉是其他诉的先决问题，则属于诉的预备合并，法院应当先审理该诉（主位请求），然后才有可能进一步审理其他各诉（备位请求）。

（2）如果诉讼请求相同，但诉讼标的不同，则构成诉的重叠合并或选择合并，法院应当根据当事人的主张，对诉讼标的全部审理或择一审理。例如：原告基于买卖关系和票据关系请求被告给付同一笔价款，则法院可就票据关系或买卖关系择一审理。

（二）诉的分离

诉的分离，是指法院将原先合并审理的几个诉，分开来进行审理。有时将几个诉合

[1] 答案：B。本题实际上考查反诉与反驳的区分，按照刚才讲解的解题窍门，需要识别请求是否具有独立性。若原告没有起诉被告支付租金，则被告不可能莫名其妙地向法院提出该请求超过诉讼时效、自己无支付能力抑或已经付过租金等主张，因此选项A、C、D中的请求均不具有独立性，无法构成一个独立的诉，自然不成立反诉。选项B中，即使不存在本诉，被告也可以请求法院确认合同无效，即提起一个消极的确认之诉，该主张构成一个独立的诉。因此，选项B当选。

并审理会增加审理难度，导致诉讼复杂化和迟延，此时法院应当将诉分开来进行审理。当事人和法院在分离前已经实施的诉讼行为，在诉分离后的审理中仍然有效。

串讲小课堂

1. 诉讼标的即法律关系，因为何种法律关系发生争议而诉至法院，该法律关系就是本案的诉讼标的。

2. 围绕同一个诉讼标的，可以提出若干项诉讼请求。诉讼标的物不是诉的必备要素。

3. 给付之诉的给付内容包括金钱、物品（种类物或特定物）和行为（作为或不作为）。

4. 第三人撤销之诉、撤销权诉讼，都属于变更之诉。

5. 单纯起诉要“三费”属于给付之诉；起诉要求增减现有的“三费”数额，属于变更之诉。

6. 反诉的核心构成要件：主体同一；请求独立；牵连关系（3种）。

7. 股东代表诉讼可以提出反诉，但理由须正确：被告以原告股东恶意起诉侵犯其合法权益为由提起反诉的，法院应予受理。

第四讲

主管与管辖

思维导图

※管辖的“3+1”结构——法定管辖、协议管辖、裁定管辖+管辖权异议

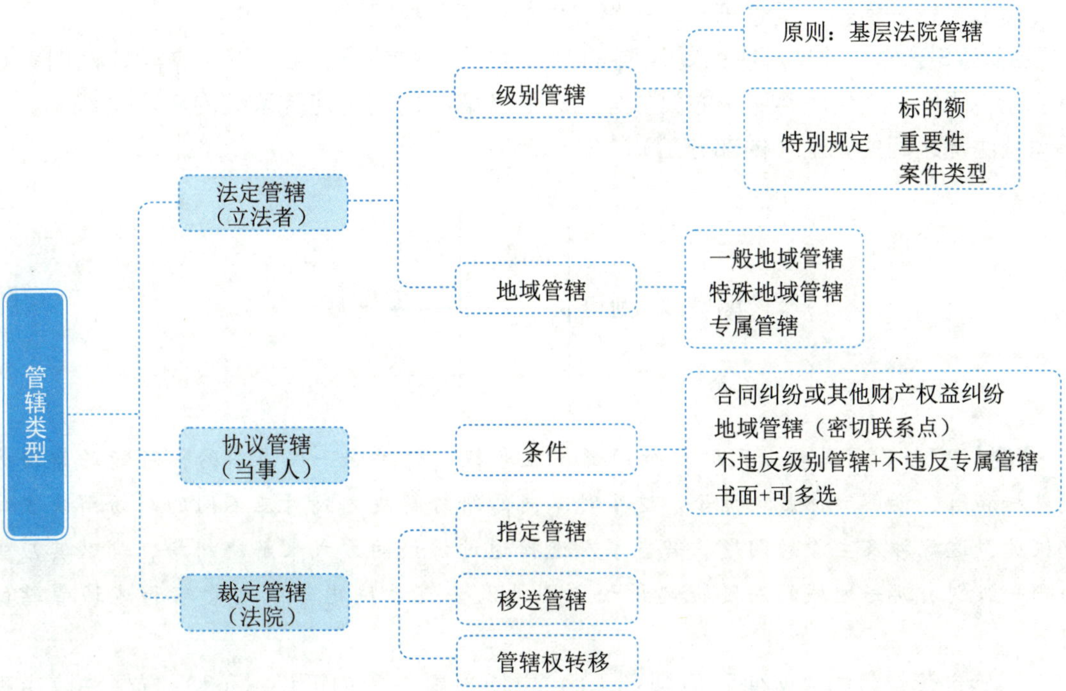

考点概览

级别管辖	互联网法院；中级法院管辖的案件类型
地域管辖	一般地域管辖的例外规定：被告就原告的情形
	特殊地域管辖：合同纠纷；侵权纠纷；公司诉讼
	专属管辖：不动产物权纠纷+农建房政；港口作业纠纷；遗产继承纠纷
协议管辖	财产权益纠纷；可多选；不得违反级别管辖和专属管辖；对消费者倾斜保护
裁定管辖	指定管辖；移送管辖；管辖权转移
管辖权异议与应诉管辖	提出管辖权异议的时间、处理方式及救济机制
	应诉管辖的成立条件

一、概述

（一）人民法院的主管范围

法院的主管范围即受案范围，是确定法院与其他组织之间解决民事纠纷的分工和权限。根据《民事诉讼法》的规定，法院主管公民之间、法人之间、其他组织之间以及他们相互之间因财产关系和人身关系提起的民事诉讼，主要包括由《民法典》《劳动法》、经济法等调整的各种民事法律关系。

（二）民事诉讼管辖

1. 民事诉讼管辖：确定上下级人民法院之间（级别管辖—纵轴）和同级人民法院之间（地域管辖—横轴）受理第一审民事案件的分工和权限。

主管 VS 管辖：前者解决的是法院的对外关系（对外分工），即法院与其他国家机关、社会团体在解决民事纠纷方面的分工；后者解决的则是法院系统内部不同级别、不同地域法院之间的分工（内部分工）。

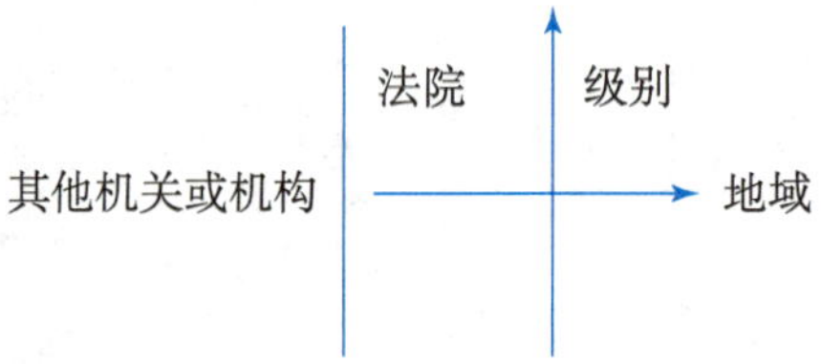

【例】甲与乙因买卖合同的履行问题发生争议，针对这一民事纠纷，可能的解决方式包括和解、调解、仲裁、诉讼。这4种不同的纠纷解决方式对应不同的纠纷解决主体或机关，这就涉及主管的问题。若当事人选择通过诉讼的方式来解决纠纷，那么其应当向哪一级别、哪一地域的法院提起诉讼，则涉及法院系统内部级别管辖和地域管辖的问题。

2. 确定管辖时的“两便”原则：（1）方便当事人参加诉讼；（2）方便法院审理案件。

（三）管辖恒定

1. 管辖权的确定以原告起诉时为准，此后无论案件情况有何变化，原则上案件仍由受诉法院管辖。

2. 适用管辖恒定的具体情形

（1）诉讼过程中当事人住所地、经常居住地的变化。

（2）诉讼过程中因为行政区划的变动导致法院辖区的变化。

二、级别管辖

级别管辖，是指人民法院系统内划分上下级人民法院之间受理第一审民事案件的分工和权限（纵向坐标）。

（一）基层人民法院管辖的第一审案件

基层人民法院管辖大部分的民事第一审案件，即除法律规定由中级、高级和最高人民法院管辖的第一审民事案件外，其他均由基层法院管辖。

提示：互联网法院的专门规定（《最高院关于互联网法院审理案件若干问题的规定》）

北京、广州、杭州互联网法院集中管辖所在市的辖区内应当由基层人民法院受理的下列第一审案件：（1）通过电子商务平台签订或者履行网络购物合同而产生的纠纷；（2）签订、履行行为均在互联网上完成的网络服务合同纠纷；（3）签订、履行行为均在互联网上完成的金融借款合同纠纷、小额借款合同纠纷；（4）在互联网上首次发表作品的著作权或者邻接权权属纠纷；（5）在互联网上侵害在线发表或者传播作品的著作权或者邻接权而产生的纠纷；（6）互联网域名权属、侵权及合同纠纷；（7）在互联网上侵害他人人身权、财产权等民事权益而产生的纠纷；（8）通过电子商务平台购买的产品，因存在产品缺陷，侵害他人人身、财产权益而产生的产品责任纠纷；（9）检察机关提起的互联网公益诉讼案件；（10）因行政机关作出互联网信息服务管理、互联网商品交易及有关服务管理等行政行为而产生的行政纠纷；（11）上级人民法院指定管辖的其他互联网民事、行政案件。

互联网法院

记忆胶囊　互联网法院：北广杭＋基层＋集中管辖（违约、侵权）＋线上进行。

（二）中级人民法院管辖的第一审案件

1. 重大且涉外的案件

（1）重大：争议标的额大的案件、案情复杂的案件，或者一方当事人人数众多等具有重大影响的案件。

（2）涉外：当事人（国籍）、法律事实、诉讼标的三者之一涉外即可。

提示：《最高人民法院关于调整中级人民法院管辖第一审民事案件标准的通知》

（1）当事人住所地均在或者均不在受理法院所处省级行政辖区的，中级人民法院管辖诉讼标的额5亿元以上的第一审民事案件。

（2）当事人一方住所地不在受理法院所处省级行政辖区的，中级人民法院管辖诉讼标的额1亿元以上的第一审民事案件。

记忆胶囊　一般涉外基层管，重大涉外中院管。

【例】中国公民黄某在新加坡定居多年，而其丈夫张某一直留在北京工作，若黄某向北京市海淀区法院提起诉讼，请求法院判令与张某离婚，该案是否属于涉外案件？

答案：法院可以将该案认定为涉外案件，因为该案属于当事人一方的经常居所地在外国的情形。但本案属于一般涉外案件，由基层人民法院管辖即可。

2. 在本辖区内有重大影响的案件

3. 最高人民法院确定由中级人民法院管辖的案件

主要包括：知识产权案件、海事海商案件、重大涉港澳台案件、认定仲裁协议效力的案件、申请撤销仲裁裁决的案件等。

（三）高级人民法院管辖的第一审民事案件

在本辖区内有重大影响的第一审民事案件

（四）最高人民法院管辖的第一审民事案件

（1）在全国有重大影响的案件；（2）认为应当由本院审理的案件

避坑指南

只有最高人民法院才能“想管谁就管谁”。互联网法院属于基层法院；北京、上海、广州的知识产权法院，海事法院以及金融法院，均相当于中级法院。

三、一般地域管辖

地域管辖，是指同级人民法院之间受理第一审民事案件的分工和权限（横向坐标），按照各法院的辖区和民事案件的隶属关系来划分诉讼管辖。

（一）一般地域管辖的通常规定：原告就被告

一般地域管辖的确定依据：当事人所在地与法院辖区之间的隶属关系。

1. 原告就被告原则

（1）被告是公民的：由被告住所地的人民法院管辖；被告住所地与经常居住地不一致的，由经常居住地的人民法院管辖。

提示：住所地 VS 经常居住地 VS 居住地

①住所地 = 公民的户籍所在地。

②经常居住地 = 公民离开住所地至起诉时已连续居住 1 年以上的地方，但住院就医不算。

③居住地：是一种事实状态，居住地不一定与住所地或经常居住地重合。

避坑指南

判断是否构成经常居住地时，须同时满足两个积极要件和一个消极要件。（1）积极要件：起诉时仍住在这里；且已经连续居住了 1 年以上。（2）消极要件：不是住院就医。

实战演练 甲的住所地在 A 市 B 区，2022 年 3 月，甲前往 B 市 C 区开了一家打印店并长期居住在打印店顶层的阁楼里。2023 年 7 月，因为市容改造，甲的打印店被划入房屋拆迁的范围，于是甲关闭了打印店并前往 B 市 D 区的某职业学院学习挖掘机驾驶。2023 年 10 月，甲的朋友居住在 A 市 B 区的乙向法院提起诉讼，要求甲返还借款 8 万元。请问：本案应当由哪一法院管辖？[1]

A. A 市 B 区法院管辖

---

〔1〕 答案：A。遇到这种时间和地点较多的题目时，一些考生会产生内心的排斥和畏惧，此时需要静下心来，不要被题干中的多余信息干扰，先定位乙起诉时甲的居住地在哪，可知被诉时甲住在 B 市 D 区，且在该地仅居住了 3 个月，因此没有形成经常居住地。有的考生可能会误认为甲在 B 市 C 区形成了经常居住地，因为其在该地曾居住了 1 年 4 个月，但是当其被诉时已经不在该地，因此不符合形成经常居住地的两个要件之一。没有经常居住地时，以住所地为所在地，因此甲的所在地为 A 市 B 区。由此可得，A 市 B 区法院是该案的管辖法院。

B. B市C区法院管辖

C. B市D区法院管辖

D. A市B区法院或B市C区法院管辖

（2）被告是法人或其他组织的：由被告住所地人民法院管辖

法人或者其他组织的住所地是指法人或者其他组织的主要办事机构所在地；主要办事机构所在地不能确定的，法人或者其他组织的注册地或者登记地为住所地。

2. 被告和原告住所地均不明确：仍原告就被告

（1）当事人的户籍迁出后尚未落户：有经常居住地的，由该地法院管辖；没有经常居住地的，由其原户籍所在地法院管辖。

（2）双方当事人均被监禁或被采取强制性教育措施的：仍遵循原告就被告原则，但究竟由被告原住所地法院管辖还是被告被监禁地法院管辖，取决于被监禁或被采取强制性教育措施的时间是否超过1年。

（3）夫妻双方离开住所超过1年，一方起诉离婚的案件，由被告经常居住地人民法院管辖。没有经常居住地的，由原告起诉时被告居住地法院管辖。

原理点睛

如果原告和被告的状态相同，则仍然“原告就被告”。

（二）一般地域管辖的例外规定：被告就原告的情形

1. 对不在我国领域内居住的人提起的有关身份关系的诉讼

注意：（1）以居住地而非国籍为判断标准；（2）限于身份关系诉讼，不包括财产关系诉讼。

【例】情形一：王某因借贷纠纷，起诉居住在广州的巴西人波尔森——原告就被告。

情形二：王某因借贷纠纷，起诉居住在泰国的中国公民黄某——原告就被告。

情形三：王某因继承纠纷，起诉居住在广州的巴西人波尔森——原告就被告。

情形四：王某因继承纠纷，起诉居住在泰国的中国公民黄某——被告就原告。

2. 对下落不明或宣告失踪的人提起的有关身份关系的诉讼。

【例】王某于2022年圣诞节与情妇赵某去三亚旅游，后音讯全无、下落不明。2023年6月，其妻子刘某起诉至法院要求与王某离婚，此时适用“被告就原告”。如果王某的债权人张某向法院起诉，要求王某返还借款2万元，此时仍然“原告就被告”，因为不符合“身份关系诉讼”的要求。

3. 对被采取强制性教育措施的人提起的诉讼

4. 对被监禁的人提起的诉讼

避坑指南

若当事人双方均被采取强制性教育措施或均被监禁，则仍然原告就被告。

5. 追索赡养费、扶养费、抚养费案件的几个被告住所地不在同一辖区的，可以由原告住所地法院管辖

【例】家住广州的老张（住所地为广州市白云区）育有一儿两女，儿子张明在北京

某国企工作，住所地为北京市朝阳区；大女儿张梅在上海某外企工作，住所地为上海市松江区；小女儿张华在武汉某国家机关工作，已经在武汉市青山区连续居住了 3 年多，户籍所在地为广州市白云区。老张在丧偶后再婚，三个子女因此拒绝给付赡养费，老张遂将三个子女诉至法院，要求其履行支付赡养费的义务。对该案有管辖权的法院是？

答案：本案中原告老张的住所地和三被告的住所地均有管辖权，因此，对本案享有管辖权的法院包括：广州市白云区法院（原告住所地）、北京市朝阳区法院（被告张明住所地）、上海市松江区法院（被告张梅住所地）和武汉市青山区法院（被告张华经常居住地）。

6. 不服指定监护或者变更监护关系的案件，可以由被监护人住所地法院管辖。

7. 夫妻一方离开住所地超过 1 年，另一方起诉离婚的案件，可以由原告住所地法院管辖。

提示：上述第 5、6、7 种情形为“可以”由原告住所地法院管辖，而不是只能由原告住所地法院管辖，即被告住所地法院也有管辖权。

一般地域管辖的“四分法”

解题窍门 一般地域管辖的“四分法”

一般地域管辖常考的四类型	离开住所超过 1 年的离婚案件	双方均离开住所：原告就被告
		仅被告离开住所：原告和被告均可管
	人身不自由的案件（监禁、强制性教育措施）	双方均不自由：原告就被告
		仅被告不自由：被告就原告
	“三费”案件（赡养费、扶养费、抚养费）	只有一个被告或几个被告在同一辖区：原告就被告
		几个被告不在同一辖区：原告和被告均可管
	三种特殊被告（不在中国境内、下落不明、宣告失踪）	身份关系案件：被告就原告 其他类型案件：原告就被告

四、特殊地域管辖

特殊地域管辖，是指以被告住所地、诉讼标的所在地、法律事实所在地为标准确定的管辖。“密切联系”是确定特殊地域管辖的重要原则。

（一）合同纠纷的特殊地域管辖

因合同纠纷提起的诉讼，由被告住所地或者合同履行地人民法院管辖。

网购合同纠纷的地域管辖

1. 网购合同纠纷的地域管辖

以信息网络方式订立的买卖合同，通过信息网络交付标的的，以买受人住所地为合同履行地；通过其他方式交付标的的，收货地为合同履行地。合同对履行地有约定的，从其约定。

以信息网络方式虚拟交付标的的网购合同	买受人住所地法院 + 被告住所地法院
以其他方式交付标的的网购合同	收货地法院 + 被告住所地法院
约定优先：合同对履行有约定的，从约定	

解题窍门　网购合同纠纷确定管辖的"两步法"：(1) 交付标的的方式；(2) 起诉的地方是否有互联网法院（北广杭 + 集中管辖）。

2. 有约定履行地但合同没有实际履行：如果当事人双方住所地都不在合同约定的履行地，应由被告住所地法院管辖。

合同没有实际履行（原告住所地在 A 区，被告住所地在 B 区）	①约定履行地为 A 区——管辖法院：A 区（约定履行地）+ B 区（被告住所地）
	②约定履行地为 B 区——管辖法院：B 区（既是约定履行地也是被告住所地）
	③约定履行地为 C 区——管辖法院：被告住所地 B 区（此时约定履行地毫无价值和意义，因此没有管辖权）

3. 合同的约定履行地与实际履行地不一致的，除非双方达成书面补充协议约定变更合同履行地，否则仍应以约定履行地作为合同履行地。

实战演练　（2022 年真题网络回忆版）A 市 B 区的甲和 C 市 D 区的乙签订合同一份，没有约定合同履行地，也没有约定发生争议时的解决方式。后甲未依约向乙支付 10000 元，乙对甲提起诉讼。针对本案，有管辖权的法院是？[1]

A. A 市 B 区法院

B. C 市 D 区法院

C. A 市中级法院

D. C 市中级法院

（二）侵权纠纷的特殊地域管辖

侵权纠纷由侵权行为地（行为实施地 + 结果发生地）或者被告住所地人民法院管辖。

【例】小红（住所地为 A 市 B 区）刚刚考到了驾照，男友送给她一辆"特斯拉"轿跑车作为交往一周年的礼物，新手上路胜似"杀手"，小红在行驶到 A 市 C 区的拥挤路段时，不慎将前来旅游的阿呆（住所地为 B 市 F 区）撞伤。经交警调解未果，阿呆决定起诉小红。本案有管辖权的法院是？

答案：有权管辖本案的是 A 市 C 区法院（侵权行为地）和 A 市 B 区法院（被告住所地）。

---

〔1〕答案：AB。本案属于合同纠纷，合同履行地和被告住所地法院均有管辖权。当事人未约定合同履行地，给付货币的，以接受货币一方所在地作为合同履行地。因此，乙作为接受货币的一方，其所在地 C 市 D 区法院有管辖权。此外，被告住所地的 A 市 B 区法院也有管辖权。

1. 因产品、服务质量不合格造成他人财产、人身损害提起的诉讼：产品制造地、产品销售地、服务提供地、侵权行为地和被告住所地人民法院均有管辖权。

提示：产品质量纠纷中，当事人可以选择侵权之诉或违约之诉，若选择后者则遵循合同纠纷的管辖规定，由被告住所地或合同履行地法院管辖，且被告的确定也须遵循合同相对性的原理。

原理点睛

当某一案件存在请求权基础竞合的情况时（例如侵权与违约竞合），选择不同的请求权基础，将对案件的管辖、当事人的确定、诉讼请求的具体内容、证明责任的分配等产生不同的影响。

2. 侵犯知识产权（商标权、著作权）的诉讼：侵权行为实施地，复制品的储藏地或查封、扣押地，被告住所地法院。该类案件中储藏地可能有多个，均有管辖权。

3. 侵犯名誉权的诉讼：侵权行为实施地、侵权结果发生地、被告住所地法院均有管辖权。其中侵权结果发生地通常是指原告的住所地；侵权产品的传播地也属于侵权行为实施地。

注意：信息网络侵权行为实施地包括实施被诉侵权行为的计算机等信息设备所在地，侵权结果发生地包括被侵权人住所地。

【例】王大牛是一位全国知名的小说作家，某杂志刊登了一篇有关其个人生活不检点的文章，对王大牛的声誉造成了不良影响且导致其新书的销量大幅下降，王大牛遂决定起诉该杂志社。已知王大牛的住所地在北京市朝阳区，该杂志社的住所地为杭州市滨江区，该杂志在北京、上海、浙江三地大量发行销售。对于王大牛的起诉，哪些地方的法院有管辖权？

答案：本案属于新闻侵权案件，该杂志的发行销售地均可理解为侵权行为地。因此，有管辖权的法院包括侵权行为实施地（北京、上海、浙江三个发行销售地）、侵权结果发生地（原告的住所地）和被告住所地。

（三）其他特殊地域管辖的规定

1. 保险合同纠纷诉讼

（1）财产保险合同纠纷：如果保险标的物是运输工具或者运输中的货物，由被告住所地或者运输工具登记注册地、运输目的地、保险事故发生地的人民法院管辖。

（2）人身保险合同纠纷：可以由被保险人住所地人民法院管辖。

【指导案例链接】最高法指导案例第25号“华泰财产保险有限公司北京分公司诉李志贵、天安财产保险股份有限公司河北省分公司张家口支公司保险人代位求偿权纠纷案”：因第三者对保险标的的损害造成保险事故，保险人向被保险人赔偿保险金后，代位行使被保险人对第三者请求赔偿的权利而提起诉讼的，应当根据保险人所代位的被保险人与第三者之间的法律关系，而不应当根据保险合同法律关系确定管辖法院。第三者侵害被保险人合法权益的，由侵权行为地或者被告住所地法院管

保险人代位求偿权纠纷的地域管辖

辖。第三者实施了道路交通侵权行为，造成保险事故，被保险人对第三者有侵权损害赔偿请求权；保险人行使代位权起诉第三者的，应当由侵权行为地或者被告住所地法院管辖。

2. 票据纠纷诉讼：票据支付地或者被告住所地人民法院管辖。

票据支付地即票据上载明的付款地；票据上未载明付款地的，票据付款人的住所地或者主要营业所所在地为票据付款地，原告可以任选其中一个人民法院起诉。

3. 公司诉讼：公司住所地法院管辖

公司住所地法院管辖的公司诉讼类型：公司设立纠纷；确认股东资格纠纷；分配利润纠纷；公司解散纠纷；股东名册记载纠纷；请求变更公司登记纠纷；股东知情权纠纷；公司决议纠纷；公司合并纠纷；公司分立纠纷；公司减资纠纷；公司增资纠纷等。

注意：公司的注册地与主要办事机构所在地不一致时，主要办事机构所在地优先。公司主要办事机构≠公司的经营场所。

实战演练 （2014年卷三第96题）甲县的葛某和乙县的许某分别拥有位于丙县的云峰公司50%的股份。后由于二人经营理念不合，已连续四年未召开股东会，无法形成股东会决议。许某遂向法院请求解散公司，并在法院受理后申请保全公司的主要资产（位于丁县的一块土地的使用权）。依据法律，对本案享有管辖权的法院是？[1]

A. 甲县法院

B. 乙县法院

C. 丙县法院

D. 丁县法院

4. 运输合同纠纷

铁路、公路、水上、航空运输和联合运输合同纠纷诉讼：运输始发地、目的地或者被告住所地人民法院管辖。

5. 运输侵权纠纷

铁路、公路、水上和航空事故请求损害赔偿诉讼：事故发生地或者车辆、船舶最先到达地、航空器最先降落地或者被告住所地人民法院管辖。

6. 海损事故损害赔偿纠纷

船舶碰撞或者其他海事损害事故请求损害赔偿诉讼：碰撞发生地、碰撞船舶最先到达地、加害船舶被扣留地或者被告住所地的海事人民法院管辖。

7. 海难救助费用诉讼：救助地或者被救助船舶最先到达地的海事法院管辖。

8. 共同海损诉讼：船舶最先到达地、共同海损理算地或者航程终止地的海事法院管辖。

记忆窍门

海难救助费用诉讼、共同海损诉讼，被告住所地法院没有管辖权。

---

〔1〕 答案：C。依据《民事诉讼法》的规定，公司解散纠纷由公司住所地法院管辖，因此选项C正确，当选。

避坑指南

管辖部分的知识点繁多且细碎，大家需要先理解制度背后的原理，再进行精准记忆。此外，按照“3＋1”的结构进行框架梳理，有助于厘清思路。无论是客观题抑或主观题，各类民商事案件的管辖确定都是高频考点，需要实体法与程序法相结合。在确定民事诉讼的管辖问题之前，必须首先依据民事实体法律规范，对案件的请求权做出准确定性——“先定性、找规范、得答案”。

五、专属管辖

专属管辖，是指法律规定某些特殊类型的案件专门由特定的法院管辖。

（一）因不动产纠纷提起的诉讼：不动产所在地法院专属管辖

1. 并非所有与不动产沾边儿的诉讼均属于此处的“不动产纠纷”，而是指因不动产的权利确认、分割、相邻关系等引起的物权纠纷。

2. 农村土地承包经营合同纠纷、房屋租赁合同纠纷、建设工程施工合同纠纷、政策性房屋买卖合同纠纷，按照不动产纠纷确定管辖。

记忆胶囊 不动产所在地法院专属管辖：不动产物权纠纷＋四种特殊的合同纠纷（农建房政）。

3. 不动产已登记的，以不动产登记簿记载的所在地为不动产所在地；不动产未登记的，以不动产实际所在地为不动产所在地。

【例】 甲公司与乙公司签订了一份建筑写字楼的建设工程施工合同。工程竣工并验收后，甲公司仅仅支付了部分工程款，拖欠450万元一直未支付。乙公司决定起诉，此时应当适用合同纠纷的管辖规定还是专属管辖的规定？

答案：应适用不动产专属管辖的规定，由写字楼所在地法院专属管辖。

实战演练 甲区的张某在乙区拥有一栋别墅，装修精美。后发现别墅院墙上被人胡乱涂鸦破坏，非常难看。张某雇请工人对院墙进行重新粉刷，花费2万元。经过调取监控录像，发现涂鸦是住所地位于丙区的李某所为。张某遂将李某诉至法院，要求其赔偿因破坏院墙导致的损失2万元。以下有关本案管辖法院的说法中正确的有？[1]

A. 应当由甲区法院管辖

B. 应当由乙区法院管辖

C. 应当由丙区法院管辖

D. 乙区法院和丙区法院均有管辖权

（二）因港口作业中发生纠纷提起的诉讼：港口所在地法院专属管辖

1. 在港口进行货物装卸、搬运、保管等作业中发生的纠纷。

2. 船舶在港口作业中，由于违规操作造成他人人身或者财产损害的侵权纠纷。

注意：港口所在地法院专属管辖的港口作业纠纷不限于侵权纠纷。

---

〔1〕 答案：D。本案不属于专属管辖的不动产纠纷，请求权基础是侵权损害赔偿请求权，而非物权纠纷，应当由侵权行为地和被告住所地法院管辖。

（三）因继承遗产纠纷提起的诉讼：被继承人死亡时住所地或主要遗产所在地法院专属管辖

1. 死亡地≠死亡时住所地。死亡时住所地是指死亡时的户籍所在地。例如，张老汉的住所地在北京市朝阳区，其在北京市海淀区某医院住院期间死亡，此时其死亡地与死亡时住所地不同一，死亡地是海淀区，而死亡时住所地是朝阳区。

2. 死亡时住所地≠死亡时经常居住地。在专属管辖领域，不适用经常居住地优先的原则，如果出现了死亡时住所地与死亡时经常居住地不重合的情形，由死亡时住所地法院管辖。

原理点睛

死亡时住所地与遗产所在地可能重合，如果遗产散在不同地区，则依据遗产的数量和价值来确定主要遗产所在地。适用专属管辖的三类案件之间具有排他性，如果继承中涉及不动产的分割，即形式上同时属于不动产纠纷和继承遗产纠纷，则按照继承遗产纠纷的规则来确定管辖。

【例1】赵老汉的户籍所在地是江西省昌江区，其子小赵大学毕业后留在北京工作，为了能和儿子团聚，早年丧偶的赵老汉于2020年1月搬到了北京与儿子一起生活，一直住在北京市西城区某小区。2022年3月，赵老汉因病住进了该区某医院，不幸于2022年10月在医院去世。赵老汉在江西省昌江区留有住房一套、存款15万余元。在赵老汉去世后，一名女子刘某自称是赵老汉的私生女，将小赵诉至法院要求一同分割遗产。对于该案，有管辖权的法院是？

答案：本案属于遗产继承纠纷，适用专属管辖的规定，应由被继承人死亡时住所地或主要遗产所在地法院管辖。赵老汉死亡时的住所地即户籍所在地为江西省昌江区，因此昌江区法院有管辖权；本案的主要遗产是房产，所在地同样是昌江区。由此可得，该案的管辖法院是昌江区法院。大家注意不要被题目中的多余信息迷惑，其中北京市西城区是赵老汉的经常居住地，也是赵老汉的死亡地，但这些都不属于死亡时住所地，因此与问题无关。

【例2】判断：专属管辖的民事案件不得约定仲裁。

答案：该说法错误，专属管辖的案件虽然不得进行协议管辖，但是可以选择不采用诉讼而是进行仲裁，此乃专属管辖不得对抗仲裁。

避坑指南

专属管辖不得对抗仲裁，但是可以对抗诉讼协议管辖。换言之，专属管辖排斥其他法院的管辖权，但是不排斥仲裁。

六、协议管辖

协议管辖，是指根据双方当事人的约定确定的管辖，又称合意管辖或约定管辖。

（一）基本规定

合同或者其他财产权益纠纷的当事人可以书面协议选择被告住所地、合同履行地、合同签订地、原告住所地、标的物所在地等与争议有实际联系的地点的人民法院管辖，但不得违反《民事诉讼法》对级别管辖和专属管辖的规定。

协议管辖

当事人因同居或者在解除婚姻、收养关系后发生财产争议，约定管辖的，可以适用协议管辖。

（二）协议管辖的成立条件

1. 双方当事人必须以书面的形式进行约定：口头协议管辖无效。

2. 约定只能针对第一审法院的管辖，第二审法院的管辖当事人不能以协议进行约定。

3. 协议管辖不得变更专属管辖和级别管辖：协议仅针对地域且不得对抗专属管辖，除此之外优于法定管辖。简言之，协议管辖的约定对象限于第一审案件的非专属地域管辖。

4. 选择明确：允许多选。

当事人选择两个以上的法院，并不会因此导致协议无效。管辖协议约定两个以上与争议有实际联系的地点的人民法院管辖，原告可以向其中一个人民法院起诉。

【例】 甲（住所地为A地）与乙（住所地为B地）在C地签订了一份政策性房屋买卖合同，作为标的物的房屋位于D地。合同中约定，如果因为合同的履行发生争议，由D地或A地法院管辖。后甲、乙因为房屋面积问题发生争议，甲决定将乙诉至法院。请问：该管辖协议是否有效？为什么？

答案：该管辖协议无效。原因在于该案为政策性房屋买卖合同纠纷，属于适用专属管辖的特殊合同纠纷，由房屋所在地即D地的法院专属管辖，当事人无权进行协议。如果将案件类型换为借款合同纠纷，该协议有效，因为协议管辖不要求选择的唯一性，甲可以向D地法院或A地法院中的一个法院起诉

5. 对消费者的倾斜保护：经营者使用格式条款与消费者订立管辖协议，未采取合理方式提请消费者注意，消费者主张管辖协议无效的，人民法院应予支持。

解题窍门 确定合同纠纷地域管辖的“三步法”

第一步：专属管辖（农建房政） → 第二步：协议管辖（有无及是否有效） → 第三步：法定管辖（合同履行地+被告住所地）

实战演练 （2022年真题网络回忆版）A县的甲公司与B县的乙公司签订了一份买卖合同，约定合同履行地为C县，因本合同所引发的纠纷一律提交守约方所在地的法院进行诉讼。后因合同履行发生争议，甲公司依据合同中的管辖协议向A县法院起诉，被告乙公司在诉讼中以自己是守约方为由提出管辖权异议，但甲公司声称自己才是守约

方。关于本案的管辖法院，下列说法中正确的有?[1]

A. 双方当事人都可能是守约方，因此A县法院和B县法院均有管辖权

B. B县法院有管辖权

C. A县法院有管辖权

D. C县法院有管辖权

七、共同管辖与选择管辖

当事人向两个以上有管辖权的人民法院起诉的，由最先立案的人民法院管辖。从法院的角度来看，属于两个以上法院对同一案件的共同管辖；而从当事人的角度来看，则属于当事人可以在两个以上有管辖权的法院中择一作为案件的管辖法院。

提示：(1) 最先立案的法院≠最先收到起诉状的法院。

(2) 特殊情况：如果几个法院立案的先后时间无法区分，由这几个法院共同进行协商，确定其中一个法院行使管辖权。如果经协商未能确定出一个法院行使管辖权，则得由这几个法院共同报请上级人民法院来指定管辖。

八、裁定管辖

裁定管辖，是指根据人民法院的裁定确定诉讼的管辖法院。我国《民事诉讼法》规定了3种裁定管辖，即指定管辖、移送管辖和管辖权的转移。裁定管辖的功能在于补充法定管辖，以适应民事诉讼实践中某些特殊情况的需要，即以法定管辖为主、以裁定管辖为补充。

(一) 指定管辖：三种情形

1. 对案件有管辖权的人民法院因特殊原因无法行使管辖权。

"特殊原因"：由于法律上或者事实上的原因，致使按法律规定受诉的人民法院无法或者难以行使管辖权。

【例1】法律上的特殊原因（法院的全体法官均须回避）：A区法院与甲公司签订了一份建设工程施工合同，由甲公司在A区为法院建造一栋两层的多功能配楼，后因合同的履行发生争议，甲公司提起了诉讼。本案作为建设工程施工合同纠纷，本应由不动产所在地法院即A区法院专属管辖，但此时会出现A区法院既是审判主体又是当事人的角色冲突，该法院的全体审判人员与本案有利害关系，需要回避，因而不应对该案件进行审判。即有管辖权的法院成为案件一方当事人或该院法官需要集体回避的情形，该法院就可以报请上级人民法院指定管辖（我国民事诉讼法中未规定集体回避制度）。

【例2】事实上的特殊原因（有管辖权的法院所在地发生了严重自然灾害）：有管辖权的人民法院所在地发生了疫情、地震、泥石流等严重的自然灾害，致使该法院无法办

---

[1] 答案：BD。双方当事人究竟谁是守约方，需要法院经过实体审理方可作出判断，而无法在管辖权异议阶段予以确认。因此，本案中的协议管辖未能约定明确的法院，属于无效协议。管辖协议无效的，应当适用合同纠纷的法定管辖规则，由合同履行地或被告住所地法院管辖；当事人有约定履行地的，以约定为准。因此合同履行地的C县法院和被告住所地的B县法院均有管辖权。

案，当事人和其他诉讼参与人无法进行诉讼活动。该案件需要由有管辖权法院的上一级人民法院指定其他法院管辖。

2. 两个以上的同级人民法院对管辖权发生争议（争抢或推诿），且协商不成，由其共同的上级人民法院指定管辖。

“共同的上级法院”：如果是同属于一个地、市辖区的两个基层人民法院，它们的共同上级人民法院就是该地、市的中级人民法院；如果是同属一个省、自治区、直辖市的两个法院，它们的共同上级人民法院就是该省、自治区、直辖区的高级人民法院；如果是分属于两个省、自治区、直辖市的两个法院，高级人民法院协商不成的，由最高人民法院及时指定管辖。

提示：（1）须协商前置；报请上级人民法院指定管辖时，应当逐级进行。

（2）对报请上级法院指定管辖的案件，下级法院应当中止审理。指定管辖裁定作出前，下级法院对案件作出判决、裁定的，上级法院应当在裁定指定管辖的同时，一并撤销下级法院的判决、裁定。

【例】某标的额将近6亿元的房地产纠纷案件，北京市第一中级人民法院和重庆市第一中级人民法院均认为自己对该案有管辖权。此时，应当如何确定该案的管辖法院？

答案：此时属于跨省、自治区、直辖市的两个法院争抢管辖权的情况，应当先由两个法院进行协商，若二者协商不成，且高级法院协商不成的，由最高人民法院及时指定管辖。

3. 移送管辖后，移送来的案件也不属于受移送的法院管辖时：受移送的人民法院认为移送来的案件不属于本院管辖时，不得再次移送，而是应报请上级人民法院指定管辖，由上级人民法院指定本辖区内的其他法院管辖。

（二）移送管辖

移送管辖，是指人民法院受理民事案件后，发现自己对案件无管辖权，依法将案件移送给有管辖权的人民法院审理的制度。移送管辖制度的功能在于纠错（纠正立案错误），移送案件的法院移送的仅是案件，而不是案件的管辖权。

1. 移送管辖的条件：（1）移送案件的法院已经受理该案；（2）移送法院对案件无管辖权；（3）受移送法院被认为对案件有管辖权。

2. 移送只能进行一次，受移送的法院若认为自己对案件没有管辖权，只能报请上级法院指定管辖，而不能再次移送。

记忆胶囊 移送管辖：受理后；无到有；限一次。

【例】北京市西城区法院受理了一起名誉权纠纷诉讼后，发现自己对该案没有管辖权，遂将之移送给了其认为有管辖权的东城区法院，东城区法院收到案件后，认为自己对该案亦无管辖权，此时其不得再次移送，而只能报请自己的上级法院指定管辖。

3. 不发生移送管辖的情形

（1）两个以上法院都有管辖权，先立案的法院不得将案件移送给其他有管辖权的法院。

注意：法院立案时发现其他法院先立案的，不得重复立案；法院立案后发现其他法院先立案的，则应将案件移送给先立案的法院。

（2）管辖恒定的适用情形：具有管辖权的人民法院受理案件后，其对案件的管辖权不因当事人住所地、经常居住地、行政区划在诉讼中发生变更而受影响。

（3）法院对管辖异议审查后确定有管辖权的，不因当事人提起反诉、增加或者变更诉讼请求等改变管辖，但违反级别管辖、专属管辖规定的除外。

记忆胶囊 有错才纠错，纠错才移送；没错不纠错，不纠错原则上就不会移送管辖。

（三）管辖权转移：上向下移＋下向上移

上级人民法院有权审理下级人民法院管辖的第一审民事案件；确有必要将本院管辖的第一审民事案件交下级人民法院审理的，应当报请其上级人民法院批准。下级人民法院对它所管辖的第一审民事案件，认为需要由上级人民法院审理的，可以报请上级人民法院审理。管辖权转移是对级别管辖的变通和微调，是为了使级别管辖有一定的柔性，从而更好地适应复杂的案件情况。

1. 下向上移：下级法院仅有报请权，但决定权掌握在上级法院手里

【例】“下移上”的主要情形：案件本身的需要，如案情重大、特别复杂、涉及面很广，下级人民法院审理确有困难；也可以是由于某种特殊原因的需要，如由于自然灾害的原因，下级人民法院审理确有困难。

2. 上向下移

（1）上向下移的条件：确有必要＋报请上级法院批准（用裁定）；

（2）可以上向下移的具体情形：破产程序中有关债务人的诉讼案件；当事人人数众多且不方便诉讼的案件；最高人民法院确定的其他类型案件。

移送管辖与管辖权转移

【表】移送管辖 VS 管辖权转移

—	移送管辖	管辖权转移
条件	受理后、无到有、限一次	“下向上移”：下级报请＋上级同意 “上向下移”：确有必要＋报请上级法院批准
具体情形	法院自行纠错或当事人的管辖权异议成立	“上向下移”：破产程序中有关债务人的诉讼案件；当事人人数众多且不方便诉讼的案件；最高法确定的其他类型案件
功能	纠错	变通和微调级别管辖

实战演练（2016 年卷三第 77 题）A 市东区居民朱某（男）与 A 市西县刘某结婚，婚后双方住 A 市东区。一年后，公司安排刘某赴 A 市南县分公司工作。三年之后，因感情不合朱某向 A 市东区法院起诉离婚。东区法院受理后，发现刘某经常居住地在南县，其对该案无管辖权，遂裁定将案件移送南县法院。南县法院收到案件后，认为无管辖权，将案件移送刘某户籍所在地西县法院。西县法院收到案件后也认为无管辖权。关于

本案的管辖问题，下列哪些说法是正确的？[1]

A. 东区法院有管辖权

B. 南县法院有管辖权

C. 西县法院有管辖权

D. 西县法院认为自己没有管辖权，应当裁定移送有管辖权的法院

九、管辖权异议与应诉管辖

管辖权异议，是指人民法院受理案件后，被告在答辩期间向受诉人民法院提出的认为受诉人民法院对受诉的该案无管辖权的意见或主张。

（一）提出管辖权异议的条件

1. 主体条件：在通常情况下，管辖权异议由被告提出。

提示：当事人在答辩期间届满后未应诉答辩，法院在一审开庭前发现案件不属于本院管辖的，应当裁定移送有管辖权的法院。

2. 时间条件：管辖权异议应当在被告提交答辩状期间提出。

例外：（1）原告增加诉讼标的金额，被告可对级别管辖提出异议；（2）原告在举证期限届满前变更诉的原因，被告可以对地域管辖提出管辖权异议。

注意：法院发回重审或者按第一审程序再审的案件，当事人提出管辖异议的，法院不予审查。当事人只能对第一审民事案件的管辖权提出异议，对第二审民事案件不得提出管辖权异议。

【指导案例链接】最高法指导案例第56号“韩凤彬诉内蒙古九郡药业有限责任公司等产品责任纠纷管辖权异议案”：当事人在一审提交答辩状期间未提出管辖异议，在二审或者再审发回重审时提出管辖异议的，人民法院不予审查。

3. 异议的对象：（1）地域管辖；（2）级别管辖。

实战演练 （2018年真题网络回忆版）韩某发现购买的九都公司产品存在质量问题，于是起诉至法院要求赔偿损失，九都公司一审败诉后提起上诉。在二审中，九都公司提出管辖权异议。对于该管辖权异议的处理，下列哪一说法是正确的？[2]

A. 如果管辖权异议成立，二审法院应当裁定撤销原判决，驳回韩某的起诉

B. 如果管辖权异议成立，二审法院应当裁定撤销原判决，移送管辖

C. 二审法院不审查管辖权异议

D. 如果管辖权异议成立，二审法院应当裁定撤销原判决，发回重审

（二）管辖权异议的处理方式

1. 经审查，异议成立的，裁定移送给有管辖权的法院；异议不成立的，裁定驳回。

2. 管辖权异议的裁定可以上诉、不得再审。

提示：提交答辩状期间届满后，原告增加诉讼请求金额致使案件标的额超过受诉法

---

〔1〕 答案：AB。

〔2〕 答案：C。被告应当在答辩期限届满前提出管辖权异议，当事人在一审提交答辩状期间未提出管辖异议，在二审或者再审发回重审时提出管辖异议的，人民法院不予审查。因此选项C的说法正确，当选。

院级别管辖标准，被告提出管辖权异议，请求由上级法院管辖的，法院应当依法审查并作出裁定。异议不成立的，裁定驳回；异议成立的，裁定移送有管辖权的法院。

实战演练（2016 年卷三第 78 题）法院受理案件后，被告提出管辖异议，依据法律和司法解释规定，其可以采取下列哪些救济措施？[1]

A. 向受诉法院提出管辖权异议，要求受诉法院对管辖权的归属进行审查

B. 向受诉法院的上级法院提出异议，要求上级法院对案件的管辖权进行审查

C. 在法院对管辖异议驳回的情况下，可以对该裁定提起上诉

D. 在法院对案件审理终结后，可以以管辖错误作为法定理由申请再审

（三）应诉管辖

当事人未提出管辖异议，并应诉答辩或者提出反诉的，视为受诉人民法院有管辖权，但违反级别管辖和专属管辖规定的除外。

管辖权异议与应诉管辖

成立应诉管辖须同时满足以下三个条件：

1. 当事人未在答辩期内提出管辖权异议；
2. 当事人就案件实体内容进行答辩、陈述或者提出反诉；
3. 应诉管辖不得违反专属管辖和级别管辖的规定。

注意：（1）如果被告既提出管辖权异议又应诉答辩的，不能视为被告接受受诉法院的管辖。

（2）无论是否成立应诉管辖，管辖错误都不是当事人申请再审或抗诉的法定事由。

（3）协议管辖和应诉管辖，均不得违反级别管辖和专属管辖的规定。

实战演练（2017 年卷三第 36 题）住所在 A 市 B 区的甲公司与住所在 A 市 C 区的乙公司签订了一份买卖合同，约定履行地为 D 县。合同签订后尚未履行，因货款支付方式发生争议，乙公司诉至 D 县法院。甲公司就争议的付款方式提交了答辩状。经审理，法院判决甲公司败诉。甲公司不服，以一审法院无管辖权为由提起上诉，要求二审法院撤销一审判决，驳回起诉。关于本案，下列哪一表述是正确的？[2]

A. D 县法院有管辖权，因 D 县是双方约定的合同履行地

B. 二审法院对上诉人提出的管辖权异议不予审查，裁定驳回异议

C. 二审法院应裁定撤销一审判决，发回一审法院重审

D. 二审法院应裁定撤销一审判决，裁定将案件移送有管辖权的法院审理

串讲小课堂

1. 北京、广州、杭州的互联网法院相当于基层法院＋集中管辖（合同＋侵权）。

---

〔1〕答案：AC。管辖权异议应当向受诉法院提出，而不是其上级法院。因此，选项 A 的说法正确，选项 B 的说法错误。管辖权异议的裁定可以上诉。选项 C 的说法正确。管辖错误不是申请再审的法定事由，管辖权异议的裁定可以上诉、不得再审。选项 D 的说法错误。

〔2〕答案：B。

2. 网购合同纠纷的地域管辖：(1) 通过信息网络交付标的——买受人住所地法院 + 被告住所地法院；(2) 通过其他方式交付标的——收货地法院 + 被告住所地法院。此外，起诉的地方如果在北广杭三地，则由当地的互联网法院集中管辖。

3. 产品质量侵权诉讼的管辖法院：产品制造地、产品销售地、服务提供地、侵权行为地和被告住所地法院。

4. 保险人代位求偿权诉讼的管辖：因第三者对保险标的的损害造成保险事故，保险人向被保险人赔偿保险金后，代位行使被保险人对第三者请求赔偿的权利而提起诉讼的，应当根据保险人所代位的被保险人与第三者之间的法律关系确定管辖法院。

5. 公司诉讼的管辖法院：公司住所地法院。

6. 不动产所在地法院专属管辖：不动产物权纠纷 + 四种特殊合同（农建房政）。

7. 协议管辖：书面 + 财产权益争议 + 允许多选 + 不得违反级别管辖和专属管辖。

8. 对消费者的倾斜保护：经营者使用格式条款与消费者订立管辖协议，未采取合理方式提请消费者注意，消费者主张管辖协议无效的，法院应予支持。

9. 移送管辖的功能是纠正立案错误：受理后、无到有、限一次。

10. 管辖权转移：上向下移的条件——确有必要 + 报请上级法院批准。可以上向下移的具体情形：破产程序中有关债务人的诉讼案件；当事人人数众多且不方便诉讼的案件；最高人民法院确定的其他类型案件。

11. 提出管辖权异议的时间：原则上是答辩期限届满前；法院发回重审或者按第一审程序再审的案件，当事人提出管辖异议的，法院不予审查。当事人在一审提交答辩状期间未提出管辖异议，在二审或者再审发回重审时提出管辖异议的，人民法院不予审查。

12. 应诉管辖和协议管辖均不得违反级别管辖和专属管辖的规定。

第五讲

当事人与诉讼代理人

思维导图

※当事人的“5+2”结构——5种广义当事人+民事公益诉讼、第三人撤销之诉

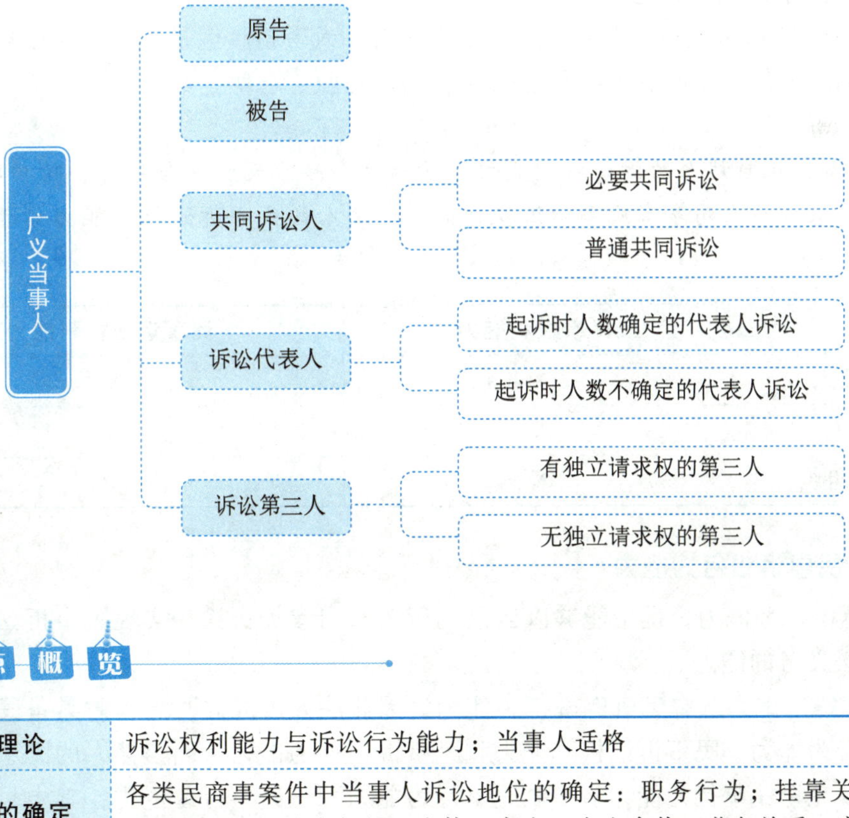

考点概览

基本理论	诉讼权利能力与诉讼行为能力；当事人适格
当事人的确定	各类民商事案件中当事人诉讼地位的确定：职务行为；挂靠关系；法人合并分立；机动车侵权；个体工商户；个人合伙；劳务关系；安保义务
共同诉讼	必要共同诉讼：不可分之诉
	普通共同诉讼：可分之诉
代表人诉讼	起诉时人数确定的代表人诉讼
	起诉时人数不确定的代表人诉讼
诉讼第三人	有独立请求权第三人+无独立请求权第三人
第三人撤销之诉	起诉条件；管辖；诉讼地位；法律效果；三撤与再审的关系；三撤、执行异议、案外人再审的关系

续表

民事公益诉讼	原告主体资格；管辖；调解与和解；禁止反诉；与私诉权主体的关系；检察公益诉讼的相关规定
诉讼代理人	法定代理人；委托代理人；一般授权与特别授权

一、民事诉讼权利能力与诉讼行为能力

（一）民事诉讼权利能力

民事诉讼权利能力，又称当事人能力，是指能够作为民事诉讼当事人的资格和能力。

有民事权利能力，必有民事诉讼权利能力，自然人、法人和其他组织（非法人组织）均具备民事诉讼权利能力。

《民法典》第102条："非法人组织是不具有法人资格，但是能够依法以自己的名义从事民事活动的组织。非法人组织包括个人独资企业、合伙企业、不具有法人资格的专业服务机构等。"

【化繁为简】 自然人的诉讼权利能力始于出生、终于死亡，与年龄、精神状态无关，精神病人、未成年人均享有民事诉讼权利能力。法人的民事诉讼权利能力始于成立，终于终止。

—	民事权利能力	民事诉讼权利能力
自然人	√	√
法人	√	√
其他组织	√	√

（二）民事诉讼行为能力

民事诉讼行为能力，是指能够以自己的行为亲自参加诉讼，实现民事诉讼权利、履行民事诉讼义务的能力。

有民事行为能力即有民事诉讼行为能力，因此法人自成立时起同时具备民事权利能力、民事行为能力、民事诉讼权利能力和民事诉讼行为能力。而自然人的民事行为能力分为三档：完全民事行为能力、限制民事行为能力和无民事行为能力，其中只有具备完全民事行为能力的自然人才享有民事诉讼行为能力；无民事行为能力人和限制民事行为能力人仅具有民事诉讼权利能力，而不具备民事诉讼行为能力。

—	民事行为能力	民事诉讼行为能力
8周岁以下的未成年人	无民事行为能力人	无民事诉讼行为能力
8—18周岁的未成年人	限制民事行为能力人	无民事诉讼行为能力
精神病人（不能表达意志）	无民事行为能力人	无民事诉讼行为能力
能够正确表达意志的成年人	完全民事行为能力人	有民事诉讼行为能力

续表

—	民事行为能力	民事诉讼行为能力
16—18 周岁以自己劳动收入为主要生活来源	视为完全民事行为能力人	有民事诉讼行为能力

【化繁为简】(1) 有民事权利能力就有民事诉讼权利能力，自然人、法人和其他组织均具备民事诉讼权利能力。只有具备完全民事行为能力的主体才具备民事诉讼行为能力，因此无民事行为能力人和限制民事行为能力人只具备民事诉讼权利能力，但不具备民事诉讼行为能力。

(2) 法人自成立时起“四力”兼具：民事权利能力、民事行为能力、民事诉讼权利能力、民事诉讼行为能力。

二、当事人适格

当事人适格，又称正当当事人，是指对于具体的案件，能够以自己的名义作为本案当事人起诉或应诉并受法院判决约束的资格。

（一）当事人适格与民事诉讼权利能力、民事诉讼行为能力

民事诉讼权利能力或民事诉讼行为能力是作为抽象的诉讼当事人的资格，即有无作为当事人或参加诉讼的资格和能力问题，它与具体的诉讼无关，通常取决于有无民事权利能力。当事人适格是作为具体的诉讼当事人的资格，是针对具体的诉讼而言的，当事人适格与否，只能将当事人与具体的诉讼联系起来，看当事人与特定的诉讼标的有无直接联系，即是否是具体案件中实体法律关系的主体或属于法定的适格当事人。原则上，只有与发生争议的法律关系有直接利害关系的主体，才能够成为案件中的适格当事人。

【例】通过以下实例帮助大家理解民事诉讼权利能力和民事诉讼行为能力的抽象性与当事人适格的具体性。张某是江苏某高校法学院的教授，某日，他在下班回家的途中看到城管与街边卖烤地瓜的男子黄某发生了肢体冲突，城管将黄某打伤。张某虽然具有民事诉讼权利能力和民事诉讼行为能力，但却不是该案件的适格当事人，因为其有无民事诉讼权利能力和民事诉讼行为能力是一种抽象的资格，取决于其民事权利能力和民事行为能力等自然状态；而其能否成为适格当事人，必须要结合具体的个案，来判断其是否属于案件中实体法律权利义务关系的直接主体，该案中的实体法律关系是城管与黄某之间的人身侵权关系，该实体关系的直接主体为侵权人城管与被侵权人黄某，张某显然不是该法律关系的直接主体，因此不是适格当事人。简言之，所有享有完全民事行为能力的主体都具备民事诉讼权利能力和民事诉讼行为能力，但其通常只在成为发生争议的民事实体法律关系之直接主体的情况下，才可能成为适格当事人。

（二）当事人适格的例外情形：诉讼担当

判断当事人是否适格的通常标准——当事人是否是所争议的民事法律关系（即本案诉讼标的）的主体。但在某些例外情形下，非民事法律关系或民事权利的主体，也可以

作为适格当事人，这些情形统称为诉讼担当，其中又分为法定的诉讼担当与任意的诉讼担当两类。前者是指基于实体法或诉讼法的规定，第三人对他人的权利可以自己的名义进行诉讼；后者则是指权利主体通过自己的意思表示，赋予他人诉讼实施权。

1. 法定诉讼担当的具体情形

（1）对侵害死者遗体、遗骨以及姓名、肖像、名誉、荣誉、隐私等行为提起诉讼的，死者的近亲属为当事人。

（2）因他人侵权而死亡的公民，其继承人享有诉讼实施权。

（3）被宣告失踪人的财产代管人享有诉讼实施权。

（4）公民死亡后，遗产管理人、遗嘱执行人享有诉讼实施权。

（5）居民委员会、村民委员会或者村民小组与他人发生民事纠纷的，居民委员会、村民委员会或者有独立财产的村民小组为当事人。

（6）股东代表诉讼中的股东。

（7）可以提起民事公益诉讼的法定机关和有关组织。

2. 任意诉讼担当的情形

《著作权法》（2020 年修正）第 8 条第 1 款规定："著作权人和与著作权有关的权利人可以授权著作权集体管理组织行使著作权或者与著作权有关的权利。依法设立的著作权集体管理组织是非营利法人，被授权后可以以自己的名义为著作权人和与著作权有关的权利人主张权利，并可以作为当事人进行涉及著作权或者与著作权有关的权利的诉讼、仲裁、调解活动。"

三、当事人的确定：原告与被告

民事诉讼当事人，是指因民事权利义务发生争议，以自己名义进行诉讼，要求法院行使民事裁判权的人。

（一）非因自己行为

1. 分支机构的行为：法人非依法设立的分支机构，或者虽依法设立，但没有领取营业执照的分支机构，以设立该分支机构的法人为当事人。

注意：如果是法人依法设立并领取营业执照的分支机构，则属于具有民事诉讼权利能力的其他组织（非法人组织），该类分支机构能够作为当事人。

2. 职务行为：用人单位的工作人员因执行工作任务造成他人损害的，由用人单位承担侵权责任。用人单位承担侵权责任后，可以向有故意或者重大过失的工作人员追偿。

3. 主体的承担

（1）企业法人合并的，因合并前的民事活动发生的纠纷，以合并后的企业为当事人；因企业法人分立前的民事活动发生的诉讼，企业法人分立的，以分立后的企业为共同诉讼人。

（2）在诉讼中，一方当事人死亡，需要等待继承人表明是否参加诉讼的，裁定中止诉讼。人民法院应及时通知继承人作为当事人承担诉讼，被继承人已经进行的诉讼行为对承担诉讼的继承人有效。

（3）企业法人依法清算并注销前，该企业法人为当事人；企业法人未依法清算即被注销的，以该企业法人的股东、发起人或者出资人为当事人。

实战演练 （2021年真题网络回忆版）**甲公司与乙公司因合同纠纷诉至法院，在二审过程中，甲公司与丙公司合并成丁公司。关于本案，下列说法中正确的有？**[1]

A. 法院对甲公司与乙公司诉讼所作的一审判决，对丁公司具有既判力

B. 乙公司无权要求法院追加丁公司作为当事人参加诉讼

C. 如果丁公司作为当事人参加诉讼，已经进行的诉讼对丁公司有拘束力

D. 法院可以依职权决定丁公司作为当事人参加诉讼

4. 法人名称被冒用和借用

（1）法人或者其他组织应登记而未登记即以法人或者其他组织名义进行民事活动，或者他人冒用法人、其他组织名义进行民事活动，或者法人或者其他组织依法终止后仍以其名义进行民事活动的，以直接责任人即行为人为当事人。

（2）因借用业务介绍信、合同专用章、盖章的空白合同书或者银行账户而产生的诉讼，出借单位和借用人为共同诉讼人。

（3）行为人私刻单位公章或者擅自使用单位公章、业务介绍信、盖有公章的空白合同书以签订经济合同的方法进行的犯罪行为，单位有明显过错，且该过错行为与被害人的经济损失之间具有因果关系的，单位对该犯罪行为所造成的经济损失，依法应当承担赔偿责任。

（4）单位聘用的人员被解聘后，或者受单位委托保管公章的人员被解除委托后，单位未及时收回其公章，行为人擅自利用保留的原单位公章签订经济合同，骗取财物占为己有构成犯罪，如给被害人造成经济损失的，单位应当承担赔偿责任。

5. 机动车使用人责任（《民法典》第1209条）

因租赁、借用等情形机动车所有人、管理人与使用人不是同一人时，发生交通事故造成损害，属于该机动车一方责任的，由机动车使用人承担赔偿责任；机动车所有人、管理人对损害的发生有过错的，承担相应的赔偿责任。

【例】 小萌与小亮是多年的邻居，平时关系较好，小萌在升职后买了一辆新车，小亮知道后向小萌提出借用该车一天，带女友出去兜风，小萌明知小亮并无驾照，但碍于邻居情面还是将车借给了小亮。后小亮在行驶途中因技术问题撞伤了在路边正常行走的小王，若小王决定起诉主张侵权损害赔偿，可以将小萌和小亮作为共同被告。小萌在明知小亮没有驾照的情况下仍旧同意借车，属于对损害的发生有过错，应承担相应的赔偿责任。

（二）与其他组织竞合

1. 个体工商户以营业执照上登记的经营者为当事人。有字号的，以营业执照上登记的字号为当事人，但应同时注明该字号经营者的基本信息。

---

〔1〕 答案：ACD。依据《民事诉讼法》的规定，企业法人合并的，因合并前的民事活动发生的纠纷，以合并后的企业为当事人。因此选项B错误，选项A、C、D均正确。

2. 未依法登记领取营业执照的个人合伙的全体合伙人为共同诉讼人。个人合伙有依法核准登记的字号的，应在法律文书中注明登记的字号。

3. 挂靠关系：个体工商户、个人合伙或私营企业以挂靠形式从事民事活动，当事人请求由挂靠人和被挂靠人依法承担民事责任的，该个体工商户、个人合伙或私营企业与其挂靠的集体企业为共同诉讼人。

（三）劳务关系

1. 损害他人：提供劳务一方因劳务造成他人损害的，由接受劳务一方承担侵权责任。接受劳务一方承担侵权责任后，可以向有故意或者重大过失地提供劳务一方追偿。

2. 自己受损：提供劳务一方因劳务自己受到损害的，根据双方各自的过错承担相应的责任。

3. 劳务派遣（《民法典》第1191条）

劳务派遣期间，被派遣的工作人员因执行工作任务造成他人损害的，由接受劳务派遣的用工单位承担侵权责任；劳务派遣单位有过错的，承担相应的责任。

实体拓展

双重劳动关系纠纷——（1）用人单位招用尚未解除劳动合同的劳动者，原用人单位与劳动者发生的劳动争议，可以列新的用人单位为第三人。（2）原用人单位以新的用人单位侵权为由提起诉讼的，可以列劳动者为第三人。（3）原用人单位以新的用人单位和劳动者共同侵权为由提起诉讼，新的用人单位和劳动者列为共同被告。

（四）安全保障义务

1. 教育机构责任

（1）过错推定责任：无民事行为能力人在幼儿园、学校或者其他教育机构学习、生活期间受到人身损害的，幼儿园、学校或者其他教育机构应当承担责任，但能够证明尽到教育、管理职责的，不承担责任。

（2）一般过错责任：限制民事行为能力人在学校或者其他教育机构学习、生活期间受到人身损害，学校或者其他教育机构未尽到教育、管理职责的，应当承担责任。

（3）补充责任：因第三人行为而导致人身损害的，由第三人承担侵权责任；教育机构未尽到管理职责的，承担相应的补充责任。教育机构承担补充责任后，可以向第三人追偿。

【例】王甲两岁，在幼儿园入托。一天，为幼儿园送牛奶的刘某因王甲将其衣服弄湿，便打了王甲一记耳光，造成王甲左耳失聪。王甲的父亲拟代儿子向法院起诉，其应当以谁为被告？

答案：本案属于无民事行为能力人的教育机构责任中的第三人侵权，刘某是实际的侵权人，需要承担民事赔偿责任，是本案的被告。另外，幼儿园对王甲负有安保义务，原告可以将幼儿园作为本案的共同被告。简言之，两种诉法均正确：（1）只起诉刘某；（2）将刘某和幼儿园作为共同被告。

2. 公共场所或群众性活动的安保义务

（1）宾馆、商场、银行、车站、娱乐场所等公共场所的管理人或者群众性活动的组织者，未尽到安全保障义务，造成他人损害的，应当承担侵权责任。

（2）因第三人的行为造成他人损害的，由第三人承担侵权责任；管理人或者组织者未尽到安全保障义务的，承担相应的补充责任。经营者、管理者或者组织者承担补充责任后，可以向第三人追偿。

原理点睛

是否需要承担实体责任≠能否作为诉讼当事人。在确定当事人时，不仅要考虑民商事实体法的规定，还要结合原告的诉讼请求，运用民事诉讼法的原理进行综合判断。

四、共同诉讼

当事人一方或双方为两人以上的诉讼，称为共同诉讼。因形成共同诉讼的原因不同，可将共同诉讼分为必要共同诉讼和普通共同诉讼。

（一）必要共同诉讼：不可分之诉

必要共同诉讼，是指当事人一方或双方为两人以上，诉讼标的是共同的，人民法院必须合并审理的诉讼。

1. 必要共同诉讼的成立条件

（1）当事人一方或双方为两人以上。

（2）当事人之间的诉讼标的是共同的。例如，特定身份关系、连带债权与连带债务、内部不可分合同关系、共同侵权行为或者共同危险行为等。

2. 能够引起必要共同诉讼的具体情形

（1）个体工商户业主与实际经营者不一致

营业执照上登记的经营者与实际经营者不一致的，以登记的经营者和实际经营者为共同诉讼人。

解题窍门 遇到涉及个体工商户的案件，第一步先看有无字号，有字号的直接以字号作为当事人。如果没有字号，第二步看登记的经营者和实际经营者是否一致，不一致的，二者作为共同诉讼人。

实战演练（2015年卷三第39题）徐某开设打印设计中心并以自己名义登记领取了个体工商户营业执照，该中心未起字号。不久，徐某应征入伍，将该中心转让给同学李某经营，未办理工商变更登记。后该中心承接广告公司业务，款项已收却未能按期交货，遭广告公司起诉。下列哪一选项是本案的适格被告？[1]

A. 李某

B. 李某和徐某

C. 李某和该中心

D. 李某、徐某和该中心

（2）个人合伙

未依法登记领取营业执照的个人合伙，全体合伙人在诉讼中为共同诉讼人。个人合伙有依法核准登记的字号的，应在法律文书中注明登记的字号。全体合伙人可以推选代表人；被推选的代表人，应由全体合伙人出具推选书。

（3）企业法人分立

企业法人分立的，因分立前的民事活动发生的纠纷，以分立后的企业为共同诉讼人。

（4）保证合同关系

①一般保证：债权人以债务人为被告提起诉讼的，法院应予受理。债权人未就主合同纠纷提起诉讼或者申请仲裁，仅起诉一般保证人的，法院应当驳回起诉。债权人一并起诉债务人和保证人的，法院可以受理，但是在作出判决时，除有《民法典》第687条第2款但书规定的情形外，应当在判决书主文中明确，保证人仅对债务人财产依法强制执行后仍不能履行的部分承担保证责任。

②连带保证：可以将债务人或者保证人作为被告提起诉讼；可以将债务人和保证人作为共同被告提起诉讼（“原告怎么诉、被告怎么列”）。

注意：当事人在保证合同中对保证方式没有约定或者约定不明确的，按照一般保证承担保证责任。

（5）继承遗产关系

在继承遗产诉讼中，部分继承人起诉的，人民法院应通知其他继承人作为共同原告参加诉讼；被通知的继承人不愿意参加诉讼又未明确表示放弃实体权利的，人民法院仍应把其列为共同原告。

（6）共有财产关系

共有财产权受到他人侵害，部分共有权人起诉的，其他共有权人为共同诉讼人。

（7）无民事行为能力人、限制民事行为能力人致人损害

无民事行为能力人、限制民事行为能力人造成他人损害的，无民事行为能力人、限制民事行为能力人和其监护人为共同被告。

记忆胶囊 （1）无、限人是受害方——原告只有无、限人自己，其监护人仅是法定代理人。（2）无、限人是加害方——无、限人及其监护人为共同被告。此时监护人不仅是共同被告，同时也是无、限人的法定代理人。

---

〔1〕答案：B。在判断个体工商户的诉讼地位时，取决于其是否有字号。在诉讼中，个体工商户以营业执照上登记的经营者为当事人。有字号的，以营业执照上登记的字号为当事人，但应同时注明该字号经营者的基本信息。营业执照上登记的经营者与实际经营者不一致的，以登记的经营者和实际经营者为共同当事人。依此，本案中的个体工商户没有字号，应当以经营者为当事人，登记的经营者与实际经营者不一致，应当将徐某和李某列为共同被告。选项B正确，当选。

【指导案例链接】最高法指导案例第51号“阿卜杜勒·瓦希德诉中国东方航空股份有限公司航空旅客运输合同纠纷案”：对航空旅客运输实际承运人提起的诉讼，可以选择对实际承运人或缔约承运人提起诉讼，也可以同时对实际承运人和缔约承运人提起诉讼。被诉承运人申请追加另一方承运人参加诉讼的，法院可以根据案件的实际情况决定是否准许。

实战演练 （2022年真题网络回忆版）就读高一的小张（17岁）把同学小赵（16岁）的眼睛打伤，小赵的父亲老赵多次找小张的父亲老张协商，均无果，遂诉至法院。开庭时，小张已满18周岁，就读高三，但没有任何财产。关于本案，下列选项中说法正确的有？[1]

A. 小赵是本案适格原告，老赵是其法定代理人

B. 老赵是本案适格原告

C. 老张是本案适格被告

D. 小张是本案适格被告，老张只是其法定代理人

3. 必要共同诉讼人的关系

（1）内部关系：其中一人的诉讼行为经其他人承认，对其他共同诉讼人发生法律效力。

（2）外部关系：一致对外。

4. 必要共同诉讼人的追加

（1）法院追加必要共同诉讼人，既可以依职权，也可以依申请。若当事人申请法院追加的，法院应进行审查，申请无理的，裁定驳回；申请有理的，书面通知被追加的当事人参加诉讼。

（2）法院追加共同诉讼的当事人时，应通知其他当事人。应当追加的原告，已明确表示放弃实体权利的，可不予以追加；既不愿意参加诉讼，又不放弃实体权利的，仍追加为共同原告，其不参加诉讼，不影响法院对案件的审理和依法作出判决。

（二）普通共同诉讼：可分之诉

当事人一方或双方为两人以上，其诉讼标的属同一种类，经当事人同意，法院认为可合并审理而将其合并审理的，为普通共同诉讼。

1. 普通共同诉讼的形成条件

（1）实质条件：几个当事人的诉讼标的属于同种类，即诉讼标的的同类性。

例如：数个业主欠缴物业管理费，物业管理人向业主提起缴纳管理费的诉讼；公交车发生交通事故导致数名乘客受伤，若干受伤乘客要求赔偿的诉讼；等等。

（2）管辖上的同一性：几个诉讼须属同一法院管辖。

（3）几个诉讼的当事人愿意合并审理。

（4）人民法院认为将几个诉讼合并审理能够达到提高诉讼效益的目的，而同意将几个诉讼合并审理。

---

〔1〕答案：AC。侵权行为发生时行为人不满18周岁，在诉讼时已满18周岁并有经济能力的，应当承担侵权责任；行为人没有经济能力的，应当由原监护人承担侵权责任。

【例】甲、乙、丙三人互不相识，其均于2023年11月在A餐厅食用了“万圣节套餐”，之后三人均出现食物中毒现象，于是其分别将A餐厅诉至法院，要求其赔偿医疗费用、误工费等损失。法院认为可以将这三个诉合并审理，当事人也表示同意。请问：该共同诉讼的性质如何？

答案：为普通共同诉讼。因为存在三个同一种类的诉讼标的，而非同一个诉讼标的。

2. 普通共同诉讼人的关系

（1）普通共同诉讼人对诉讼标的并没有共同的权利或共同的义务，因此他们在诉讼中进行诉讼行为，各自对自己的行为负责，其中一人的诉讼行为，对其他共同诉讼人不发生效力。

提示：如果普通共同诉讼人中的一人出现诉讼中止、未按时参与庭审等特殊现象，不影响其他共同诉讼人诉讼活动的继续进行。

（2）对普通共同诉讼，法院应当合并审理，分别判决。

【表】必要共同诉讼 VS 普通共同诉讼

—	必要共同诉讼	普通共同诉讼
诉讼标的	共同的诉讼标的	同一种类的诉讼标的
是否为可分之诉	不可分之诉，必须合并审理	可分之诉，由数个同一种类的诉讼标的合成的，这些诉讼标的均具有独立性，并不一定合并审理
是否需经当事人同意	不需经过当事人同意；法院可依职权追加当事人	必须经过当事人同意才能合并审理

五、代表人诉讼

- 代表人诉讼
  - 起诉时人数确定的代表人诉讼
  - 起诉时人数不确定的代表人诉讼

（一）代表人诉讼与诉讼代表人

当事人一方具有共同或同样的法律利益，因人数众多而由其中一人或数人作为代表进行诉讼，称为代表人诉讼。在代表人诉讼中，代表人数众多的一方当事人进行诉讼的人，便是诉讼代表人。我国的诉讼代表人制度以共同诉讼制度为基础，吸收了诉讼代理制度的机能。

1. 代表人诉讼的特征

（1）一方当事人人数众多：10人以上。

（2）人数众多的一方当事人有共同或同类的诉讼标的即诉因相同。

（3）人数众多的一方当事人的诉讼请求具有可代表性。

（4）代表人行使实体处分权，必须经过其他当事人的承认。

2. 诉讼代表人的权限

诉讼代表人变更、放弃诉讼请求或者承认对方当事人的诉讼请求，进行和解，必须经被代表的当事人同意。

3. 诉讼代表人的人数：2—5 人。每位诉讼代表人可以委托 1—2 名诉讼代理人。

（二）代表人诉讼的种类

【表】起诉时人数确定的代表人诉讼 VS 起诉时人数不确定的代表人诉讼

—	起诉时人数确定的代表人诉讼	起诉时人数不确定的代表人诉讼
起诉时人数是否确定	起诉时人数已经确定	起诉时人数不确定
诉讼标的	诉讼标的可以是共同的，也可以是同一种类的	诉讼标的只能是同一种类的
适用程序	一般公开审理、作出裁判	（1）要经过公告（不少于 30 日）、登记等特殊程序，以便确定当事人 （2）裁判具有扩张效力（预决效力），可以直接适用
代表人的产生方式	由全体当事人推选共同的代表人，也可以由部分当事人推选自己的代表人；推选不出代表人的当事人，在必要的共同诉讼中亲自参加诉讼，在普通的共同诉讼中可以另行起诉	推举——商定——指定 推选不出代表的当事人可以另行起诉

1. 并非所有的共同诉讼都能构成代表人诉讼。人数确定的代表人诉讼可能是必要共同诉讼，也可能是普通共同诉讼；而人数不确定的代表人诉讼只能是普通共同诉讼。

2. 两类代表人诉讼中推选不出代表的当事人的不同选择

（1）人数确定的代表人诉讼中，既可以由全体当事人推选共同的代表人，也可以由部分当事人推选自己的代表人；推选不出代表人的当事人，在必要共同诉讼中由自己亲自参诉，在普通共同诉讼中可以另行起诉。

（2）人数不确定的代表人诉讼中，诉讼代表人由向法院登记了权利的那部分当事人推选出来——先推选，推选不出代表人时，法院提出人选与当事人协商，协商不成的，可由法院在起诉的当事人中指定代表人。

实战演练 **A 厂生产的一批山茶油添加剂超标，对人体有损害。媒体披露该消息后，购买过该批山茶油的消费者纷纷起诉 A 厂，要求赔偿损失。甲和乙被推选为诉讼代表人参加诉讼。下列哪一选项是正确的？**[1]

---

〔1〕答案：B。诉讼代表人作为当事人，有权委托诉讼代理人而无须其他被代表当事人的同意。诉讼代表人变更、放弃诉讼请求或者承认对方当事人的诉讼请求，进行和解，必须经被代表的当事人同意，因此选项 C 和选项 D 的说法均错误。

A. 甲和乙因故不能参加诉讼，法院可以指定另一名当事人作为诉讼代表人，代表当事人进行诉讼

B. 甲因病不能参加诉讼，可以委托一至两人作为诉讼代理人，而无须征得被代表的当事人的同意

C. 甲和乙可以自行决定变更诉讼请求，但事后应当及时告知其他当事人

D. 甲和乙经超过半数原告方当事人同意，可以和 A 厂签订和解协议

3. 起诉时人数不确定的代表人诉讼的公告、登记、裁判适用

法院受理起诉时人数不确定的代表人诉讼后可以发出公告，通知权利人向人民法院登记。公告期间根据案件的具体情况确定，但不得少于 30 日。向法院申请登记的权利人，应当证明其与对方当事人的法律关系和所受到的损害。证明不了的，不予登记，权利人可以另行起诉。法院的裁判在登记的范围内执行。未参加登记的权利人提起诉讼且法院认定其请求成立的，裁定适用法院已作出的判决、裁定。

起诉时人数不确定的代表人诉讼

起诉时人数不确定的代表人诉讼之裁判效力：（1）对已经登记的全体权利人有拘束力；（2）对未参加登记的权利人有预决效力，法院无须另行裁判，裁定适用已作出的判决、裁定。

实体拓展

证券虚假陈述损害赔偿诉讼与代表人诉讼（《最高人民法院关于证券纠纷代表人诉讼若干问题的规定》）

—	普通证券代表人诉讼	特别证券代表人诉讼
诉讼代表人	投资者	投资者保护机构
加入原则	“明示加入”规则：必须明确声明参加诉讼才能成为当事人	“默示加入”：法院认定投资者范围后，符合条件的投资者除非明确向法院声明退出诉讼，都自动具有当事人身份
裁判效力	仅及于参加诉讼的当事人，没有参加诉讼的投资者可以另行起诉	对所有法院认定的投资者都有既判力，能够一次性解决纠纷

实战演练（2023 年真题网络回忆版）上市公司甲公司在公报中虚构业绩，导致大量投资者损失，某投保基金受易某等 80 名投资者的委托，提起特别代表人诉讼，法院依法认定了 5808 名投资者受到虚假陈述的影响，仅有郭某一人声明退出诉讼。关于本案判决对投资者的约束力，下列表述中正确的是？[1]

A. 如果代表人败诉，该判决约束易某等 80 名投资者，其他投资人可另行起诉

B. 如果代表人胜诉，该判决约束除郭某外的 5807 名投资者

---

〔1〕 答案：B。《最高人民法院关于证券纠纷代表人诉讼若干问题的规定》第 34 条第 2 款规定：“对于声明退出的投资者，人民法院不再将其登记为特别代表人诉讼的原告，该投资者可以另行起诉。”据此，本案代表人诉讼的审理结果对于法院依法认定的投资者有约束力，但对于声明退出的郭某没有约束力，其可以另行起诉，选项 B 正确。

C. 如果代表人胜诉，该判决约束全部投资者

D. 如果代表人败诉，该判决只约束投保基金，所有投资者均可另行起诉

六、诉讼第三人

依据第三人参加诉讼的根据不同，可以将之分为有独立请求权的第三人和无独立请求权的第三人。

（一）有独立请求权的第三人

有独立请求权的第三人，是指在他人的诉讼开始后，对他人之间的诉讼标的提出独立请求权的诉讼参加人。

【例】 甲、乙兄弟二人因继承遗产发生纠纷，甲将乙起诉到法院，他们的妹妹丙认为，甲、乙二人分配遗产不考虑她的继承份额是违法的，从而参加诉讼，对兄弟二人争议的诉讼标的提出自己享有部分权利的诉讼请求。在该案中，丙属于有独立请求权的第三人。

1. 有独三参加诉讼的时间：本诉受理后、法庭辩论终结前，且不限于第一审程序。

注意：第一审程序中未参加诉讼的第三人，申请参加第二审程序的，法院可以准许。

2. 有独三参加诉讼的根据：对本诉的诉讼标的享有独立的请求权。

3. 有独三参加诉讼的方式：起诉。

提示：《最高人民法院关于适用〈中华人民共和国民法典〉婚姻家庭编的解释（一）》第16条："人民法院审理重婚导致的无效婚姻案件时，涉及财产处理的，应当准许合法婚姻当事人作为有独立请求权的第三人参加诉讼。"

4. 有独三的诉讼地位：参加之诉的原告（双重反对）

有独立请求权的第三人参加诉讼，既不同意原告的诉讼请求，也不同意被告的诉讼请求，因为无论原告胜诉还是被告胜诉，都将损害他的民事权利。有独三以独立的实体权利人的身份，向人民法院提起了一个新的诉讼，他在诉讼中的地位相当于原告，享有原告的诉讼权利，承担原告的诉讼义务，本诉的原告和被告即作为他的被告。

【例】 甲有两子乙和丙，甲死亡后留有住房3间。乙趁丙长期外出之机，将3间房屋卖给丁，后因支付房款发生纠纷，乙将丁诉至法院。在诉讼过程中，丙知道了这一情况，要求参加诉讼。丙在诉讼中的地位是有独立请求权的第三人。

5. 本诉与参加之诉的关系

有独三参加诉讼，实际是将两个诉讼，即原来当事人之间的本诉和第三人与本诉当事人之间的诉讼合并审理。人民法院将这两个诉讼合并审理，便于查明案情，彻底解决纠纷，也避免因将两个有关联的诉讼分别审理而可能作出相互矛盾的裁判。

（1）有独三撤诉：不影响本诉的进行。

（2）本诉中的原告撤诉：有独三参加诉讼后，本诉原告申请撤诉，法院在准许原告撤诉后，有独三作为另案原告，原案原告、被告作为另案被告，诉讼继续进行。

实战演练（2017年卷三第78题）李立与陈山就财产权属发生争议提起确权诉讼。案外人王强得知此事，提起诉讼主张该财产的部分产权，法院同意王强参加诉讼。诉讼

中，李立经法院同意撤回起诉。关于该案，下列哪些选项是正确的？[1]

A. 王强是有独立请求权的第三人

B. 王强是必要的共同诉讼人

C. 李立撤回起诉后，法院应裁定终结诉讼

D. 李立撤回起诉后，法院应以王强为原告、李立和陈山为被告另案处理，诉讼继续进行

6. 有独立请求权的第三人（双重反对）VS 必要共同诉讼人（一致对外）

【例】遗产继承纠纷中，遗漏了共同继承人而通知并追加其作为共同原告，此时其与其他原告的诉讼请求一致；遗产继承纠纷中，部分继承人与其他继承人之间存在争议，而在其中某些遗产继承人开启一个程序后提出独立的诉讼请求，此时提出新的独立诉讼的人是有独立请求权的第三人。

注意：有独立请求权的第三人所提出的参加之诉与本诉之间属于两个独立的诉的合并，而必要共同诉讼则属于诉讼主体的合并（只存在一个诉讼标的）。

【表】有独立请求权的第三人 VS 必要共同诉讼人

—	有独立请求权的第三人	必要共同诉讼人
参诉依据	有独立的请求权	存在共同的权利义务关系
参诉地位	参加之诉的原告	可以为共同原告，也可以为共同被告
参诉方式	主动参加，即起诉方式	可以主动参加，也可以被法院依职权追加
参诉目的	仅维护自己的合法权益	维护自己以及共同诉讼人的合法权益
争议对象	本诉的原、被告双方当事人	仅为对方当事人
合并种类	两个独立之诉的合并	诉讼主体的合并
主要特点	双重反对	一致对外

（二）无独立请求权的第三人

无独立请求权的第三人，是指对他人正在进行诉讼的诉讼标的不能主张独立的请求权，但其与案件的处理结果有法律上的利害关系，为了维护自己的利益而参加到诉讼中去的诉讼参加人。

1. 无独立请求权的第三人参加诉讼的依据及其识别

（1）参加诉讼的依据：法律上的利害关系

①三个主体之间存在两个内容、客体相牵连的法律关系。

【例】甲公司向乙公司购买了800盒高档白茶，后因茶叶质量不合格，甲公司将乙公司诉至法院，乙公司主张，该批茶叶质量不合格是因为丙提供的包装袋和包装盒质量不合格所致（导致茶叶受潮），此时可以追加丙作为无独立请求权的第三人。

②第三人与本诉一方当事人之间的法律关系有发生争议的可能，而且该争议直接影

[1] 答案：AD。

响本诉当事人之间的法律关系，例如：代位权诉讼、合同转让纠纷。

（2）参加诉讼的方式：依申请参加或者由法院通知参加。

提示：原告在起诉状中直接列写第三人的，视为其申请法院追加该第三人参加诉讼。是否通知第三人参加诉讼，由法院审查决定。换言之，原告仅享有申请权，法院享有最终的审查决定权。

2. 无独立请求权的第三人诉讼权利的有限性

（1）无权提出管辖权异议：有独三和无独三均无权提出管辖权异议。

（2）无权放弃、变更诉讼请求；无权申请撤诉；无权提出反诉。

（3）附条件行使的诉讼权利：是否享有上诉权，取决于其是否直接承担义务（有责就有权、无责就无权）。

【例】在某产品质量纠纷诉讼案件中，王某被追加为无独立请求权的第三人，王某委托某律所的律师小章担任自己的诉讼代理人，并对合议庭的组成人员之一提出回避申请。王某的上述行为是否有效？

答案：有效。因为无独三的诉讼权利虽然受到限制，但是其仍享有一般性的诉讼权利，其有权委托诉讼代理人、提出回避申请、提供证据、参加庭审并进行辩论等。

3. 作为无独立请求权的第三人的常见情形

（1）代位权诉讼

债权人以次债务人为被告向人民法院提起代位权诉讼，未将债务人列为第三人的，人民法院可以追加债务人为第三人。两个或者两个以上债权人以同一次债务人为被告提起代位权诉讼的，人民法院可以合并审理（普通共同诉讼）。

（2）因缺陷产品引起的侵权诉讼

受害人诉制造者或销售者，运输者和仓储者对产品质量负有责任的，制造者或销售者可以另案诉责任人，也可以将运输者和仓储者列为无独三。

【表】有独立请求权的第三人 VS 无独立请求权的第三人

区别	有独立请求权的第三人	无独立请求权的第三人
参加诉讼的根据	对他人之间的诉讼标的（物）主张独立的请求权	与他人之间案件的处理结果有法律上的利害关系
参加诉讼的方式	提起诉讼；法院无权追加	申请参加或法院通知其参加（法院可以主动追加）
诉讼地位	处于单独原告的地位，享有原告的诉讼权利	处于辅助人的地位，诉讼权利受到很大限制：无独立请求权的第三人有当事人的诉讼权利义务，判决承担民事责任的无独立请求权的第三人有权提出上诉。但该第三人在一审中无权对案件的管辖权提出异议，无权放弃、变更诉讼请求或者申请撤诉

续表

区别	有独立请求权的第三人	无独立请求权的第三人
是否会承担民事责任	处于原告的地位，对本诉原、被告的观点都不赞同，即使败诉，一般只是诉讼请求被驳回，不会被判决承担民事责任	参加被告一方进行诉讼，并且在被告败诉的情况下对被告负有返还或赔偿的义务，因而可能被法院判决承担民事责任

实战演练 （2022年真题网络回忆版）甲、乙、丙三人一起打了丁，丁将甲和乙诉至法院要求其承担损害赔偿责任，但因为爱慕丙的女儿，故不起诉丙，法院应当如何处理丙？[1]

A. 法院不追加丙为被告，告知丁可另行起诉

B. 法院不追加丙为被告，但丁不得要求甲和乙对丙的行为承担连带责任

C. 法院追加丙为第三人

D. 如果丁不同意追加丙为共同被告，法院应当裁定驳回起诉

4. 变更当事人

在诉讼中争议的民事权利义务转移的，不影响当事人的诉讼主体资格和诉讼地位。法院作出的发生法律效力的判决、裁定对受让人具有拘束力。

受让人申请以无独立请求权的第三人身份参加诉讼的，法院可予准许。受让人申请替代当事人承担诉讼的，法院可以根据案件的具体情况决定是否准许；不予准许的，可以追加其为无独立请求权的第三人。

法院准许受让人替代当事人承担诉讼的，裁定变更当事人。变更当事人后，诉讼程序以受让人为当事人继续进行，原当事人应当退出诉讼。原当事人已经完成的诉讼行为对受让人具有拘束力。

变更当事人

记忆胶囊 受让人的三种可能结局——（1）受让人完全不参诉（当事人恒定）；（2）受让人作为无独三；（3）受让人替代出让人变更为新的当事人。

原理点睛

无论受让人想做什么人，都只有申请权，最终法院说了算。无论受让人参诉还是不参诉，最终的裁判结果对受让人都有拘束力。

实战演练 （2016年卷三第79题）程某诉刘某借款诉讼过程中，程某将对刘某因该借款而形成的债权转让给了谢某。依据相关规定，下列哪些选项是正确的？[2]

---

〔1〕 答案：B。

〔2〕 答案：ABCD。本案中，程某将其对刘某的债权转让给了谢某，此时谢某为受让人，但程某的债权转移行为并不影响其当事人的诉讼主体资格和地位，因此其仍然享有撤诉申请权，选项A的说法正确。谢某作为受让人，如果申请以无独三的身份参加诉讼的，法院可以准许，因此选项B说法正确。若谢某作为受让人申请替代当事人程某承担诉讼的，法院可以根据案件的具体情况决定是否准许，因此选项C说法正确。若法院不予准许受让人谢某申请替代程某的诉讼地位，则可以追加谢某为无独立请求权的第三人，选项D的说法亦正确。

A. 如程某撤诉，法院可以准许其撤诉

B. 如谢某申请以无独立请求权第三人身份参加诉讼，法院可予以准许

C. 如谢某申请替代程某诉讼地位的，法院可以根据案件的具体情况决定是否准许

D. 如法院不予准许谢某申请替代程某诉讼地位的，可以追加谢某为无独立请求权的第三人

七、第三人撤销之诉

第三人撤销之诉，是指当第三人因不能归责于己的事由而未参加原案审理，但原案的生效判决、裁定、调解书使其民事权益受到损害，其可以请求法院撤销或改变原案生效判决、裁定、调解书中对其不利部分的诉讼程序。

1. 提起第三人撤销之诉的条件

（1）有权提起撤销之诉的主体：有独立请求权的第三人和无独立请求权的第三人。

注意：并非所有的案外人都能启动三撤，原则上限于当事人以外的第三人——对原案的诉讼标的享有独立的请求权或者与原案的裁判结果有法律上的利害关系。

（2）程序条件：因不能归责于本人的事由而未能以有独三或无独三的身份参加诉讼。

没有被列为生效判决、裁定、调解书当事人，且无过错或者无明显过错的情形：不知道诉讼而未参加；申请参加未获准许；知道诉讼，但因客观原因无法参加；因其他不能归责于本人的事由未参加诉讼。

（3）实体条件：有证据证明发生法律效力的判决、裁定、调解书部分或全部错误。

判决、裁定的主文，调解书中处理当事人民事权利义务的结果部分或全部错误。

（4）结果条件：民事权益因此受到损害，即发生法律效力的判决、裁定、调解书的内容与第三人民事权益的损害之间存在因果关系。

（5）时间条件：知道或者应当知道其民事权益受到损害之日起6个月内。

2. 法院不予受理第三人撤销之诉的情形

（1）适用特别程序、督促程序、公示催告程序、破产程序等非讼程序处理的案件。

（2）婚姻无效、撤销或者解除婚姻关系等判决、裁定、调解书中涉及身份关系的内容。

（3）未参加登记的权利人对代表人诉讼案件的生效裁判。

（4）损害社会公共利益行为的受害人对公益诉讼案件的生效裁判。

【指导案例链接】（1）最高法指导案例第148号“高光诉三亚天通国际酒店有限公司、海南博超房地产开发有限公司等第三人撤销之诉案”：公司股东对公司法人与他人之间的民事诉讼生效裁判不具有直接的利益关系，不符合《民事诉讼法》第59条规定的第三人条件，其以股东身份提起第三人撤销之诉的，人民法院不予受理。

（2）最高法指导案例第149号“长沙广大建筑装饰有限公司诉中国工商银行股份有限公司广州粤秀支行、林传武、长沙广大建筑装饰有限公司广州分公司等第三人撤销之诉案”：公司法人的分支机构以自己的名义从事民事活动，并独立参加民事诉讼，人民法院判决分支机构对外承担民事责任，公司法人对该生效裁判提起第三人撤销之诉的，

其不符合《民事诉讼法》第59条规定的第三人条件，人民法院不予受理。

实战演练（2023年真题网络回忆版）某企业违法排污引发沿岸居民患病，10位居民提起侵权诉讼。法院公告之后又有20人登记权利（合计30人）。法院经过审理判决企业赔付每位居民5万元。1个月后，住在河岸下游的陈某得知此事，遂诉至法院要求该企业赔偿10万元，法院没有支持陈某的请求。陈某于是提起第三人撤销之诉，要求撤销之前30位居民的生效判决。法院应当如何处理？〔1〕

A. 不予受理

B. 驳回起诉

C. 判决撤销5万元的判决

D. 判决适用5万元的判决

3. 第三人撤销之诉的程序事项

（1）管辖：作出该判决、裁定、调解书的人民法院。具体来说，一审后裁判生效的，向一审法院提起；二审后裁判生效的，向二审法院提起。

记忆胶囊 谁作出生效的裁判文书，谁负责管辖三撤。

【例】小强为了进行深造，决定出国留学两年，临行前，将自家祖传的一对古董花瓶交给女友小花暂为保管，等其学成归国后再取回。但无奈月有阴晴圆缺、人有悲欢离合，小花无法忍受异国恋的苦闷，结交了新的男友小贝。小贝在得知小花仍为前男友保管古董的事情后，萌发了一个“好主意”，于是小贝与小花串通，起草了一份花瓶买卖合同。按照二人事先的谋划，小花将小贝诉至F区法院，请求法院确认该古董花瓶的所有权属于小花，法院在不知情的情形下支持了小花的诉讼请求。小强学成归来后，才发现不仅女朋友早已“易主”，自家的花瓶也被小花“合法”占有。此时，小强有何救济途径？

答案：小强作为有独立请求权的第三人，有权向F区法院提起第三人撤销之诉，请求法院撤销原判决。

（2）审判组织和审理方式：应当组成合议庭开庭审理，适用一审普通程序。

（3）诉讼地位：提起撤销之诉的第三人为原告；生效判决、裁定、调解书的当事人为被告；生效判决、裁定、调解书中没有承担责任的无独三列为第三人。

第三人撤销之诉

（4）受理第三人撤销之诉的法律效果：原则上不中止执行

受理第三人撤销之诉案件后，原告提供相应担保，请求中止执行的，法院可以准许。

---

〔1〕答案：A。《最高人民法院关于适用〈中华人民共和国民事诉讼法〉的解释》（以下简称《民诉法解释》）第295条规定：“对下列情形提起第三人撤销之诉的，人民法院不予受理：（一）适用特别程序、督促程序、公示催告程序、破产程序等非讼程序处理的案件；（二）婚姻无效、撤销或者解除婚姻关系等判决、裁定、调解书中涉及身份关系的内容；（三）民事诉讼法第五十七条规定的未参加登记的权利人对代表人诉讼案件的生效裁判；（四）民事诉讼法第五十八条规定的损害社会公共利益行为的受害人对公益诉讼案件的生效裁判。”本案为人数不确定的代表人诉讼，陈某作为未参加登记的权利人，其无权对代表人诉讼案件的生效裁判提起第三人撤销之诉，因此应当不予受理。

实战演练 （2019年真题网络回忆版）甲对乙有20万元债权到期，乙对丙有20万元债权。甲对丙提起代位权诉讼，法院依法将乙列为第三人。诉讼中甲、丙达成调解协议，约定丙将一条价值20万元的手链交付给甲，用于清偿该笔债务，法院依法制作调解书送达当事人。丁主张手链是自己的，欲提出第三人撤销之诉。下列关于本案当事人的表述中正确的有？〔1〕

A. 甲、乙、丙为被告

B. 甲、丙为被告，乙是第三人

C. 甲、乙是被告，丙为第三人

D. 甲为被告，乙和丙是第三人

4. 法院审理后的处理方式：第三人撤销之诉的法律效力

（1）请求成立且确认其民事权利的主张全部或部分成立的，改变原判决、裁定、调解书内容的错误部分。

（2）请求成立，但确认其全部或部分民事权利的主张不成立，或者未提出确认其民事权利请求的，撤销原判决、裁定、调解书内容的错误部分。

（3）请求不成立的，驳回诉讼请求（实体处理）。

注意：对上述裁判不服的，当事人可以上诉。原判决、裁定、调解书的内容未改变或者未撤销的部分继续有效。

原理点睛

第三人撤销之诉是一种特殊的事后救济机制，以保护第三人民事实体权利为主要目的，挑战和冲击了原生效裁判的既判力。第三人撤销之诉的起诉主体特定，属于变更之诉，适用一审普通程序审理，可以上诉。

【指导案例链接】最高法指导案例第150号“中国民生银行股份有限公司温州分行诉浙江山口建筑工程有限公司、青田依利高鞋业有限公司第三人撤销之诉案”：建设工程价款优先受偿权与抵押权指向同一标的物，抵押权的实现因建设工程价款优先受偿权的有无以及范围大小受到影响的，应当认定抵押权的实现同建设工程价款优先受偿权案件的处理结果有法律上的利害关系，抵押权人对确认建设工程价款优先受偿权的生效裁判具有提起第三人撤销之诉的原告主体资格。

实战演练 （2014年卷三第41题）关于第三人撤销之诉，下列哪一说法是正确的？〔2〕

A. 法院受理第三人撤销之诉后，应中止原裁判的执行

B. 第三人撤销之诉是确认原审裁判错误的确认之诉

C. 第三人撤销之诉由原审法院的上一级法院管辖，但当事人一方人数众多或者双方当事人为公民的案件，应由原审法院管辖

---

〔1〕 答案：B。

〔2〕 答案：D。法院受理第三人撤销之诉后，并不必然中止原裁判的执行，因此选项A说法错误。第三人撤销之诉并非确认某种法律关系是否存在的诉讼，因此不是确认之诉，而是变更之诉，选项B说法错误。第三人撤销之诉的管辖法院是作出生效判决、裁定、调解书的法院，因此选项C说法错误。第三人撤销之诉的撤销对象包括生效的判决、裁定、调解书，因此选项D说法正确，当选。

D. 第三人撤销之诉的客体包括生效的民事判决、裁定和调解书

5. 第三人撤销之诉与再审的关系

（1）原则上三撤并入再审/再审吸收三撤：在审理三撤期间，法院对生效判决、裁定、调解书裁定再审的，受理三撤的法院应当裁定将第三人的诉讼请求并入再审程序。

①按照第一审程序审理的，法院应当对第三人的诉讼请求一并审理，所作的判决可以上诉。

②按照第二审程序审理的，法院可以调解，调解达不成协议的，应当裁定撤销原判决、裁定、调解书，发回一审法院重审，重审时应当列明第三人。

（2）例外情形下中止再审：有证据证明原审当事人之间恶意串通损害第三人合法权益的，法院应当先行审理第三人撤销之诉案件，裁定中止再审诉讼。

原理点睛

三撤和再审均指向原生效裁判的正确性，均属于事后救济，因此存在功能重叠，不能同时并行。再审的救济范围广于三撤，因此“大鱼吃小鱼”，原则上再审吸收三撤；但如果涉及虚假恶意诉讼，则中止再审，先审三撤。

6. 第三人撤销之诉与案外人执行异议的关系

（1）先三撤、后执行异议：第三人提起撤销之诉后，未中止生效判决、裁定、调解书执行的，执行法院对第三人依照《民事诉讼法》第238条提出的执行异议，应予审查。第三人不服驳回执行异议裁定，申请对原判决、裁定、调解书再审的，法院不予受理。

（2）先执行异议、后案外人再审：案外人对人民法院驳回其执行异议裁定不服，认为原判决、裁定、调解书内容错误损害其合法权益的，应当根据《民事诉讼法》第238条的规定申请再审，提起第三人撤销之诉的，法院不予受理。

原理点睛

案外第三人不能直接申请再审，需要以执行标的异议作为“跳板”。三撤与案外人再审功能重叠，因此不能叠加适用，二者只能择其一：（1）案外第三人一旦提起了三撤，其实体权利就只能靠三撤救济，此时提出执行异议的唯一功能，就是如果异议成立可以中止执行。（2）如果案外人第三人已经提出了执行异议，那么当异议被裁定驳回时，其固定搭配的救济机制只能是案外人再审，而不能提三撤，此时其实体权利就只能靠案外人再审来就救济。简言之，案外人第三人的实体权益要么靠三撤救济，要么靠案外人再审救济，而执行异议本身只不过是“工具人”，其并没有实体救济的功能。

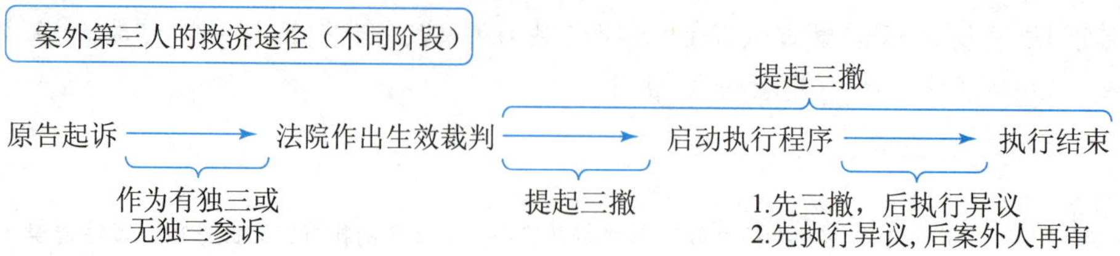

八、民事公益诉讼

对污染环境、侵害众多消费者合法权益等损害社会公共利益的行为，法律规定的机关和有关组织可以向人民法院提起诉讼。

人民检察院在履行职责中发现破坏生态环境和资源保护、食品药品安全领域侵害众多消费者合法权益等损害社会公共利益的行为，在没有前述规定的机关和组织或者前述规定的机关和组织不提起诉讼的情况下，可以向人民法院提起诉讼。前述规定的机关或者组织提起诉讼的，人民检察院可以支持起诉。

1. 适用范围：污染环境、侵害众多消费者合法权益等损害社会公共利益的行为

提示：提起公益诉讼不以存在实际损害为前提条件，针对给社会公众或不特定多数人造成潜在危害的不法行为同样可以提起民事公益诉讼。

2. 原告的主体资格：法律规定的机关和有关组织

（1）公民个人不能作为民事公益诉讼的原告。

（2）对侵害众多消费者合法权益的行为，中国消费者协会以及在省、自治区、直辖市设立的消费者协会，可以向人民法院提起诉讼。

（3）对污染环境、破坏生态，损害社会公共利益的行为，符合下列条件的社会组织可以向人民法院提起诉讼：依法在设区的市级以上人民政府民政部门登记；专门从事环境保护公益活动连续5年以上且无违法记录。

（4）检察机关有权以公益诉讼起诉人的身份提起民事公益诉讼，但属于后顺位主体：其他主体不起诉，或者没有其他适格主体。

《最高人民法院、最高人民检察院关于检察公益诉讼案件适用法律若干问题的解释》（2020年修正）第13条规定："人民检察院在履行职责中发现破坏生态环境和资源保护，食品药品安全领域侵害众多消费者合法权益，侵害英雄烈士等的姓名、肖像、名誉、荣誉等损害社会公共利益的行为，拟提起公益诉讼的，应当依法公告，公告期间为三十日。公告期满，法律规定的机关和有关组织、英雄烈士等的近亲属不提起诉讼的，人民检察院可以向人民法院提起诉讼。人民检察院办理侵害英雄烈士等的姓名、肖像、名誉、荣誉的民事公益诉讼案件，也可以直接征询英雄烈士等的近亲属的意见。"

实战演练（2019年真题网络回忆版）**某市环保协会提起民事公益诉讼，起诉某工厂因生产工作极大影响了周边居民的生活生产活动，对环境造成严重破坏。甲因该厂的污染行为受到损害，也想参与本案的诉讼。关于法院的做法，下列选项中正确的有？**[1]

A. 将甲列为有独立请求权的第三人

B. 将甲列为无独立请求权的第三人

C. 通知甲另行起诉

D. 将甲列为共同原告

〔1〕答案：C。

3. 法院受理民事公益诉讼的条件

（1）有明确的被告。

（2）有具体的诉讼请求。

（3）有社会公共利益受到损害的初步证据。

（4）属于法院受理民事诉讼的范围和受诉法院管辖。

4. 管辖：中级人民法院管辖为原则、基层人民法院管辖为例外

（1）公益诉讼案件由侵权行为地或者被告住所地的中级人民法院管辖，但法律、司法解释另有规定的除外。

（2）对同一侵权行为分别向两个以上法院提起公益诉讼的，由最先立案的法院管辖，必要时由它们的共同上级法院指定管辖。

5. 法院的告知和释明

（1）法院受理公益诉讼案件后，应当在 10 日内书面告知相关行政主管部门。

（2）法院认为原告提出的诉讼请求不足以保护社会公共利益的，可以向其释明变更或者增加停止侵害、恢复原状等诉讼请求。

6. 支持起诉

检察机关、负有环境保护监督管理职责的部门及其他机关、社会组织、企业事业单位依据《民事诉讼法》第 15 条的规定，可以通过提供法律咨询、提交书面意见、协助调查取证等方式支持社会组织依法提起环境民事公益诉讼。

记忆胶囊 检察机关在民事诉讼领域的“三种角色”：（1）民事检察监督主体；（2）民事公益诉讼起诉人；（3）支持起诉的主体。

7. 诉讼程序和制度的特殊规定

（1）禁止反诉：民事公益诉讼案件审理过程中，被告以反诉方式提出诉讼请求的，人民法院不予受理。

（2）调解、和解：公益诉讼案件，当事人可以和解，法院可以调解。

民事公益诉讼当事人达成调解协议或者自行达成和解协议后，法院应当将协议内容公告，公告期间不得少于30 日。公告期满后，法院审查认为调解协议或者和解协议的内容不损害社会公共利益的，应当出具调解书；反之，则不用出具调解书，继续对案件进行审理并依法作出裁判。调解书应当写明诉讼请求、案件的基本事实和协议内容，并应当公开。

民事公益诉讼的当事人以达成和解协议为由申请撤诉的，不予准许。

记忆胶囊 民事公益诉讼可和解、可调解，但达成协议后要“先公告、后审查”。

（3）申请撤诉

负有环境保护监督管理职责的部门依法履行监管职责而使原告诉讼请求全部实现，原告申请撤诉的，人民法院应予准许。

公益诉讼案件的原告在法庭辩论终结后申请撤诉的，法院不予准许。

民事公益诉讼的特殊规定

（4）与私诉权的关系：二者并行不悖

法院受理公益诉讼案件，不影响同一侵权行为的受害人根据《民事诉讼法》第122条的规定提起诉讼。

记忆胶囊 公益归公益，私益归私益，二者并行不悖。

（5）与其他民事公益诉权主体的关系

法院受理公益诉讼案件后，依法可以提起诉讼的其他机关和有关组织，可以在开庭前向法院申请参加诉讼。法院准许参加诉讼的，列为共同原告。公益诉讼案件的裁判发生法律效力后，其他依法具有原告资格的机关和有关组织就同一侵权行为另行提起公益诉讼的，法院裁定不予受理，但法律、司法解释另有规定的除外。

8. 检察民事公益诉讼的专门规定

（1）检察民事公益诉讼中，检察院应当派员出庭（公益诉讼起诉人）。

（2）诉前公告：检察院拟提起公益诉讼的，应当依法公告，公告期间为30日。公告期满，法律规定的机关和有关组织不提起诉讼的，检察院可以向法院提起诉讼（后顺位）。

（3）移送执行：检察院提起公益诉讼案件判决、裁定发生法律效力，被告不履行的，法院应当移送执行。

（4）检察院对破坏生态环境和资源保护，食品药品安全领域侵害众多消费者合法权益，侵害英雄烈士等的姓名、肖像、名誉、荣誉等损害社会公共利益的犯罪行为提起刑事公诉时，可以向法院一并提起附带民事公益诉讼，由法院同一审判组织审理。检察院提起的刑事附带民事公益诉讼案件由审理刑事案件的法院管辖。

【指导案例链接】（1）最高检指导案例第28号“许建惠、许玉仙民事公益诉讼案”：侵权人因同一行为已经承担行政责任或者刑事责任的，不影响承担民事侵权责任。

（2）最高法指导案例第136号“吉林省白山市人民检察院诉白山市江源区卫生和计划生育局、白山市江源区中医院环境公益诉讼案”：人民法院在审理人民检察院提起的环境行政公益诉讼案件时，对人民检察院就同一污染环境行为提起的环境民事公益诉讼，可以参照行政诉讼法及其司法解释规定，采取分别立案、一并审理、分别判决的方式处理。

（3）最高检指导案例第111号“海南省海口市人民检察院诉海南A公司等三被告非法向海洋倾倒建筑垃圾民事公益诉讼案”：对于海洋生态环境损害，行政机关的履职行为不能有效维护公益，又未提起生态环境损害赔偿诉讼的，检察机关可以依法提起民事公益诉讼。公益诉讼案件二审开庭，上一级人民检察院应当派员出庭，与下级检察机关共同参加法庭调查、法庭辩论、发表意见等，积极履行出庭职责。

（4）最高检指导案例第114号“江西省上饶市人民检察院诉张某某等三人故意损毁三清山巨蟒峰民事公益诉讼案”：破坏自然遗迹和风景名胜的行为，属于“破坏生态环境和资源保护”的公益诉讼案件范围，检察机关依法可以提起民事公益诉讼。

实战演练（2021年真题网络回忆版）某工厂违法排放污水，造成河流严重污染，绿友环保组织对该工厂提起环境公益诉讼，要求其赔偿100万元。法官经过审查发现

100万元远远不够恢复治理河流的费用，建议绿友环保组织增加赔偿金额至1000万元。经过审理，一审法院判决绿友环保组织胜诉。关于本案，下列选项中说法正确的有？[1]

A. 公益诉讼案件一审终审，不得上诉

B. 绿友环保组织起诉前，要先通知市生态环境局

C. 法官建议将诉讼请求的具体金额从100万元改成1000万元，违反了处分原则

D. 本案管辖法院为中级人民法院

九、诉讼代理人

诉讼代理人，是指依据法律规定或当事人授权，在民事诉讼中为维护当事人的合法权益而代为进行民事诉讼活动的人。依据代理权限的来源不同，可以将之分为法定诉讼代理人与委托诉讼代理人两类。

（一）法定代理人

法定代理人，是指依据法律的规定，代理无诉讼行为能力人（无民事行为能力人、限制民事行为能力人）实施诉讼行为的人。

1. 法定代理权随监护权的产生而产生，随监护权的消灭而消灭

（1）监护人的确定方式：《民法典》及《民诉法解释》。

（2）法定代理人的代理权是依法律而确定的，法定代理人参加诉讼不需要办理委托代理书，只要证明自己的身份和与被代理人具有监护关系，其代理权便成立。

2. 法定代理权的广泛性

（1）一般性诉讼权利的行使权：提供证据；申请回避；委托诉讼代理人；参加庭审。

（2）特殊性、实体处分性诉讼权利的行使权：提出、放弃、变更诉讼请求；自行和解；请求或接受调解等。

3. 法定代理人的诉讼地位：不等于当事人

（1）法定代理人可以按照自己的意志代理被代理人实施所有的诉讼行为，其也应履行当事人所应承担的一切诉讼义务，法定代理人无须被代理人授权即可自由处分诉讼权利和实体权利。法定代理人在诉讼中的行为应当视为当事人的行为，与当事人的行为具有同等法律效力。

（2）主要差异：①法定代理人只能以当事人的名义起诉和应诉；②法院的判决结果及于当事人而非法定代理人，因为法定代理人并不是实体权利的享有者和义务的承担者；③法定代理人不能行使代理权或者死亡，没有其他法定代理人承担诉讼时，诉讼可以中止但不能终结。

4. 法定代理人代理权的消灭事由

（1）因监护权的消灭而消灭：①被监护人取得或恢复民事行为能力；②监护人丧失民事行为能力；③监护人或被监护人死亡；④因离婚或解除收养关系，监护人丧失监

---

〔1〕答案：D。

护权。

（2）因诉讼结束而消灭。

（二）委托代理人

1. 委托代理人的特点：基于意思表示；须商定权限；须提交授权委托书（开庭审理前）

书面委托的例外：适用简易程序审理的案件，双方当事人同时到庭并径行开庭审理的，可以当场口头委托诉讼代理人，由法院记入笔录。

2. 委托代理人的范围

（1）律师、基层法律服务工作者。

（2）（自然人）当事人的近亲属或者（法人）工作人员。

①与当事人有夫妻、直系血亲、三代以内旁系血亲、近姻亲关系以及其他有抚养、赡养关系的亲属，可以当事人近亲属的名义作为诉讼代理人。

②与当事人有合法劳动人事关系的职工，可以当事人工作人员的名义作为诉讼代理人。

（3）当事人所在社区、单位以及有关社会团体推荐的公民。

专利代理人经中华全国专利代理人协会推荐，可以在专利纠纷案件中担任诉讼代理人。

实战演练 **（2015年卷三第78题）律师作为委托诉讼代理人参加诉讼，应向法院提交下列哪些材料？**[1]

A. 律师所在的律师事务所与当事人签订的协议书

B. 当事人的授权委托书

C. 律师的执业证

D. 律师事务所的证明

3. 委托代理人的代理权限

（1）一般授权：限于一般性诉讼权利的代理。例如，申请回避、提出管辖权异议、提供证据、出庭和辩论等。

（2）特别授权：经过特别授权的委托代理人，有权代为承认、放弃、变更诉讼请求，进行调解、和解，提出反诉或提起上诉等。

提示：如果授权委托书中仅写“全权代理”而无具体授权，不产生特别授权的效力。

4. 委托代理的法律效果

委托代理人后，本人可以不出庭，但离婚案件除外。委托了代理人的离婚案件的当事人，本人除不能表达意志的外，仍应当出庭。确因特殊情况无法出庭的，必须向人民法院提交书面意见。

---

〔1〕 答案：BCD。依据《民诉法解释》的规定，委托律师代理诉讼，需要提交委托授权书，并提供律师执业证和律所证明。依此，选项B、C、D当选。此外，律师与当事人签订的协议书，属于当事人与律所之间的权利义务关系，与法院无关，因此无须提交。

注意："本人不能表达意志"通常是指患精神病而无法表达意志，此时无须出庭也无须提交书面意见。而"特殊情况"则是指具备表达意志的能力但无法出庭表达。例如，患传染病被隔离或在国外，此时不出庭，但是要提交是否同意离婚的书面意见。

5. 委托代理人代理权的消灭事由：诉讼终结；代理人死亡；代理人丧失行为能力；当事人解除委托；代理人辞去委托。

【表】诉讼代理人 VS 诉讼代表人

—	诉讼代理人	诉讼代表人
产生依据	法律规定或者授权委托	在人数确定的代表人诉讼中，由当事人推选；在人数不确定的代表人诉讼中，由当事人推选、与法院协商或者由法院指定
与诉讼标的的关系	与诉讼标的没有利害关系	与诉讼标的有利害关系
诉讼行为的后果	由被代理人承担	既及于代表人本人，也及于被代表的当事人
参加诉讼目的	维护被代理人的合法利益	维护本人及其所代表的当事人的合法利益
诉讼地位	不具有当事人的诉讼地位	具有当事人的诉讼地位
诉讼代理人在代表人诉讼和其他诉讼中均可能存在，而诉讼代表人仅可能存在于代表人诉讼中		

串讲小课堂

1. 有民事权利能力即具备民事诉讼权利能力；但只有具备完全民事行为能力，才具有民事诉讼行为能力。

2. 居民委员会、村民委员会或者村民小组与他人发生民事纠纷的，居民委员会、村民委员会或者有独立财产的村民小组为当事人。

3. 在诉讼中，争议的民事权利义务转移的，受让方可能有三种结局：(1) 一切照旧，受让人完全不参诉（当事人恒定）；(2) 受让人作为无独三；(3) 受让人替代出让人，变更为当事人。

4. 在挂靠关系中，当事人请求由挂靠人和被挂靠人依法承担民事责任的，二者为共同诉讼人。

5. 无、限人的侵权案件：(1) 无、限人是受害方——原告只有无、限人自己，其监护人仅是法定代理人；(2) 无、限人是加害方——无、限人及其监护人为共同被告。

6. 起诉时人数不确定的代表人诉讼，对后诉的裁判结果具有预决效力：未参加登记的权利人提起诉讼且法院认定其请求成立的，裁定适用法院已作出的判决、裁定。

7. 民事公益诉讼：法律规定的机关或有关组织 + 普通程序 + 陪审制 + 不得反诉 + 可以调解和解（先公告、后审查） + 公益诉权与私益诉权并行不悖。

8. 代位权诉讼：债权人是原告，次债务人是被告，债务人可以作无独三。

9. 第三人撤销之诉：事后救济+变更之诉+谁作出生效裁判、谁负责管辖三撤+一审普通程序+原则上再审吸收三撤。

10. 经过特别授权的委托代理人，有权代为承认、放弃、变更诉讼请求，进行调解、和解，提出反诉或提起上诉等。

第六讲

民事诉讼辅助和保障制度

思维导图

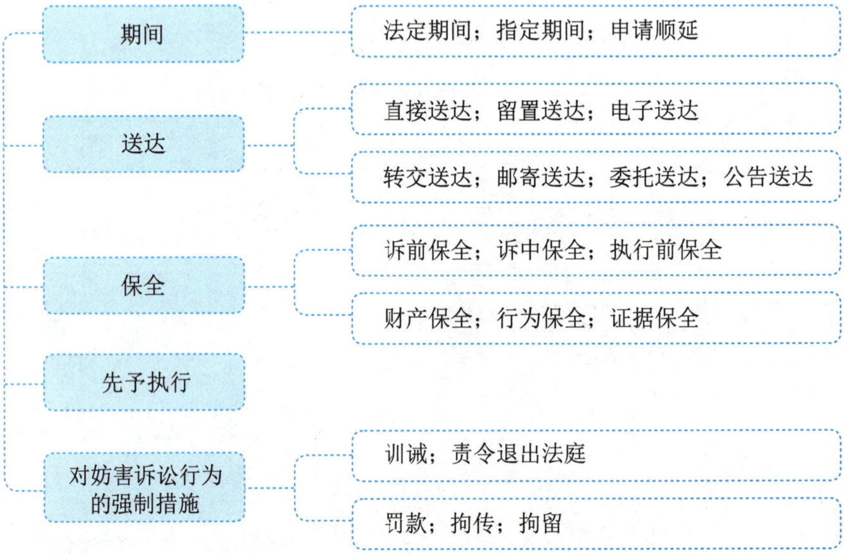

考点概览

期间	法定期间与指定期间；申请顺延期限
送达	直接送达；留置送达；电子送达；委托送达；转交送达；邮寄送达；公告送达
保全	诉前保全 + 诉中保全 + 执行前保全；财产保全 + 行为保全
先予执行	救命钱 + 诉中 + 依申请 + 担保非必须
对妨害诉讼行为的强制措施	训诫；责令退出法庭；罚款；拘传；拘留

一、期间

期间，是指人民法院、诉讼参与人进行或完成某种诉讼行为应遵守的时间。狭义的期间仅指期限，而广义的期间则包含了期限和期日。

（一）期间的种类

1. 法定期间（法律明文规定）与指定期间（法院指定）

2. 可变期间与不可变期间

注意：指定期间均为可变期间；法定期间分为法定可变期间与法定不可变期间两种。

（二）期间的计算和顺延

1. 期间以时、日、月、年作为表示单位；以时起算的期间从次时起算，以日、月、年计算的期间从次日起算。

2. 法定期间或指定期间的最后一日是节假日的，以节假日期满后的第一个工作日为期间届满的日期。

注意：（1）期间的最后一日是节假日≠期间中经过了节假日。期间中间有节假日的，不能扣除。

（2）节假日是指国家法定的公众节假日，如元旦、春节、劳动节、国庆节及星期六日等。

【例】（1）某一审判决上诉期的最后一天是国庆节，此时当事人可以在国庆假期期满后的第一个工作日提出书面上诉申请。

（2）某一审判决的上诉期中间经过了元旦，但该期限届满的时间是正常工作日，此时当事人可否要求在计算上诉期限时扣除元旦这一天？

答案：不能。因为该案并非上诉期的最后一日是节假日的情形。

3. 期间不包括诉讼文书的在途时间，诉讼文书在期满前交邮的，不算过期。

注意：文书的在途时间不算在期限内，但当事人参加诉讼的在途时间是要计算在期间内的。

4. 申请顺延诉讼期限：当事人因不可抗拒的事由或者其他正当理由耽误期限的，在障碍消除后的10日内，可以申请顺延期限，是否准许，由人民法院决定。

注意：顺延期限只能依申请启动，法院不能依职权主动顺延期限。当事人仅有申请权，法院有最终的决定权。若法院准许了顺延申请，那么对于法定期间，应补足实际耽误的期间；对于指定期间，则由法院依据具体情况决定。

实战演练（2015年卷三第41题）张兄与张弟因遗产纠纷诉至法院，一审判决张兄胜诉。张弟不服，却在赴法院提交上诉状的路上被撞昏迷，待其经抢救苏醒时已超过上诉期限一天。对此，下列哪一说法是正确的？[1]

A. 法律上没有途径可对张弟上诉权予以补救

B. 因意外事故耽误上诉期限，法院应依职权决定顺延期限

C. 张弟可在清醒后10日内，申请顺延期限，是否准许，由法院决定

D. 上诉期限为法定期间，张弟提出顺延期限，法院不应准许

---

[1] 答案：C。当事人因不可抗拒的事由或者其他正当理由耽误期限的，在障碍消除后的10日内，可以申请顺延期间，但是否同意，由法院决定。本案中张弟的情形属于因为不可抗拒的事由而耽误期限，因此可以在苏醒后的10日内向法院申请顺延期限，是否同意，由法院决定。顺延期限只能依申请启动，法院不能依职权主动顺延期限。依此，选项C的说法正确。

（三）民事诉讼中的重要期间

1. 不变期间：上诉期、再审申请期、保全中的期间（紧急情况下作出保全裁定的期间、诉前保全后的起诉期限）、提起第三人撤销之诉的期限（6个月）、除权判决作出后利害关系人向法院起诉的期限（1年）、利害关系人对法院作出的确认调解协议以及准许实现担保物权的裁定提出异议的期限（6个月）、未参加必要共同诉讼的人申请再审的期限（6个月）、二审对裁定的审限（30日）等。

2. 可变期间：举证期限、执行申请期、一审程序的审限、二审对判决的审限。

3. 不计算在审限内的期间：公告、鉴定、管辖权争议、管辖权异议、庭外和解。

二、送达

送达，是指法院依法定的程序和方式将诉讼文书和法律文书送交当事人及其他诉讼参与人的行为。

注意：送达是法院的职权行为，因此送达的主体限于人民法院，当事人向法院递交答辩状、上诉状等诉讼文书的行为，不是送达行为。

（一）直接送达

直接送达，是指由人民法院的送达人员将需送达的诉讼文书、法律文书直接交给受送达人或他的成年家属、代收人的送达方式。法人的法定代表人、该组织的主要负责人或者办公室、收发室、值班室等人的签收，也属于直接送达。

1. 法院直接送达诉讼文书的，可以通知当事人到法院领取。当事人到达法院但拒绝签署送达回证的，视为送达。审判人员、书记员应当在送达回证上注明送达情况并签名。

提示：法院在定期宣判时，当事人拒不签收判决书、裁定书的，应视为送达，并在宣判笔录中记明。受送达人有诉讼代理人的，法院既可以向受送达人送达，也可以向诉讼代理人送达。

2. 法院直接送达的地点不限于当事人住所：法院可以在当事人住所地以外向当事人直接送达诉讼文书。

3. 离婚诉讼中不能交给受送达人的配偶。

避坑指南

直接送达并不要求必须送给受送达人本人，送给与其同住的成年家属或者其指定的代收人，同样属于直接送达。

（二）留置送达

1. 适用条件：受送达人或有资格接受送达的人拒绝签收需送达的诉讼文书或法律文书。

2. 留置送达的实现方式

（1）见证人见证：邀请有关基层组织或所在单位的代表到场，说明情况，在送达回证上记明拒收事由和日期，由送达人、见证人签名或盖章，把诉讼文书留在受送达人的住所。

（2）电子设备见证：将诉讼文书留在受送达人的住所，并采用拍照、录像等方式记录送达过程，即视为送达。

注意：（1）调解书不能留置送达。因为调解协议当事人在送达之前均有权反悔，其拒收调解书，意味着其对调解协议的反悔。当事人本人因故不能签收的，可由其指定的代收人签收调解书。

（2）支付令可以留置送达。

（3）受送达人指定诉讼代理人为代收人的，向诉讼代理人送达时，适用留置送达。

实战演练（2019年真题网络回忆版）某区法院通过电子邮件告知李红领取判决书，李红委托其诉讼代理人李欢代为领取。李欢到法院后发现判决己方败诉，表示不认可判决结果，拒绝签署送达回证。送达人员遂在送达回证上注明李欢拒收文书，并由相关见证人员签字。对于本案的送达方式，下列哪一说法是正确的？[1]

A. 构成留置送达

B. 构成直接送达

C. 构成委托送达

D. 构成电子送达

（三）电子送达

《民事诉讼法》第90条规定："经受送达人同意，人民法院可以采用能够确认其收悉的电子方式送达诉讼文书。通过电子方式送达的判决书、裁定书、调解书，受送达人提出需要纸质文书的，人民法院应当提供。采用前款方式送达的，以送达信息到达受送达人特定系统的日期为送达日期。"

1. 电子送达适用的文书类型：各类诉讼文书。

2. 适用前提：受送达人同意。

受送达人同意采用电子方式送达的，应当在送达地址确认书中予以确认。

避坑指南

判决书、裁定书和调解书可以电子送达。电子送达这三种文书之后，受送达人要求提供纸质文书的，法院应当提供。但何时收到纸质文书，不会影响电子送达本身的生效时间。

3. 电子送达的媒介：传真、电子邮件、移动通信等即时收悉的特定系统。

4. 电子送达时送达回证的取得和送达日期的确定：到达受送达人特定系统的日期

即法院对应系统显示发送成功的日期，但受送达人证明到达其特定系统的日期与法院对应系统显示发送成功的日期不一致的，以受送达人证明到达其特定系统的日期为准。

---

〔1〕答案：B。法院直接送达诉讼文书的，可以通知当事人到法院领取。当事人到达法院但拒绝签署送达回证的，视为送达。审判人员、书记员应当在送达回证上注明送达情况并签名。法院直接送达的地点不限于当事人住所；法院可以在当事人住所地以外向当事人直接送达诉讼文书，当事人拒绝签署送达回证的，采用拍照、录像等方式记录送达过程即视为送达。审判人员、书记员应当在送达回证上注明送达情况并签名。依此，本案属于直接送达。

实战演练（2014 年卷三第 42 题）张某诉美国人海斯买卖合同一案，由于海斯在我国无住所，法院无法与其联系，遂要求张某提供双方的电子邮件地址，电子送达了诉讼文书，并在电子邮件中告知双方当事人在收到诉讼文书后予以回复，但开庭之前法院只收到张某的回复，一直未收到海斯的回复。后法院在海斯缺席的情况下，对案件作出判决，驳回张某的诉讼请求，并同样以电子送达的方式送达判决书。关于本案诉讼文书的电子送达，下列哪一做法是合法的？[1]

A. 向张某送达举证通知书

B. 向张某送达缺席判决书

C. 向海斯送达举证通知书

D. 向海斯送达缺席判决书

（四）委托送达

委托送达，是指受诉法院直接送达确有困难，而委托其他法院将需送达的诉讼文书送交受送达人的送达方式。委托送达一般适用于那些受送达人不在受诉人民法院辖区内居住，或者由于受送达人的某种特殊原因，直接送达诉讼文书有困难的情形。

1. 委托法院应当出具委托函，并附需要送达的诉讼文书和送达回证，以受送达人在送达回证上签收的日期为送达日期。受委托法院应当自收到委托函及相关诉讼文书之日起 10 日内代为送达。

2. 受委托主体只能是法院，而不可以委托其他机构或组织。

（五）邮寄送达

邮寄送达，是指受诉人民法院在直接送达有困难的情况下，通过邮局以挂号信的方式将需送达的诉讼文书或法律文书邮寄给受送达人的送达方式。

（六）转交送达：三种受送达人（军人、被监禁、被采取强制性教育措施）

1. 受送达人是军人的，通过其所在部队团以上单位的政治机关转交。

2. 受送达人是被监禁的，通过其所在监所转交。

3. 受送达人是被采取强制性教育措施的，通过所在强制性教育机构转交。

（七）公告送达

《民事诉讼法》第 95 条第 1 款规定："受送达人下落不明，或者用本节规定的其他方式无法送达的，公告送达。自发出公告之日起，经过三十日，即视为送达。"

1. 适用条件：（1）受送达人下落不明；（2）穷尽了其他送达方式仍无法送达。

2. 自公告发出次日起，经过 30 日，即视为送达。对在中华人民共和国领域内没有住所的当事人公告送达，自公告之日起满 3 个月，即视为送达。

3. 支付令不能公告送达。

---

〔1〕 答案：AB（旧题新解）。《民事诉讼法》第 90 条规定："经受送达人同意，人民法院可以采用能够确认其收悉的电子方式送达诉讼文书。通过电子方式送达的判决书、裁定书、调解书，受送达人提出需要纸质文书的，人民法院应当提供。采用前款方式送达的，以送达信息到达受送达人特定系统的日期为送达日期。"依此，适用电子送达须以受送达人同意为前提，举证通知书和判决书均可电子送达，选项 A 和选项 B 均正确。未经海斯同意，不能对海斯适用电子送达，因此选项 C 和选项 D 均错误。

记忆胶囊 调解书不能留置送达、不能公告送达，但可由本人或者代收人签收；支付令不能公告送达，但是可以留置送达。适用简易程序的案件，不适用公告送达。

注意：当事人在送达地址确认书中确认的送达地址，适用于第一审程序、第二审程序和执行程序。当事人变更送达地址，应当以书面方式告知人民法院。当事人未书面变更的，以其确认的地址为送达地址。

实战演练 （2023年真题网络回忆版）刘某与赵某买卖合同纠纷一案，法院多次向赵某送达应诉通知书，赵某均不在家。通过向赵某的邻居了解情况，得知赵某因公出差已一年多未归。此时法院应采用何种方式向赵某进行送达？[1]

A. 邮寄送达

B. 电子送达

C. 公告送达

D. 留置送达

三、保全

民事保全，是指为保证执行将来的判决或者保证实现债权人权利，法院根据利害关系人的申请或者依据职权，对相关财产采取保护措施，或者命令债务人为或不为一定行为的制度。

（一）诉前保全与诉讼中保全

1. 诉前保全：诉前财产保全＋诉前行为保全（诉前禁令）

（1）条件：起诉前＋不立即申请保全将会导致合法权益遭受难以弥补的损害＋依申请启动＋应当提供担保。

（2）管辖：被保全财产所在地法院＋被申请人住所地法院＋对案件有管辖权的法院。

注意：申请人须在采取保全措施后30日内依法提起诉讼，否则法院应当解除保全。

（3）对申请的处理：48小时内裁定＋立即执行

提示：当事人向采取诉前保全措施以外的其他有管辖权的人民法院起诉的，采取诉前保全措施的法院应当将保全手续移送受理案件的法院。诉前保全的裁定视为受移送法院作出的裁定。

实战演练 （2019年真题网络回忆版）在甲与乙的合同纠纷中，甲向财产所在地的A区法院申请诉前保全，之后又向被告住所地的B区法院起诉。关于本案，下列说法中正确的是？[2]

A. B区法院应当将材料移送给A区法院

---

〔1〕 答案：A。《民事诉讼法》第91条规定，直接送达诉讼文书有困难的，可以委托其他人民法院代为送达，或者邮寄送达。在无法对赵某直接送达时，法院可以邮寄送达，选项A正确。对赵某适用电子送达的前提条件是赵某同意，题干中并无此信息，选项B不当选。公告送达的前提条件是受送达人下落不明或者用其他方式无法送达，本案不满足上述条件，选项C错误。留置送达的前提条件是受送达人拒绝接受诉讼文书，本案不满足这一条件，无法留置送达，选项D错误。

〔2〕 答案：BC。

B. A区法院应当将材料移送给B区法院

C. 诉前保全的裁定视为B区法院作出的裁定

D. 甲只能向A区法院起诉

2. 诉中保全：诉中财产保全＋诉中行为保全

（1）条件：诉讼中＋判决难以执行或造成其他损害＋依申请或依职权＋可以责令提供担保。

注意：诉讼中保全虽然是可以提供担保，但若法院责令申请人提供担保而申请人不提供的，裁定驳回申请。

（2）管辖：原则上由受诉法院管辖。

（3）对申请的处理：情况紧急——在48小时内裁定＋立即执行；一般情况——5日内处理＋裁定采取保全措施的在5日内开始执行。

3. 担保的不同要求

（1）诉前财产保全：相当于请求保全的数额；情况特殊的，法院可以酌情处理。

（2）诉中财产保全：担保数额不超过请求保全数额的30%；申请保全的财产系争议标的的，担保数额不超过争议标的的价值的30%。

（3）财产保全期间，申请保全人提供的担保不足以赔偿可能给被保全人造成的损失的，法院可以责令其追加相应的担保；拒不追加的，可以裁定解除或者部分解除保全。

提示：债权人申请法院对次债务人的财产采取保全措施的，应当提供相应的财产担保。

（二）行为保全的具体实现方式

1. 人身安全保护令（《反家庭暴力法》第四章）

2. 知识产权纠纷领域的行为保全（临时禁令）

实战演练 **（2023年真题网络回忆版）某甲对妻子某乙实施家暴，某乙向法院申请人身安全保护令。法院受理某乙的申请并发出保护令之后，某甲不服。请问：某甲有何救济方式？**[1]

A. 向上一级法院申请复议

B. 向本级法院申请复议

C. 提起诉讼撤销该保护令

D. 向上一级法院上诉

（三）财产保全的措施

1. 措施种类：查封、扣押、冻结等。

2. 法院对季节性商品、鲜活、易腐烂变质以及其他不宜长期保存的物品采取保全措

---

〔1〕 答案：B。《反家庭暴力法》第31条规定：“申请人对驳回申请不服或者被申请人对人身安全保护令不服的，可以自裁定生效之日起五日内向作出裁定的人民法院申请复议一次。人民法院依法作出人身安全保护令的，复议期间不停止人身安全保护令的执行。”本题关键在于破题，只要能够识别人身安全保护令属于行为保全的具体方式之一，就能想到保全的救济机制是本院复议，即可得出正确答案。

施时，可以责令当事人及时处理，由法院保存价款；必要时，法院可予以变卖，保存价款。

3. 法院对抵押物、质押物、留置物可以采取财产保全措施，但不影响抵押权人、质权人、留置权人的优先受偿权。

4. 查封、扣押、冻结担保物权人占有的担保财产，一般由担保物权人保管；由法院保管的，质权、留置权不因采取保全措施而消灭。

5. 债务人到期应得的收益、到期债权，均可能成为保全的对象。

（四）上诉期间的财产保全

1. 对当事人不服一审判决提出上诉的案件，在第二审法院接到报送的案件之前，当事人有转移、隐匿、出卖或者毁损财产等行为，必须采取财产保全措施的，由第一审法院依当事人申请或依职权采取。第一审法院的保全裁定，应当及时报送第二审法院。

2. 作出解除财产保全裁定的法院不一定是作出财产保全裁定的法院，可能是二审法院。

（五）执行前的保全

法律文书生效后，进入执行程序前，债权人因对方当事人转移财产等紧急情况，不申请保全将可能导致生效法律文书不能执行或者难以执行的，可以向执行法院申请采取保全措施。债权人在法律文书指定的履行期间届满后5日内不申请执行的，法院应当解除保全。

注意：申请执行前的保全，可以不提供担保。

（六）保全的解除与转换

1. 法院应当解除保全措施的法定情形：保全错误；申请人撤回保全申请；申请人的起诉或者诉讼请求被生效裁判驳回；法院认为应当解除保全的其他情形。

2. 保全裁定未经法院依法撤销或者解除，进入执行程序后，自动转为执行中的查封、扣押、冻结措施，期限连续计算，执行法院无须重新制作裁定书，但查封、扣押、冻结期限届满的除外。

提示：申请保全人、被保全人对保全裁定或者驳回申请裁定不服的，可以自裁定书送达之日起5日内向作出裁定的法院申请复议一次。法院应当自收到复议申请后10日内审查。

【例】芒果公司发明了一种情侣手机，该产品深受广大学生和白领的喜爱，芒果公司于是给该手机申请了专利。住所地在F区的荔枝公司看到芒果公司的情侣手机销量极好且市场前景一片广阔，便在未经芒果公司许可的情况下，在M区大批生产该类手机，并在M区和G区大量销售，其价格和售后服务都比芒果公司更具吸引力，这直接导致芒果公司销售量下降。为了维护自身合法权益，芒果公司决定向法院起诉，但为了防止损失的进一步扩大，其想在起诉前申请法院裁定荔枝公司停止生产和销售情侣手机的行为，为实现这一目的，芒果公司有权向哪些法院提出申请？

答案：该案为诉前行为保全/诉前禁令。对该诉前行为保全申请，有管辖权的法院是被申请人住所地或对案件有管辖权的法院，其中被申请人住所地为F区，对案件有管辖权的法院则包括被告住所地和侵权行为实施地、侵权结果发生地。因此，芒果公司可以选择向F区、M区和G区中的任一法院提出诉前行为保全申请。

四、先予执行

先予执行，是指人民法院在终局判决之前，为解决权利人生活或生产经营的急需，依法裁定义务人预先履行义务的制度。

（一）先予执行的适用范围

1. 追索赡养费、扶养费、抚养费、抚恤金、医疗费用的案件。

2. 追索劳动报酬的案件。

3. 因情况紧急需要先予执行的案件：需要立即停止侵害，排除妨碍的；需要立即制止某项行为的；追索恢复生产经营急需的保险理赔费的；需要立即返还社会保险金、社会救助资金的；不立即返还款项，将严重影响权利人生活和生产经营的。

（二）法院作出先予执行裁定的条件

1. 时间条件：受理案件后、终审判决作出前。

2. 当事人之间权利义务关系明确，即当事人之间谁享有权利谁负有义务是明确的。

3. 申请人有实现权利的迫切需要：不先予执行将严重影响申请人的生活或生产经营。

4. 当事人向人民法院提出了申请：先予执行只能依申请启动，法院不得依职权裁定。

5. 被申请人有履行的能力。

提示：对方当事人提出管辖权异议的，在管辖权尚未确定的情况下，法院不得裁定先予执行。

（三）先予执行的程序

1. 申请：只能依申请启动；担保的非必须性

先予执行的申请由权利人向受诉人民法院以书面的形式提出，人民法院不能在没有权利人提出申请的情况下依职权主动采取措施。当事人申请先予执行，人民法院认为有必要让申请人提供担保的，可以责令申请人提供担保，当事人不提供担保的驳回申请。

保全与先予执行

2. 裁定及执行

对符合先予执行条件的申请，应当及时作出先予执行的裁定。裁定送达后即发生法律效力，当事人不服的，可以自收到裁定书之日起5日内向作出裁定的法院申请复议，但复议期间不停止先予执行裁定的效力。

3. 申请人败诉的，应当赔偿被申请人因先予执行而遭受的财产损失。

记忆胶囊 先予执行：情况紧急＋救命钱＋权利义务关系明确＋依申请＋诉中＋担保非必须＋本院复议。

实战演练 王某为追索恢复经营所急需的保险理赔费用而将某保险公司诉至 A 区法院，下列情形中不能适用先予执行的有?[1]

A. 该保险公司濒临破产，没有履行能力

B. 王某在起诉时向立案庭的法官表示想要申请先予执行，但在法院受理案件后未提出申请

C. 法院责令王某提供担保，王某因经济状况极其窘迫而无法提供

D. 王某与某保险公司之间的权利义务关系较为明确

五、对妨害民事诉讼行为的强制措施

（一）妨害民事诉讼行为的构成要件

1. 主体要件：案件的当事人 + 其他诉讼参与人 + 案外人。

注意：妨害民事诉讼行为的实施主体不限于诉讼参与人，案外人也可能成为妨害民事诉讼行为的主体。例如，旁听人员、阻扰取证的人、不履行协助执行义务的主体等。

2. 行为要件：实施了妨害民事诉讼的行为，包括作为和不作为。

3. 主观要件：必须是故意，不包括过失。

4. 结果要件：行为在客观上妨碍和干扰了民事诉讼的正常进行，引起了妨害民事诉讼秩序的后果。

5. 时间条件：一般是在诉讼过程中，但在法院执行终结 6 个月内，被执行人或者其他人对已执行的标的有妨害行为的，法院可以依申请排除妨害，并可以依照《民事诉讼法》的规定进行处罚。此外，因妨害行为给执行债权人或者其他人造成损失的，受害人可以另行起诉。

（二）妨害民事诉讼行为的种类

1. 必须到庭的被告及给国家、集体或他人造成损害的未成年人的法定代理人，经两次传票传唤，无正当理由拒不到庭的行为。

提示：必须到庭的被告，一般是指负有赡养、抚养、扶养义务的被告；离婚案件中的被告；不到庭就无法查清案情的案件的被告。

2. 违反法庭规则，扰乱法庭秩序的行为。例如，未经允许在开庭时录音、录像、拍照；冲击法庭和在法庭上哄闹等。

3. 妨害人民法院调查证据、阻碍人民法院依法执行职务、破坏诉讼正常进行等行为。

4. 有义务协助调查、执行的单位或组织拒不履行协助义务。

5. 当事人之间恶意串通，企图通过诉讼、调解等方式侵害国家利益、社会公共利益或者他人合法权益的行为。

6. 被执行人与他人恶意串通，通过诉讼、仲裁、调解等方式逃避履行法律文书确

---

[1] 答案：ABC。本题考查先予执行的适用情形。没有履行能力的，不适用先予执行；先予执行的申请只能在起诉后提出；法院要求申请人提供担保时，其应当提供担保，否则裁定驳回申请。综上，选项 A、B、C 的情形均不可适用先予执行。

定的义务的行为。

7. 当事人单方捏造民事案件基本事实，向法院提起诉讼，企图侵害国家利益、社会公共利益或者他人合法权益的行为。

8. 采取非法拘禁他人或者私自扣押他人财产的方式追索债务的行为。

（三）强制措施的种类与适用

1. 训诫、责令退出法庭

训诫、责令退出法庭由合议庭或者独任审判员决定。训诫的内容、被责令退出法庭者的违法事实应当记入庭审笔录。

2. 拘传

（1）采取拘传措施的条件：主体特定 + 两次 + 无正当理由。

①拘传的对象：法律规定或法院认为必须到庭的被告，或者给国家、集体或他人造成损害而作为被告的未成年人的法定代理人。

注意：拘传的对象不限于被告，法院对必须到庭才能查清案件基本事实的原告，经两次传票传唤无正当理由拒不到庭的，可以拘传。

②被告或被告的法定代理人必须经过两次传票传唤。

③被告或被告的法定代理人无正当理由拒不到庭。

（2）拘传必须经院长批准，而且必须用拘传票，并直接送达被拘传人；在拘传前，应向被拘传人说明拒不到庭的后果，经批评教育后仍拒不到庭的，方可拘传其到庭；对抗拒拘传的被拘传人可以采取适当的强制方法，包括可以使用戒具，迫使其到案；但讯问结束后，如无须采用其他强制措施，应恢复被执行人的人身自由。

3. 罚款和拘留

（1）对个人的罚款金额：人民币 10 万元以下；对单位的罚款金额：人民币 5 万元以上 100 万元以下。

（2）拘留的期限：15 日以下。被拘留人在拘留期间认错悔改的，可以责令其具结悔过，提前解除拘留。提前解除拘留，应报经院长批准，并作出提前解除拘留决定书，交负责看管的公安机关执行。

（3）罚款和拘留由合议庭或独任审判员提出处理意见，报请院长批准后执行。人民法院决定罚款和拘留，应当制作决定书，并将此决定书正式通知或出示给行为人。

（4）罚款和拘留可以单独适用，也可以合并适用；对同一妨害民事诉讼行为的罚款、拘留不得连续适用。但对于不同的行为可以分别给予罚款、拘留；发生新的妨害民事诉讼行为的，法院可以重新予以罚款、拘留。

【化繁为简】训诫、责令退出法庭，由合议庭或者独任审判员决定；罚款、拘留、拘传，须经院长批准，其中拘传用拘传票，罚款和拘留均用决定书。对决定不服的，可以自收到决定书之日起 3 日内向上一级法院申请复议一次，上级法院收到复议申请后应在 5 日内作出决定，复议期间不停止执行。

串讲小课堂

1. 申请顺延期限：当事人因不可抗拒的事由或者其他正当理由耽误期限的，在障碍消除后的10日内，可以申请顺延期限，是否准许由法院决定。

2. 直接送达的特殊情形：(1) 法院直接送达诉讼文书的，可以通知当事人到法院领取。当事人到达法院但拒绝签署送达回证的，视为送达。(2) 法院在定期宣判时，当事人拒不签收判决书、裁定书的，应视为送达，并在宣判笔录中记明。

3. 经过受送达人同意，各类诉讼文书均可电子送达。电子送达判决书、裁定书、调解书，当事人要求提供纸质文书的，法院应当提供。

4. 调解书不能留置送达、不能公告送达，但可由本人或者代收人签收。支付令不能公告送达，但是可以留置送达。简易程序案件，不适用公告送达。

5. 诉前保全+诉中保全+执行前保全；财产保全+行为保全（临时禁令）+证据保全。

6. 先予执行：情况紧急+救命钱+依申请+诉中+担保非必须+本院复议。

7. 训诫、责令退出法庭，由合议庭或者独任审判员决定；罚款、拘留、拘传，须经院长批准，其中拘传用拘传票，罚款和拘留均用决定书。对罚款、拘留的决定不服的，可以向上一级法院申请复议一次。

第七讲

法院调解

考点概览

法院调解原则	法院调解的原则：自愿原则 + 合法原则
	调解的适用范围：不得适用调解的情形
	调解的法律效力及文书转化
	调解书的补正
	股东代表诉讼的调解

一、法院调解的原则

人民法院审理民事案件，应当根据自愿和合法的原则进行调解；调解不成的，应当及时判决。

（一）自愿原则

1. 在程序上，是否以调解的方式解决纠纷，须当事人自愿。
2. 在实体上，是否达成调解协议，须尊重当事人的意愿。

（二）合法原则

1. 人民法院进行调解活动，程序上要合法。当事人一方或者双方坚持不愿调解的，应当及时裁判；调解未成的，不得久调不决，应当及时判决。

2. 人民法院进行调解，调解协议内容应当不违反国家的法律规定。调解协议的合法是指调解协议的内容不违反法律，而不要求调解协议的内容要完全符合法律。

法院调解的性质和效力

避坑指南

法院调解是法院行使审判权的方式之一，生效的调解书与判决书具有同等法律效力。因此，法院调解作为公力救济，不同于作为社会救济的人民调解等诉讼外调解。

【表】法院调解 VS 诉讼外调解

—	法院调解	诉讼外调解
发生时间	诉讼过程中	诉讼之外

续表

—	法院调解	诉讼外调解
本质属性	属于审判活动，行使审判职权	不具有审判性，不具有司法性
原则和程序	须遵守法定原则和程序	非法定原则，程序规范度相对低
法律效力	生效的调解书与判决书具有同等法律效力	调解协议通常只有相当于合同的效力

二、法院调解的适用范围

法院调解原则贯穿于诉讼程序的全过程，法院在一审普通程序、简易程序、二审程序、再审程序中均可进行调解。

（一）不得适用调解的情形

1. 非讼案件：适用特别程序、督促程序、公示催告程序的案件。

2. 婚姻等身份关系确认案件以及其他依案件性质不能进行调解的案件。

提示：（1）婚姻等身份关系确认案件≠所有与婚姻等身份关系相关的案件，此处仅指确认该类法律关系的案件。例如，确认婚姻效力、确认亲子关系的案件，而不包括离婚案件。确认身份关系的案件不属于私权处分的范围，即身份关系的确认不能处分。

（2）对婚姻效力的审理不适用调解，应当依法作出判决。涉及财产分割和子女抚养的，可以调解。调解达成协议的，另行制作调解书；未达成调解协议的，应当一并作出判决。

【例】小黄和小明是法考“战友”，经常在课后进行交流，二人的下列说法是否正确？为什么？[1]

（1）小黄认为，与身份关系有关的案件均不得适用调解。

（2）小明认为，与婚姻关系相关的案件不得适用调解。

3. 执行案件：执行程序不适用调解，但允许执行和解。

执行程序的功能是实现执行依据中所确定的权利义务关系，其本身并不承担解决实体纠纷的功能，因而在执行程序阶段，权利义务争议已经解决完毕，作为审判权行使方式之一的调解也就不可能适用了。

【例】判断：法院调解原则贯穿于民事司法程序的全过程。

答案：该说法错误。因为民事司法程序包括了诉讼程序、非讼程序和执行程序，在非讼程序和执行程序中，不适用调解。

（二）调解的常见情形

1. 离婚案件应当调解。

2. 起诉后、受理前的先行调解/诉前调解：当事人起诉到人民法院的民事纠纷，适宜调解的，先行调解，但当事人拒绝调解的除外。

---

〔1〕答案：小黄和小明的理解均错误。仅确认身份关系的案件不得调解；仅确认婚姻关系的案件不得调解，而离婚案件恰恰是应当调解的案件。

先行调解达成调解协议后的两条路：（1）当事人双方可以向法院申请司法确认；（2）法院可以在立案后制作调解书送达双方当事人。

3. 审理前通过调解分流案件：对于开庭前可以调解的，法院应采取调解方式及时解决纠纷，从而使得案件无须进入庭审环节，而是在审前通过调解方式结案。

三、诉讼和解

（一）诉讼和解与法院调解

—	诉讼和解	法院调解
参加主体	双方当事人	双方当事人和法院
性质	当事人行使处分权的行为	法院行使审判权的行为与当事人行使处分权的行为相结合
效力	达成和解协议后可以申请撤诉或转化为调解书	具有执行内容的调解书受强制执行力保护；调解书不得上诉
程序和规则	没有相关的规则和程序，当事人高度自治	须遵守相关的原则和程序、规则
相同之处	（1）二者均发生在诉讼程序的进行过程中 （2）当事人的合意均发挥着重要的角色 （3）均需符合自愿、合法的要求	

（二）一审中诉讼和解的效力与文书转化

双方当事人在诉讼中达成和解，并不能当然终结诉讼程序，当事人可以申请撤诉，经法院允许而结案，也可以申请法院制作调解书而结案。

记忆胶囊 一审中和解后的“两条路”：（1）原告申请撤回起诉（之后可以再次起诉）；（2）请求法院依据和解协议作调解书结案。

四、法院调解的程序

1. 调解的方式

（1）法院审理民事案件，调解过程不公开，但当事人同意公开的除外。

记忆胶囊 调解保密性，不公开调解为原则、公开调解为例外。

（2）主持调解以及参与调解的人员，对调解过程以及调解过程中获悉的国家秘密、商业秘密、个人隐私和其他不宜公开的信息，应当保守秘密，但为保护国家利益、社会公共利益、他人合法权益的除外。

2. 调解的范围

法院可以根据案件事实和国家法律，提出有关的调解方案。调解协议内容超出诉讼请求的，人民法院可以准许。

原理点睛

法院判决结案时，不能超判或漏判，否则违反处分原则。但调解结案时，由当事人主导，因此调解协议的范围可以超出原告诉讼请求的范围。

实战演练 甲起诉与丈夫乙离婚，同时主张抚养小孩、分割房屋和存款。在诉讼过程中，双方当事人在法院主持下达成以下调解协议：解除婚姻关系、甲抚养小孩并分得房屋；乙分得存款及双方共同经营的水果店；共同债务3万元由甲承担。下列哪些选项是错误的?[1]

A. 调解协议的内容超出诉讼请求范围，法院不应批准

B. 除水果店的分割，协议的其他内容法院应当批准

C. 调解协议将债务约定由一人承担违法，法院不应批准

D. 除债务承担部分，协议的其他内容法院应当批准

3. 法院调解案件时，当事人不能出庭的，经其特别授权，可由其委托代理人参加调解，达成的调解协议，可由委托代理人签名。

提示：离婚案件无论是判决结案还是调解结案，都要求当事人本人亲自参与。离婚案件当事人确因特殊情况无法出庭参加调解的，除本人不能表达意志的以外，应当出具书面意见。

实战演练 （2020年真题网络回忆版）甲、乙、丙是普通共同诉讼的原告，在诉讼进行的过程中，法院在双方当事人同意的情况下进行了调解，甲和乙均认可调解方案，但丙表示不同意调解方案，要求法院依法判决解决纠纷。法院应当如何处理本案?[2]

A. 制作调解书结案，但调解书对丙没有拘束力，应告知丙另行起诉

B. 对本案依法作出判决

C. 制作调解书结案，调解书对本案的所有当事人均有拘束力

D. 对甲和乙制作调解书结案，对丙的请求继续审理，依法判决

五、调解协议与调解书

1. 调解书是由人民法院制作的、以调解协议为主要内容的法律文书。人民法院通过调解活动，当事人自愿达成调解协议的，一般应制作调解书。

2. 调解协议内容不公开，但为保护国家利益、社会公共利益、他人合法权益，法院认为确有必要公开的除外。

3. 不需要制作调解书的案件（限一审）：调解和好的离婚案件；调解维持收养关系的案件；能够即时履行的案件；其他不需要制作调解书的案件。

对于不需要制作调解书的案件，经人民法院审查确认后，应当记入笔录或者将协议附卷，并由当事人、审判人员、书记员签名或者盖章后即具有法律效力。当事人请求制

---

〔1〕 答案：ABCD。诉讼调解虽然是法院行使审判权的行为，但其基础仍旧是当事人的意思自治，因此只要符合合法、自愿的要求，当事人可以超出诉讼请求处分自己的实体权益。调解协议的内容超出诉讼请求，体现的正是当事人的权利处分意愿，并不违反处分原则，因为处分原则的规制对象是法院的审判权。

〔2〕 答案：D。

作调解书的，人民法院应当制作调解书送交当事人。当事人拒收调解书的，不影响调解协议的效力。

注意：(1) 仅调解结案的一审案件可以不制作调解书，在二审中达成调解协议的，必须制作调解书，因为二审调解书的效力不仅在于解纷，还在于明确一审判决书的效力，即调解书送达生效后，一审判决视为被撤销。再审中达成调解协议的同理，也必须制作调解书。

(2) 在符合上述情形时不需要制作调解书，而不是一律不制作，当事人仍可以要求法院制作调解书，但并不影响调解协议的生效时间。

【例】阿帅与阿丽原本是情侣，后因女方家长反对而分手。在二人交往期间，阿帅给阿丽买了很多贵重的首饰，分手后阿帅越想越亏，遂将阿丽诉至法院，要求其返还首饰。一审法院作出判决后，阿帅不服并提起上诉，在二审过程中，二人达成调解协议并即时履行。此时法院仍须制作调解书，否则无法解决一审法院作出的判决之效力。

六、法院调解的效力

（一）调解发生效力的时间

1. 不需要制作调解书的案件：双方当事人、审判人员、书记员在调解协议上签名或盖章后，调解即具有法律效力。

2. 调解书：自双方当事人签收调解书后发生法律效力。

原理点睛

调解书：双方签收生效 = 送达双方生效。

（二）调解之法律效力的体现

1. 调解协议或调解书生效后，与生效判决具有同等的法律效力：调解结案与判决结案是法院两种相并列的结案方式。

2. 效力的具体表现

(1) 诉讼结束，当事人不得以同一事实和理由再行起诉。

(2) 一审的调解协议或调解书发生效力后，当事人不得上诉。

提示：一审调解结案的案件不得上诉，但违反合法原则或自愿原则时可以申请再审。

(3) 具有给付内容的调解书，具有强制执行力。

3. 和解、调解后原则上不得制作判决书

提示：可以根据协议制作判决书的两种例外情形

(1) 无民事行为能力人的离婚案件，法定代理人与对方达成协议要求发给判决书的，可根据协议内容制作判决书。

(2) 涉外案件中的调解：涉外民事诉讼中，经调解双方达成协议，应当制发调解书。当事人要求发给判决书的，可以依协议的内容制作判决书送达当事人。

记忆胶囊 无人离、涉外调，可作判决书。

4．担保人拒收调解书不影响生效

调解协议约定一方提供担保或者案外人同意为当事人提供担保的，人民法院应当准许。案外人提供担保的，人民法院制作调解书应当列明担保人，并将调解书送交担保人。担保人不签收调解书的，不影响调解书生效。调解书确定的担保条款条件或者承担民事责任的条件成就时，当事人申请执行的，人民法院应当依法执行。

避坑指南

担保的生效条件≠调解书的生效条件。签收调解书并不是履行担保义务的前提条件。

实战演练（2016年卷三第42题）甲公司因合同纠纷向法院提起诉讼，要求乙公司支付货款280万元。在法院的主持下，双方达成调解协议。协议约定：乙公司在调解书生效后10日内支付280万元本金，另支付利息5万元。为保证协议履行，双方约定由丙公司为乙公司提供担保，丙公司同意。法院据此制作调解书送达各方，但丙公司反悔拒绝签收。关于本案，下列哪一选项是正确的？[1]

A．调解协议内容尽管超出了当事人诉讼请求，但仍具有合法性

B．丙公司反悔拒绝签收调解书，法院可以采取留置送达

C．因丙公司反悔，调解书对其没有效力，但对甲公司、乙公司仍具有约束力

D．因丙公司反悔，法院应当及时作出判决

5．无独三拒签调解书的后果

法院调解民事案件，需由无独立请求权的第三人承担责任的，应当经其同意。该第三人在调解书送达前反悔的，法院应当及时裁判（有责就有权、无责就无权）。

6．调解书的补正：当事人以民事调解书与调解协议的原意不一致为由提出异议，人民法院审查后认为异议成立的，应当根据调解协议裁定补正民事调解书的相关内容。

实战演练（2019年真题网络回忆版）梁某起诉洪某离婚，诉讼中达成和解协议约定：双方解除婚姻关系，存款平分，位于A县和B县的两套住宅归洪某。法院依据该和解协议制作调解书并送达双方当事人，洪某发现调解书上原本归他的两套房产错写成双方各一套，洪某遂提出异议。关于本案，以下说法中错误的有？[2]

A．法院审查后认为异议成立的，应依据和解协议的内容裁定补正调解书

B．法院不能依据和解协议制作调解书，当事人可以适用法律错误为由申请再审

---

〔1〕 答案：A。调解协议内容超出诉讼请求范围的，法院可以准许，因为调解协议的内容范围是由当事人合意决定的，因此不违反处分原则的要求，选项A的说法正确，当选。调解书不适用留置送达，因此选项B的说法错误。调解协议约定一方提供担保或者案外人同意为当事人提供担保的，法院应当准许。担保人不签收调解书的，不影响调解书生效。调解书确定的担保条款条件或者承担民事责任的条件成就时，当事人申请执行的，法院应当依法执行。本案中，调解协议的双方当事人是甲公司与乙公司，丙公司作为担保人，并非调解协议的当事人，因此丙公司拒绝签收调解书的行为，并不影响调解书生效，选项C和选项D的说法均错误。

〔2〕 答案：BCD。当事人以民事调解书与调解协议的原意不一致为由提出异议，人民法院审查后认为异议成立的，应当根据调解协议裁定补正民事调解书的相关内容，选项A的说法正确。当事人对调解书申请再审的法定事由只能是违反自愿原则或合法原则，选项B的说法错误。本案中法院已经调解结案并将调解书送达双方当事人，因此选项C的说法错误。本案中法院的调解书内容有误，但整个调解的过程并未违反自愿原则，选项D的说法错误。

C. 因当事人对调解内容有异议，法院应及时判决

D. 因调解内容违反当事人意愿，当事人可以违反自愿原则为由申请再审

实体拓展

股东代表诉讼的调解：公司是股东代表诉讼的最终受益人，为避免因原告股东与被告通过调解损害公司利益，法院应当审查调解协议是否为公司的意思。只有在调解协议经公司股东（大）会、董事会决议通过后，法院才能出具调解书予以确认。至于具体决议机关，取决于公司章程的规定。公司章程没有规定的，法院应当认定公司股东（大）会为决议机关。

股东代表诉讼的调解

串讲小课堂

1. 不适用调解的案件：非讼案件；确认身份关系的案件；执行案件。

2. 调解协议内容超出诉讼请求的，法院可以准许。

3. 先行调解达成协议后的两条路：（1）当事人双方可以向法院申请司法确认；（2）法院可以在立案后制作调解书送达双方当事人。

4. 可以依据协议制作判决书的两种特殊情形：无人的离婚案件；涉外诉讼案件。

5. 担保人拒签调解书，不会影响调解书生效，也不会因此而免除担保义务。

6. 股东代表诉讼的调解：只有在调解协议经公司股东（大）会、董事会决议通过后，法院才能出具调解书予以确认。至于具体决议机关，取决于公司章程的规定。公司章程没有规定的，法院应当认定公司股东（大）会为决议机关。

第八讲

民事诉讼证据与证明

思维导图

- 证据与证明论
  - 证据论
    - 证据资格：证据“三性”——客观性+关联性+合法性
    - 法定证据种类
      - 当事人陈述
      - 书证
      - 物证
      - 视听资料
      - 电子数据
      - 证人证言
      - 鉴定意见：鉴定人与专家辅助人
      - 勘验笔录
    - 证据的学理分类
      - 本证与反证：三步法
      - 直接证据与间接证据
      - 原始证据与传来证据
  - 证明论
    - 证明对象与免证事实：预决事实；自认
    - 证明责任
      - 证明责任的基本理论
      - 证明责任的具体分配：合同纠纷与侵权纠纷（三步法）
    - 证明标准：排除合理怀疑标准的两类情形
    - 证明程序
      - 取证
      - 举证：举证期限；逾期举证的法律后果
      - 质证：不公开质证；不需要质证
      - 认证：文书提出命令；补强规则；非排规则

考点概览

证据的法定种类	书证与物证的区分
	电子数据：常见类型；真实性的判断；与视听资料的关系
	证人证言：保证书；证人可以不出庭的法定情形；证人作证费用的承担方式和支付时间；证人无正当理由不出庭的法律后果
	鉴定意见：鉴定人应当出庭的法定情形、前置过滤装置；鉴定人不出庭的法律后果
	专家辅助人制度：功能；出庭方式；法律效力；费用承担
证据的学理分类	区分本证与反证的“三步法”
	直接证据与间接证据
	原始证据与传来证据
免证事实	自认；预决事实
证明责任	证明责任的基本理论
	证明责任的具体分配：合同纠纷；侵权纠纷；劳动诉讼
证明标准	排除合理怀疑；高度盖然性；较大可能性
证明程序	取证：当事人取证；法院取证（依职权或依申请）
	举证：举证期限的具体规定；逾期举证的法律后果
	质证：公开质证为原则、不公开质证为例外
	认证：补强规则；非法证据排除规则；文书提出命令

一、证据与证据资格

（一）民事证据的概念

民事证据，是指在民事诉讼中能够证明案件真实情况的各种资料。只有经过质证和认证的证据，才能作为认定案件事实和裁判的根据。

（二）证据能力（证据资格）

证据的客观性、关联性、合法性简称证据“三性”，是判断证据有无证据能力的标准。只有同时具备客观性、关联性、合法性的证据才具有证据资格；不具备证据“三性”的证据将被排斥在诉讼程序之外。证据能力是证明力的前提，没有证据能力就谈不上证明力。

《民诉法解释》第104条第2款规定：“能够反映案件真实情况、与待证事实相关联、来源和形式符合法律规定的证据，应当作为认定案件事实的根据。”

1. 客观性：证据是客观存在的，或是对客观存在的客观反映，而非主观想象或推断。

2. 关联性：证据材料与案件事实之间存有内在的联系，往往决定于逻辑法则和经验常识。

【例】赵四将阿三诉至法院，要求其返还借用自己的摩托车，阿三称其从未向赵四借过摩托车，为了证明借用关系的存在，赵四向法院提供了一份阿三的同事杨某出具的证言，称阿三曾经向其借用过一台烤箱，也一直不肯归还。本案中，赵四提供的这份反映阿三有借东西不还的"前科"的证言，并不具备关联性，因为其与本案的待证事实之间不存在内在联系，属于品格证据，因此该证据不具备证据能力。

3. 合法性

（1）证据的形式和内容合法：例如，鉴定意见需有鉴定人的签章和鉴定机构的签章。

（2）证据的收集手段和收集程序合法。

二、民事诉讼证据的法定种类

证据的法定种类即《民事诉讼法》明确规定的证据种类，我国民事诉讼的法定证据包括当事人陈述、书证、物证、视听资料、电子数据、证人证言、鉴定意见和勘验笔录 8 种。

（一）当事人陈述

当事人陈述是指当事人在民事诉讼中就案件事实向法院所作的陈述。如果仅有当事人的陈述而没有其他证据证明，并且对方当事人也没有作出认可，则其主张将无法获得支持。

1. 禁反言：当事人的陈述与此前陈述不一致的，法院应当责令其说明理由，并结合当事人的诉讼能力、证据和案件具体情况进行审查认定。

2. 当事人的诚信义务：当事人故意作虚假陈述妨碍法院审理的，法院应当根据情节，依照《民事诉讼法》的规定进行处罚。

3. 当事人的到场义务及保证书制度：法院认为有必要的，可以要求当事人本人到场，就案件的有关事实接受询问。法院应当在询问前责令当事人签署保证书并宣读保证书的内容。

注意：当事人无正当理由拒不到场、拒不签署或宣读保证书或者拒不接受询问的，法院应当综合案件情况，判断待证事实的真伪。待证事实无其他证据证明的，法院应当作出不利于该当事人的认定。

（二）书证

书证，是以其所记载的内容或思想证明案件事实的证据。例如，合同书、票据、提单、车票、发票、书面遗嘱、各种所有权证书等等。

（三）物证

物证，是以其外部形态、存在状态和物质属性来证明案件事实的证据，包括物理存在、形状、痕迹、质量等物理特征。

书证 VS 物证：证明案件事实的方式和媒介不同。在一起案件中，依据证明对象的不同，同一证据可能既是书证又是物证。

【例1】一张欠条，如果用来证明确实是由被告人本人亲笔签名的，属于物证；如果用来证明借款的时间和具体金额，则属于书证。

【例2】车祸现场遗留的一块手表，如果用其损坏程度来证明损失的大小，则手表属于物证；如果手表被撞击后停止走动，用其停走时所显示的时间来证明案件发生的时间，则手表属于书证。

（四）视听资料

视听资料是指利用录音、录像以及其他的高科技手段储存信息，并需要借助特定设备反映所储存信息来证明案件事实的证据，包括录音资料和影像资料。例如，录像带、录音带、电影胶片、微型胶卷、X光片等等。

提示：当事人以视听资料作为证据的，应当提供存储该视听资料的原始载体。

（五）电子数据

1. 电子数据，是指通过电子邮件、电子数据交换、网上聊天记录、博客、微博客、手机短信、电子签名、域名等形成或者存储在电子介质中的信息。

2. 电子数据包括下列信息、电子文件（2019年《民事证据规定》[1]第14条）：（1）网页、博客、微博客等网络平台发布的信息；（2）手机短信、电子邮件、即时通信、通讯群组等网络应用服务的通信信息；（3）用户注册信息、身份认证信息、电子交易记录、通信记录、登录日志等信息；（4）文档、图片、音频、视频、数字证书、计算机程序等电子文件；（5）其他以数字化形式存储、处理、传输的能够证明案件事实的信息。

提示：（1）存储在电子介质中的录音资料和影像资料，适用电子数据的规定。

（2）当事人以电子数据作为证据的，应当提供原件。电子数据的制作者制作的与原件一致的副本，或者直接来源于电子数据的打印件或其他可以显示、识别的输出介质，视为电子数据的原件。

【例】阿花是大龄“恨嫁女”，为了早日找到自己的另一半，阿花陷入了网恋，没想非但没找到“白马王子”，还被冒充“护花使者”的网友阿牛骗去了9000元。为了证明阿牛骗取自己钱财这一事实，阿花向法院提交了二人的微信聊天记录，该记录即属于电子数据。

3. 对电子数据之真实性的判断方法（2019年《民事证据规定》第94条）

电子数据存在下列情形的，法院可以确认其真实性，但有足以反驳的相反证据的除外：由当事人提交或者保管的于己不利的电子数据；由记录和保存电子数据的中立第三方平台提供或者确认的；在正常业务活动中形成的；以档案管理方式保管的；以当事人约定的方式保存、传输、提取的。

提示：电子数据的内容经公证机关公证的，法院应当确认其真实性，但有相反证据足以推翻的除外。

---

〔1〕《最高人民法院关于民事诉讼证据的若干规定》，以下简称《民事证据规定》。

（六）证人证言

1. 证人资格：凡是知道案件情况的单位和个人都有义务出庭作证；不能正确表达意思的人，不能作证。

（1）证人能力与民事行为能力：二者无直接关系，判断有无证人能力的标准是能否正确表达意思；待证事实与其年龄、智力状况或者精神健康状况相适应的无民事行为能力人和限制民事行为能力人，可以作为证人。

【例】张丽向法院提起诉讼，请求法院判决她与李刚离婚，理由是男方经常酗酒且家庭暴力，对于酗酒和家庭暴力这一事实，张丽提供了其在某国家机关工作的邻居王某以及自己7岁的女儿花花作为证人。王某称，曾多次在隔壁听到李刚打骂张丽的声音；花花称，爸爸经常喝酒而且喝醉了一回家就打妈妈，还曾经打过她。请问：王某和花花是否具有证人资格？

答案：王某和花花都有证人资格，其中花花虽然为无民事行为能力人，但是其提供的证言所证明的事实，与其年龄、智力状况相适应，因此其具备证人能力。

（2）证人的类型：民事诉讼中单位和自然人均可作为证人；而刑事诉讼中仅自然人能作为证人，单位不能成为刑事诉讼中的证人。

单位向法院提出的证明材料，应当由单位负责人及制作证明材料的人员签名或者盖章，并加盖单位印章。法院就单位出具的证明材料，可以向单位及制作证明材料的人员进行调查核实。必要时，可以要求制作证明材料的人员出庭作证。单位及制作证明材料的人员拒绝法院调查核实，或者制作证明材料的人员无正当理由拒绝出庭作证的，该证明材料不得作为认定案件事实的根据。

2. 证人不适用回避制度，且角色冲突时证人地位优先，因为证人具有不可替代性。

【例】张某是北京市海淀区法院的法官，某日其在下班途经中关村车站时，目睹了刘奶奶下公交时不慎摔倒以及等待上车的青年贾某帮助刘奶奶联系家人的经过。几天后，刘奶奶将当时见义勇为的贾某诉至海淀区法院，称摔倒是因为贾某撞倒了自己，要求贾某赔偿医疗费用等共计2万元。此时张某既可能是本案的审理法官，同时又是本案的证人，若出现角色冲突，则证人身份优先，张某应当作为证人，而不担任审理法官。

3. 证人的作证方式

（1）以出庭作证为原则，不出庭作证为例外。

①未经法院通知，证人不得出庭作证，但双方当事人同意并经人民法院准许的除外。

②法院在证人出庭作证前应当告知其如实作证的义务以及作伪证的法律后果，责令其签署保证书并在法庭上宣读保证书的内容，但无民事行为能力人和限制民事行为能力人除外。证人拒绝签署或者宣读保证书的，不得作证，并自行承担相关费用。

（2）证人不出庭的条件：法院许可 + 符合法定情形。

①法定情形：证人因健康原因不能出庭；因路途遥远，且交通不便不能出庭；因自然灾害等不可抗力不能出庭；其他有正当理由不能出庭的。

②在符合上述法定情形时，证人不出庭还须获得法院的许可。

注意：双方当事人同意证人以其他方式作证并经法院准许的，证人可以不出庭作证。

（3）证人出庭作证的替代性方式：书面证言；视听传输技术；视听资料。

证人经法院准许，以书面证言方式作证的，应当签署保证书；以视听传输技术或者视听资料方式作证的，应当签署保证书并宣读保证书的内容。

【例】阿芳是一起饲养动物致害案件的目击证人，但其因患肺炎住院而无法在开庭时出庭作证，此时在法院许可的情况下，其可以通过提供书面证言、在线视频作证、录像作证等方式来完成作证。

注意：证人在审理前的准备阶段或者法院调查、询问等双方当事人在场时陈述证言的，视为出庭作证。无正当理由未出庭的证人以书面等方式提供的证言，不得作为认定案件事实的根据。

4. 证人作证费用的承担

（1）费用范围：因履行出庭作证义务而支出的交通、住宿、就餐等必要费用以及误工损失。

证人证言

（2）费用承担方式：败诉方最终承担。

①当事人申请作证时：申请方先行垫付、败诉方最终承担。

提示：当事人申请证人出庭作证的，应当在举证期限届满前提出；法院准许证人出庭作证申请的，应当通知申请人预交证人出庭作证费用。

②法院依职权通知证人作证时：法院先行垫付、败诉方最终承担。

记忆胶囊 证人作证费用：谁申请、谁垫付；谁败诉、谁最终承担。除了必要费用，可要误工损失。

（3）费用支付时间：事后支付为原则、事前预支为例外——证人出庭作证后，可以向法院申请支付证人出庭作证费用。证人有困难需要预先支取出庭作证费用的，法院可以根据证人的申请在出庭作证前支付。

实战演练 （2017年卷三第79题）杨青（15岁）与何翔（14岁）两人经常嬉戏打闹，一次，杨青失手将何翔推倒，致何翔成了植物人。当时在场的还有何翔的弟弟何军（11岁）。法院审理时，何军以证人身份出庭。关于何军作证，下列哪些说法不能成立？[1]

A. 何军只有11岁，无诉讼行为能力，不具有证人资格，故不可作为证人

B. 何军是何翔的弟弟，应回避

C. 何军作为未成年人，其所有证言依法都不具有证明力

D. 何军作为何翔的弟弟，证言具有明显的倾向性，其证言不能单独作为认定案件事实的根据

---

〔1〕 答案：ABC。只要了解案情、能够正确表达意思的人，都可以作证人，有无诉讼行为能力不影响证人资格，因此选项A的说法错误。证人具有不可替代性，因此不适用回避，选项B的说法错误。未成年人所作的证言，如果待证事实与其年龄、智力水平不相符，不能单独作为认定案件事实的依据，否则证明力不受影响，选项C的说法错误。

（七）鉴定意见

1. 鉴定的启动方式

（1）依当事人申请而启动

①法院在审理案件过程中认为待证事实需要通过鉴定意见证明的，应当向当事人释明，并指定提出鉴定申请的期间。

②当事人申请鉴定，应当在法院指定期间内提出，并预交鉴定费用。逾期不提出申请或者不预交鉴定费用的，视为放弃申请。

（2）法院依职权启动：符合依职权调查收集证据的条件时。

2. 鉴定人的选定方式：与鉴定的启动方式相对应

（1）依当事人申请鉴定：法院应组织双方当事人协商确定具备鉴定资格的鉴定人；协商不成的，由法院指定。

（2）法院依职权启动鉴定：法院依职权委托鉴定的，可以在询问当事人的意见后，指定具备相应资格的鉴定人。

3. 鉴定人的出庭义务及相关规定

（1）鉴定人的权利：①了解进行鉴定所需要的案件材料，经法院准许，可以调取证据、勘验物证和现场、询问当事人或者证人；②选择鉴定方法、鉴定设备的自主权；③在超出自身知识范围或无法作出鉴定意见时，有权拒绝鉴定；④获得鉴定费、出庭费用、差旅费等必要费用的权利。

（2）鉴定人的义务：①运用专业知识对专门性事实问题提出书面鉴定意见；②遵守法律、法规和职业道德；③诚信鉴定（受诚信原则的规制）；④在鉴定书上签名或者盖章；⑤在符合法定情形时出庭作证，并接受法官、当事人的询问。

（3）鉴定人的出庭义务

①鉴定人应当出庭的两种情形：当事人对鉴定意见有异议；或者法院认为鉴定人有必要出庭。

当事人对鉴定书的内容有异议的，应当在法院指定期间内以书面方式提出。对于当事人的异议，法院应当要求鉴定人作出解释、说明或者补充。法院认为有必要的，可以要求鉴定人对当事人未提出异议的内容进行解释、说明或者补充。

当事人在收到鉴定人的书面答复后仍有异议的，法院应当根据《诉讼费用交纳办法》第11条的规定，通知有异议的当事人预交鉴定人出庭费用，并通知鉴定人出庭。有异议的当事人不预交鉴定人出庭费用的，视为放弃异议。双方当事人对鉴定意见均有异议的，分摊预交鉴定人出庭费用。

【化繁为简】鉴定人出庭的前置过滤装置

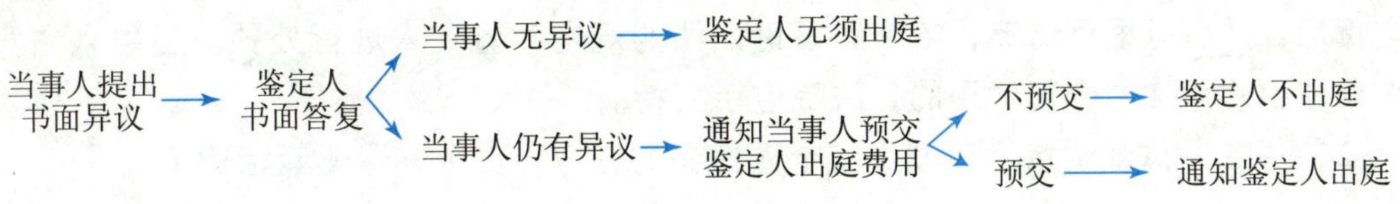

②经法院通知，鉴定人拒绝履行出庭作证义务的多重法律后果：第一，鉴定意见不得作为认定事实的根据；第二，支付鉴定费用的当事人享有鉴定费用返还请求权；第三，法院应当建议有关主管部门或者组织对拒不出庭作证的鉴定人予以处罚。

（4）鉴定人承诺书制度（2019 年《民事证据规定》第 33 条）

鉴定开始之前，法院应当要求鉴定人签署承诺书。承诺书中应当载明鉴定人保证客观、公正、诚实地进行鉴定，保证出庭作证，如作虚假鉴定应当承担法律责任等内容。

鉴定人故意作虚假鉴定的，法院应当责令其退还鉴定费用，并根据情节，依照《民事诉讼法》的规定进行处罚。

鉴定意见

（5）鉴定人出庭费用的计算和承担（2019 年《民事证据规定》第 39 条）

①鉴定人出庭费用按照证人出庭作证费用的标准计算，由败诉的当事人负担。因鉴定意见不明确或者有瑕疵需要鉴定人出庭的，出庭费用由其自行负担。

②法院委托鉴定时已经确定鉴定人出庭费用包含在鉴定费用中的，不再通知当事人预交。

4. 申请重新鉴定的法定情形：

（1）鉴定人不具备相应资格的；

（2）鉴定程序严重违法的；

（3）鉴定意见明显依据不足的；

（4）鉴定意见不能作为证据使用的其他情形。

注意：1. 存在上述第（1）至第（3）项情形的，鉴定人已经收取的鉴定费用应当退还。

2. 当事人因鉴定人拒不出庭作证申请重新鉴定的，法院应当准许。

3. 对鉴定意见的瑕疵，可以通过补正、补充鉴定或者补充质证、重新质证等方法解决的，法院不予准许重新鉴定的申请。

4. 鉴定意见不具有当然的证明力或优先的证明力，而是与其他的法定证据种类一样，须依法经过质证后才可能作为法院的定案依据。

【例】某案中证明案件主要事实的鉴定意见，未载明意见的出具时间，被告以此为由申请重新鉴定，法院应否准许该申请？

答案：不应准许。漏载鉴定意见的出具时间不属于严重的程序违法，而仅仅是有缺陷的鉴定意见，可以通过补充鉴定等方式补正。

5. 鉴定意见的撤销及其后果

（1）鉴定意见被采信后，鉴定人无正当理由撤销鉴定意见的，法院应当责令其退还鉴定费用，并可以根据情节，依照民事诉讼法的规定对鉴定人进行处罚。当事人主张鉴定人负担由此增加的合理费用的，法院应予支持。

（2）法院采信鉴定意见后准许鉴定人撤销的，应当责令其退还鉴定费用。

原理点睛

如果因为鉴定机构或鉴定人的原因而导致鉴定意见无法使用，其均应当退还鉴定费用。

6. 专家辅助人制度（有专门知识的人）

当事人可以申请人民法院通知有专门知识的人出庭，就鉴定人作出的鉴定意见或者专业问题提出意见。

（1）专家辅助人在法庭上就专业问题提出的意见，视为当事人的陈述。

提示：民事诉讼中的专家辅助人原则上不适用回避，但检察机关的专家辅助人需要回避。

（2）能够成为专家辅助人的条件是具备专门知识，而不要求具有鉴定人资质。

（3）专家辅助人参与诉讼的方式是依当事人申请，相关费用由提出申请的当事人负担。

记忆胶囊 专家辅助人费用——谁申请、谁承担。

（4）专家辅助人的功能：对鉴定意见进行质证，对其他专业性事实问题发表意见。专家辅助人不得参与专业问题之外的法庭审理活动。

（5）法院可以对出庭的具有专门知识的人进行询问。经法庭准许，当事人可以对出庭的具有专门知识的人进行询问，当事人各自申请的具有专门知识的人可以就案件中的有关问题进行对质。

【指导案例链接】最高检指导案例第28号“许建惠、许玉仙民事公益诉讼案”：专业技术问题，可以引入专家辅助人。专家意见经质证，可以作为认定事实的根据。

7. 证人、鉴定人与专家辅助人

—	证人	鉴定人	专家辅助人
功能	对事实问题发表意见（感知、记忆、表述）	对专业性问题提出鉴定意见	对鉴定意见及其他专业性问题发表意见
参诉方式	依申请或依职权通知	依申请或依职权	依申请
回避	不适用	适用	原则上不适用
费用	谁申请谁垫付、谁败诉谁最终承担	鉴定人出庭费用由异议方预交、败诉方承担	谁申请、谁承担
其他问题	保证书：不签不得作证	鉴定人应当出庭的情形：当事人对鉴定意见有异议；或者法院认为有必要	专家辅助人对专业性问题发表的意见，视为当事人的陈述
	出庭作证为原则、不出庭作证为例外；无正当理由拒不出庭的，证人证言不得作为定案依据	不出庭的多重后果：鉴定意见不得作为定案依据 + 要求返还鉴定费用 + 处罚鉴定人的司法建议	双方当事人申请的专家辅助人可以对质

（八）勘验笔录

勘验笔录，是人民法院指派的勘验人员对案件的诉讼标的物和有关证据进行现场勘验、调查后，所作的记录。勘验笔录的制作主体是审判人员，也包括审判人员指导下的人。

1. 勘验的启动方式：当事人申请或法院依职权。

2. 勘验对象：物证、现场。

3. 法院可以要求鉴定人参与勘验。必要时，可以要求鉴定人在勘验中进行鉴定。

三、民事诉讼证据的学理分类

证据的学理分类，是指以相关理论学说为基础，采用不同的分类标准对证据所进行的不同分类。

（一）本证与反证：证据与举证责任的关系

1. 本证，是指对待证事实负有举证责任一方当事人提出支持自己主张的证据；反证，则是指对待证事实不负有举证责任的一方当事人提出反驳对方主张的证据，旨在推翻对方提出的事实。

2. 区分本证与反证的标准，不在于证据的提出主体是原告还是被告，而是究竟谁对待证事实负有证明责任、证据与举证责任之间的关系。因此，原告和被告均有可能提出本证和反证，原告提出的不一定是本证，被告提出的也不一定是反证。

解题窍门 判断本证与反证的“三步法”

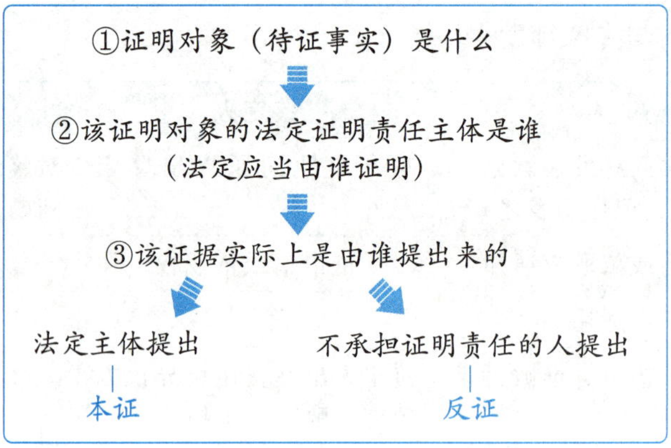

本证与反证的区分

【例1】甲起诉乙返还借款10万元，为证明借款事实的存在，甲提供了乙亲笔签名的欠条。该欠条是本证还是反证？

答案：利用上面的“三步法”解题。第一步，该欠条的证明对象是借款事实是否存在即借款关系是否成立；第二步，主张积极要件即借款关系成立的一方，应当对该事实承担证明责任，因此对该待证事实承担证明责任的主体应当是甲；第三步，该证据是由甲提出的，而甲恰是对该待证事实承担证明责任的主体，因此是本证。

【例2】甲起诉乙返还借款10万元，为证明借款事实的存在，甲提供了乙亲笔签名的欠条。在诉讼中，乙主张该欠条是在喝多的情况下闹着玩写的，实际上并没有发生借款事实，并提出当时一起喝酒的丙、丁、戊三人作为证人。这些证人证言是本证还是反证？

答案：同样利用“三步法”，乙提供这些证人的目的是证明借款关系自始不存在，对于借款关系是否成立、是否存在的举证责任由甲承担，因此乙对其不承担证明责任的事实提供证据，旨在反驳对方当事人即甲的主张，因此是反证。

【例3】甲起诉乙返还借款10万元，为证明借款事实的存在，甲提供了乙亲笔签名的欠条。在诉讼中，乙主张其两个月前就已经将借款归还甲了，同时提交甲亲笔签名的收据一张。该收据是本证还是反证？

答案：乙提供收据的证明对象是借款关系已经消灭，主张法律关系消灭，主张者要承担举证责任，因此对该事实的证明责任应由乙承担，而乙恰是提供该证据的主体，自然是本证。由此可见，被告也可能提出本证，辨别本证与反证的依据并非提出证据的是原告抑或是被告，而是要看究竟谁承担对待证事实的举证责任。

【例4】甲起诉乙返还借款10万元，为证明借款事实的存在，甲提供了乙亲笔签名的欠条。在诉讼中，乙辩称自己实际上只向甲借了5万元，其一开始的确是想借10万元，但是打完借条后，甲称自己没有那么多现金，让其明天再来拿钱。乙在回家的路上遇到了前女友小丽，小丽得知乙的窘迫境遇后，主动借给乙5万元并称不收利息、不限还款期。于是，第二天乙去找甲拿钱时决定只向甲借5万元，并提出让甲将之前借10万元的欠条还给自己，重新打欠条。但甲称之前的欠条不知放哪了，于是乙让甲写了字条：“2022年4月1日，甲借给乙5万元整，原先乙出具的10万元的借条作废。”乙将该字条提交给法院，该字条是本证还是反证？

答案：该字条实际上证明了两项事实，因此既是本证又是反证。首先，该字条证明了乙向甲借了5万元，也即乙所主张的借款内容从10万元变为了5万元，主张法律关系变更的主体对该事实承担证明责任，因此属于本证。其次，该字条还证明乙没有向甲借10万元，即主张法律关系自始不存在，而乙对该事实不承担举证责任，因此属于反证。

原理点睛

主张法律关系产生、变更、消灭的，主张者要承担举证责任，其所提出的证据是本证；而主张法律关系不存在的，主张者不承担举证责任，其所提出的证据是反证。

（二）直接证据与间接证据：证据与待证事实之间的关系

1. 直接证据：能够单独、直接证明待证事实的证据。

2. 间接证据：不能单独、直接证明待证事实，需要与其他证据相结合才能证明待证事实的证据。

避坑指南

判断直接证据与间接证据时，不用考虑证据的来源、形式、证明力等因素，仅看其能否直接证明待证事实即可。

实战演练 原告诉请被告返还借款5万元，为证明这一事实，原告向法院提交了被告书写的“借据”；被告则主张“借款已经清偿”，并向法院出示了原告交给他的“收据”。关于原、被告双方的证据，下列哪些选项是正确的？[1]

A.“借据”是本证，“收据”是反证

B.“借据”是本证，“收据”也是本证

C.“借据”是直接证据，“收据”是间接证据

D.“借据”是直接证据，“收据”也是直接证据

【例】甲诉乙返还借款8000元，为了证明该事实，其向法院提交了两项证据：一是丙的证言，称乙曾经告诉过自己，他向甲借了8000元；二是一份转账记录，上面记载着2022年3月1日，甲向乙的账户转账8000元整。这两项证据是本证还是反证？是直接证据还是间接证据？

答案：这两项证据的目的均为证明借款关系成立，甲对该事实承担证明责任，因此都是本证。丙的证言能够直接证明借款关系的存在，因此属于直接证据。转账记录不能直接证明借款关系的成立，因为甲向乙账户转账的原因可能多样。例如，可能是甲给乙还钱等，因此属于间接证据。

（三）原始证据与传来证据：证据的来源

1. 原始证据：直接来源于案件事实而未经复制、转述等中间传播环节的证据。

2. 传来证据：并非来源于案件事实，是经过复制、转述等中间传播环节的证据。

原理点睛

原始证据与直接证据之间没有必然的关联，判断是否属于直接证据的唯一标准是能否直接证明待证事实，与证据是否是第一手资料没有任何关系。换言之，原始证据可能是间接证据，传来证据可能是直接证据，两种不同标准下的分类结果之间，没有对应关系。

实战演练Ⅰ 甲对乙提起了一个返还借款之诉，根据民事诉讼证据的相关理论，针对乙向甲借款这一事实的证明，下列哪个选项属于直接证据？[2]

A. 甲向法院提交的乙向其借款时出具的借据的复印件

B. 甲向法院提交的其向乙的银行卡转款的银行官方凭条原件

C. 甲的朋友丙向法院提供的曾听甲说乙要向甲借钱的证词

D. 甲的同事丁向法院提供的曾见到甲交给过乙钱的证词

实战演练Ⅱ（2023年真题网络回忆版）云松公司与海龙公司签订货物买卖合同，云松公司发货后，海龙公司不支付货款。云松公司将海龙公司诉至法院，请求支付货款

---

〔1〕 答案：BD。

〔2〕 答案：A。其中选项A中的借据复印件，属于直接证据、传来证据、本证。选项B中的转账凭证属于原始证据、间接证据。选项C中的证词属于原始证据、间接证据，因为其只是听说要借钱，只是一种可能性。选项D中的证词属于原始证据、间接证据，因为甲交给乙钱的原因可能多样，不限于借钱的情形。由此可知，选项A当选。

100万元，并向法院提交了双方签订的买卖合同。海龙公司称已经支付了货款，并提供了电子对账单的打印件。但云松公司称该转账行为是海龙公司的关联公司凯德公司对其的借款，委托海龙公司转账而已。关于本案，以下说法中正确的有?[1]

A. 针对该转账行为是凯德公司对云松公司的借款，委托海龙公司转账的事实，由凯德公司承担证明责任

B. 打印出来的电子对账单是电子数据

C. 云松公司出具的买卖合同是本证

D. 海龙公司出具的电子对账单是本证

四、证明对象与免证事实

证明对象即待证事实，是指当事人在诉讼中需要用证据予以证明的事实。待证事实限定了法官审判权的行使范围，法官不得要求当事人对免证事实承担举证责任，且其裁判不能超出当事人提出的待证事实的范围。

【例】对双方当事人无争议的事实，法院不得责令当事人提供有关证据，这种说法是否正确?

答案：错误，原则上审判权的行使范围受当事人处分权的限制，但是存在例外情形——双方当事人无争议的事实，如果属于法院依职权调取证据的情形，法院可以责令当事人提供有关证据。

（一）证明对象的范围：需要证明的案件事实

1. 当事人主张的实体法事实。
2. 当事人主张的程序法事实。
3. 证据事实。
4. 外国法律与地方性法规、习惯。

注意：本国法律和本地方的地方性法规属于法官应当知道的内容（“法官知法”），无须证明。

（二）免证事实（2019年《民事证据规定》第10条）

1. 自然规律以及定理、定律

例如：太阳从东边升起、西边落下；三角形的两边之和大于第三边；牛顿定律。

2. 众所周知的事实

例如：中华人民共和国于1949年10月1日成立；香港特别行政区于1997年7月1日回归祖国。

---

[1] 答案：BCD。转账行为是凯德公司对云松公司的借款，委托海龙公司转账的事实，其实质是为了证明被告未支付货款的事实，该事实应当由主张已经支付货款的被告负担证明责任，选项A错误。电子对账单为电子数据，即使打印出来仍然是电子数据，选项B正确。买卖合同是为了证明有买卖合同法律关系的存在，是否存在买卖合同法律关系的事实应当由主张存在买卖合同法律关系的原告负担证明责任，而该买卖合同由原告云松公司提出，其应当为本证，选项C正确。电子对账单是为了证明已经支付货款的事实，是否支付货款的事实应当由主张已经支付货款的被告海龙公司承担证明责任，而该证据由海龙公司出具，其应当为本证，选项D正确。

3. 根据法律规定推定的事实

4. 根据已知的事实和日常生活经验法则推定出的另一事实

例如：已知某甲在2022年10月之前从未谈过恋爱，由此也就可以推定2021年时某甲是单身；已知截至2022年10月1日，某甲从未去过芬兰，由此也就可以推定2021年1月1日某甲不在芬兰。

5. 已为仲裁机构的生效裁决所确认的事实

6. 已为人民法院发生法律效力的裁判所确认的基本事实（预决事实）

7. 已为有效公证文书所证明的事实

注意：上述免证事实中，仅自然规律及定理、定律属于绝对免证事实，其他均为相对免证事实，即如果当事人有相反证据足以反驳或推翻的，则不免除主张方的举证责任。

（三）自认

民事诉讼中的自认，是指在民事诉讼过程中，一方当事人就对方当事人所主张的不利于自己的事实表示承认其真实性的陈述。

1. 自认的主体与自认方式

（1）自认的主体：当事人

当事人委托诉讼代理人参加诉讼的，除授权委托书明确排除的事项外，诉讼代理人的自认视为当事人的自认。

提示：当事人在场对诉讼代理人的自认明确否认的，不视为自认。

（2）自认的方式：明示自认＋默示自认

①明示自认（书面自认＋口头自认）：在证据交换、询问、调查过程中，或者在起诉状、答辩状、代理词等书面材料中，当事人明确承认于己不利的事实。

②默示自认：一方当事人对于另一方当事人主张的于己不利的事实既不承认也不否认，经审判人员说明并询问后，其仍然不明确表示肯定或者否定的，视为对该事实的承认。

③附条件或加以限制的自认：一方当事人对于另一方当事人主张的于己不利的事实有所限制或者附加条件予以承认的，由法院综合案件情况决定是否构成自认。

（3）妥协自认的效力：在民事诉讼中，当事人为达成调解协议或者和解协议作出妥协而认可的事实，不得在后续的诉讼中作为对其不利的根据，但法律另有规定或者当事人均同意的除外。

2. 共同诉讼中自认的法律效果（2019年《民事证据规定》第6条）

（1）普通共同诉讼中自认的独立性和可分性：普通共同诉讼人中一人或者数人作出的自认，对作出自认的当事人发生效力。

（2）必要共同诉讼中自认的一体性和牵连性：必要共同诉讼人中一人或者数人作出自认而其他共同诉讼人予以否认的，不发生自认的效力。其他共同诉讼人既不承认也不否认，经审判人员说明并询问后仍然不明确表示意见的，视为全体共同诉讼人的自认。

实战演练（2022年真题网络回忆版）甲在A超市购买了酸菜方便面，因方便面质量不达标，甲将A超市诉至法院，要求其承担违约责任。经A超市申请，法院通知方便面的制造商乙公司加入诉讼，乙公司在庭前向法院提交的诉状中承认该批酸菜方便面质量不达标，A超市称自己对此毫不知情，不发表意见。关于本案，下列说法中正确的有？[1]

A. 如果经过法院反复询问，A超市仍然不置可否，则A超市构成自认

B. 乙公司在庭前提交的诉状不构成自认

C. 乙公司的自认对A超市没有拘束力

D. 乙公司的自认对A超市有拘束力

3. 不适用自认的情形（2019年《民事证据规定》第8条）

（1）法院依职权调取证据的情形，不适用有关自认的规定

①涉及可能损害国家利益、社会公共利益的；②涉及身份关系的；③涉及《民事诉讼法》规定诉讼的公益诉讼；④当事人有恶意串通损害他人合法权益可能的；⑤涉及依职权追加当事人、中止诉讼、终结诉讼、回避等程序性事项的。

（2）自认的事实与已经查明的事实不符的，法院不予确认。

4. 自认的撤回

（1）撤回的时间：法庭辩论终结前。

（2）撤回自认的三种法定事由：

①经对方当事人同意；或者

②自认是在受胁迫的情况下作出的；或者

③自认是在重大误解的情况下作出的。

（3）撤回自认的后果：不免除对方当事人的举证责任。

五、证明责任与证明标准

（一）证明责任概述

证明责任，是指当事人对自己提出的主张，有提出证据并加以证明的责任，如果当事人未能尽到上述责任，则有可能承担对其主张不利的法律后果。作为裁判基础的法律要件事实无法在诉讼中查清，处于真伪不明的状态时（法官无法形成心证），由负有举证责任的一方当事人承担不利后果的责任。

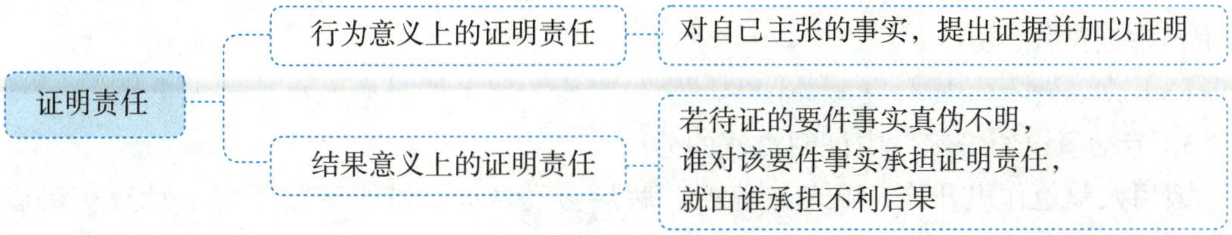

1. 证明责任的发生前提：待证的要件事实真伪不明。如果能够用证据证明案件事实，则应根据查明的案件事实进行裁判。

[1] 答案：AC。

2. 证明责任的主体是当事人，法院不承担证明责任。

3. 针对单一诉讼请求，证明责任只能由一方当事人承担，不可能由双方当事人各自承担，否则将无法裁判。即对案件中的同一事实，只有一方当事人负有证明责任。

4. 证明责任的法定性：证明责任由谁承担取决于法律和司法解释的预先规定。

证明责任的基本理论

5. 证明责任是一种拟制或假定，可能与案件的客观事实不符，其正当性在于法院不得拒绝裁判以及诉讼的时效性。

原理点睛

当待证的要件事实真伪不明时，法院既不能拒绝裁判，又不能久拖不判。此时打破僵局的方法就是用结果意义上的证明责任判案——谁对该真伪不明的要件事实承担证明责任，就由谁承担不利的后果（败诉的风险）。

（二）证明责任分配的一般原则

1. 一般原则：谁主张、谁举证

当事人对自己提出的诉讼请求所依据的事实或者反驳对方诉讼请求所依据的事实有责任提供证据加以证明。在作出判决前，当事人未能提供证据或者证据不足以证明其事实主张的（真伪不明），由负有举证证明责任的当事人承担不利的后果。

（1）主张法律关系存在的当事人，应当对产生该法律关系的基本事实承担举证证明责任。

（2）主张法律关系变更、消灭或者权利受到妨害的当事人，应当对该法律关系变更、消灭或者权利受到妨害的基本事实承担举证证明责任。

注意：当事人对其主张的某一事实没有提供证据证明，不必然意味着其要承担败诉的后果。例如，对方当事人作出自认或认诺时，其仍有可能胜诉。

2. 合同纠纷案件中证明责任的分配

（1）主张合同关系成立并生效的一方当事人对合同订立和生效的事实承担举证责任。

（2）主张合同关系变更、解除、终止、撤销的一方当事人对引起合同关系变动的事实承担举证责任。

（3）对合同是否履行发生争议的，由负有履行义务的当事人承担举证责任。

3. 劳动争议纠纷案件中证明责任的分配

因用人单位作出开除、除名、辞退、解除劳动合同、减少劳动报酬、计算劳动者工作年限等决定而发生劳动争议的，由用人单位负举证责任。

4. 一般侵权案件中证明责任的分配

（1）原告对“四要件”承担举证责任：侵权行为 + 因果关系 + 损害后果 + 过错。

（2）被告对法定免责、减责事由承担举证责任。

（三）侵权案件的证明责任分配（链接《民法典》）

1. 高度危险作业案件

适用无过错责任原则，由加害方对受害方有故意承担举证责任，其他事实由受害方进行证明。

【例1】一日，王某到“姜太公”垂钓中心钓鱼，甩鱼竿时挂到了架设在鱼湖上方的高压线，导致其触电并严重致残，王某起诉管理和承运该高压线的某市供电局，要求其承担损害赔偿责任。审理该案的法官谢某认为，市供电局应当就其对王某的残疾不存在过错承担举证责任，谢某的观点是否正确？

答案：错误。因为高度危险作业案件实行无过错归责原则，该市供电局承担的是无过错责任。

【例2】小傻与小痴恋爱多年，后因双方父母的强烈反对而分手，分手后小痴一直心情抑郁，最终选择卧轨自杀。对于小痴的死亡，地铁公司可以通过证明受害人小痴系故意行为而免责。

2. 环境污染案件（倒置因果关系要件）

适用无过错责任原则，由加害方对有法定免责事由或不存在因果关系承担举证责任，其余事实由受害方证明。

3. 动物致害案件

（1）饲养动物致害：适用无过错责任原则，动物所有人或管理人对受害人有故意或重大过失承担举证责任，其余事实由受害人证明。

（2）动物园动物致害：动物园的动物造成他人损害的，由动物园证明其尽到了管理职责（过错推定）。

【例】刘某在上班途经小区旁边的街心公园时，被李某饲养的宠物狗咬伤，刘某将李某诉至法院，要求其承担医疗费和误工损失共计6000元。李某称自己的狗之所以会突然冲出咬人，是因为同在公园晨练的赵某用石子击狗，导致狗受到惊吓。李某的这一主张不能免除其责任，因为虽然是第三人行为导致动物侵权，但这一事实不构成法定的抗辩事由。李某在向刘某承担侵权损害赔偿责任之后，可以向第三人赵某追偿。

4. 产品质量侵权案件

（1）适用无过错责任，由产品生产者对法定免责事由承担举证责任，其余事实由受害方证明。

（2）法定的三项免责事由：①未将产品投入流通的；②产品投入流通时，引起损害的缺陷尚不存在的；③将产品投入流通时的科学技术水平尚不能发现缺陷的存在的。

5. 物件致害案件

（1）建筑物、构筑物或者其他设施及其搁置物、悬挂物发生脱落、坠落造成他人损害，由所有人、管理人或者使用人证明自己没有过错（倒置过错要件）。

（2）堆放物倒塌造成他人损害，由堆放人证明自己没有过错（倒置过错要件）。

（3）因林木折断造成他人损害，由林木的所有人或者管理人证明自己没有过错（倒置过错要件）。

（4）从建筑物中抛掷物品或者从建筑物上坠落的物品造成他人损害的，由侵权人依法承担侵权责任；经调查难以确定具体侵权人的，除能够证明自己不是侵权人的外，由可能加害的建筑物使用人给予补偿。可能加害的建筑物使用人补偿后，有权向侵权人追偿。

6. 医疗纠纷案件

（1）推定医疗机构有过错的情形

①违反法律、行政法规、规章以及其他有关诊疗规范的规定；②隐匿或者拒绝提供与纠纷有关的病历资料；③伪造、篡改或者销毁病历资料。

（2）医疗机构不承担责任的情形

①患者或者其近亲属不配合医疗机构进行符合诊疗规范的诊疗；②医务人员在抢救生命垂危的患者等紧急情况下已经尽到合理诊疗义务；③限于当时的医疗水平难以诊疗。

7. 教育机构责任（校园事故案件）

（1）无民事行为能力人受到侵害时，采用过错归责原则（过错推定），由学校对其已经尽到教育、管理职责承担举证责任。

（2）限制民事行为能力人受到侵害时，则实行一般过错责任，其余事实均由受害方证明。

原理点睛

（1）在适用无过错归责原则的案件中，加害方是否存在过错根本不是证明对象，原告不用证明被告有过错，被告也不用证明自己没有过错（有没有过错在所不问）。

（2）所谓举证责任倒置，是指法律规定将本应由受害方证明的要件事实规定为加害方证明。加害方对减免责事由承担证明责任并不属于举证责任倒置，而是一般分配原则。

（3）适用过错推定的案件，就相当于倒置了过错要件。

解题窍门 （1）无过错责任：高度危险作业；环境侵权；产品质量侵权；饲养动物致害。

（2）举证责任特殊分配的常见情形整合

①环境侵权——倒置因果关系要件。

②建筑物、构筑物、悬挂物、搁置物、堆放物致害案件——倒置过错要件。

③一人有限责任公司的股东不能证明公司财产独立于股东自己的财产的，应当对公司债务承担连带责任（《公司法》第63条）。

④经营者提供的机动车、计算机、电视机、电冰箱、空调器、洗衣机等耐用商品或者装饰装修等服务，消费者自接受商品或者服务之日起六个月内发现瑕疵，发生争议的，由经营者承担有关瑕疵的举证责任（《消费者权益保护法》第23条第3款）。

⑤普通投资者与证券公司发生纠纷的，证券公司应当证明其行为符合法律、行政法规以及国务院证券监督管理机构的规定，不存在误导、欺诈等情形。证券公司不能证

明的，应当承担相应的赔偿责任（《证券法》第 89 条第 2 款）。

⑥执行异议之诉：无论是申请执行人起诉还是案外人起诉，均由案外人对执行标的享有足以排除强制执行的民事权益承担证明责任。

原理点睛

立法者分配证明责任时的考量因素：（1）谁作出积极行为；（2）谁更接近证据；（3）谁更专业、更有实力。

（3）分配证明责任的“三步法”

第一步——先定性：合同纠纷与侵权纠纷。

第二步——如果是侵权纠纷，看归责原则（过错归责与无过错归责）。

第三步——检查：①有无证明责任倒置的特殊规定；②是否存在免证事实（自认、预决事实等）。

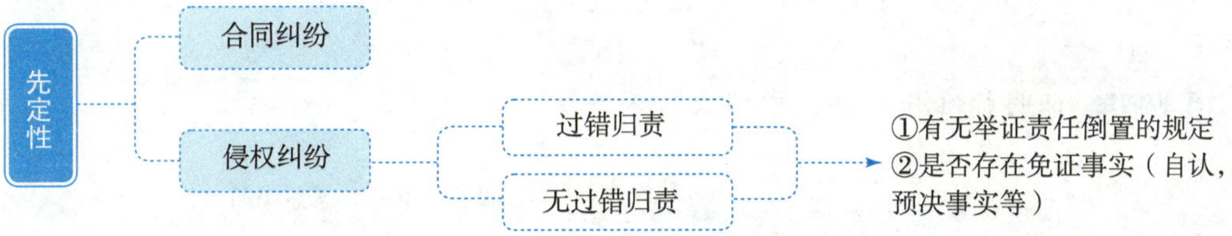

【指导案例链接】 最高法指导案例第 169 号“徐欣诉招商银行股份有限公司上海延西支行银行卡纠纷案”：持卡人提供证据证明他人盗用持卡人名义进行网络交易，请求发卡行承担被盗刷账户资金减少的损失赔偿责任，发卡行未提供证据证明持卡人违反信息妥善保管义务，仅以持卡人身份识别信息和交易验证信息相符为由主张不承担赔偿责任的，人民法院不予支持。

实战演练 （2016 年卷三第 40 题）刘月购买甲公司的化肥，使用后农作物生长异常。刘月向法院起诉，要求甲公司退款并赔偿损失。诉讼中甲公司否认刘月的损失是因其出售的化肥质量问题造成的，刘月向法院提供了本村吴某起诉甲公司损害赔偿案件的判决书，以证明甲公司出售的化肥有质量问题且与其所受损害有因果关系。关于本案刘月所受损害与使用甲公司化肥因果关系的证明责任分配，下列哪一选项是正确的？[1]

A. 应由刘月负担有因果关系的证明责任

B. 应由甲公司负担无因果关系的证明责任

C. 应由法院依职权裁量分配证明责任

D. 应由双方当事人协商分担证明责任

（四）证明标准

证明标准也被称为证明要求，是指负有证明责任的当事人为了获得胜诉的裁判结果，

---

〔1〕答案：B。刘月向法院提供了本村吴某起诉甲公司损害赔偿案件的判决书，以证明甲公司出售的化肥有质量问题且与其所受损害有因果关系，该判决书属于预决事实，构成了免证事实，因此刘月无须对因果关系要件承担证明责任。选项 A 的说法错误，选项 B 的说法正确。证明责任只能法定，不允许当事人约定或法院裁量，因此选项 C 和 D 的说法均错误。

在诉讼中证明案件事实时要达到的程度，或者说是裁判者对事实存在与否作出判断时所要达到的认识程度，是法院判断待证事实的基准。

1. 民事诉讼的证明标准：高度盖然性标准为原则。

高度盖然性是指虽然没有使法官确信无疑，但是已经能使法官相信其很可能存在。对负有举证证明责任的当事人提供的证据，法院经审查并结合相关事实，确信待证事实的存在具有高度可能性的，应当认定该事实存在；对一方当事人为反驳负有举证证明责任的当事人所主张事实而提供的证据，法院经审查并结合相关事实，认为待证事实真伪不明的，应当认定该事实不存在。

2. 当事人对欺诈、胁迫、恶意串通事实的证明，以及对口头遗嘱或者赠与事实的证明，法院确信该待证事实存在的可能性能够排除合理怀疑的，应当认定该事实存在。

3. 与诉讼保全、回避等程序事项有关的事实，法院结合当事人的说明及相关证据，认为有关事实存在的可能性较大的，可以认定该事实存在。

证明标准

记忆胶囊 证明标准分三档，中间大，两头尖

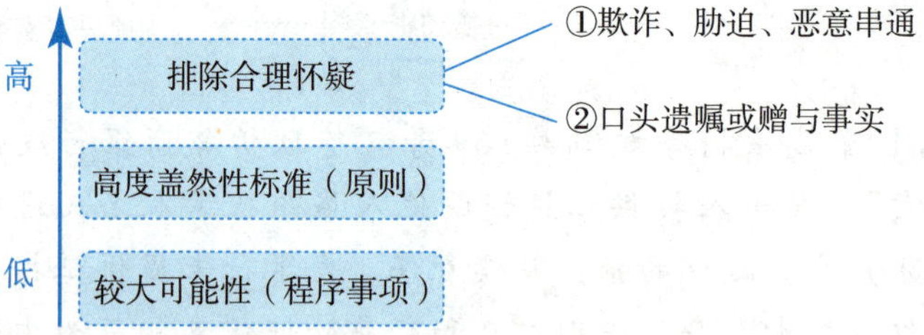

六、证明程序（取证、举证、质证、认证）

（一）取证

1. 当事人收集证据为主，法院调取证据为辅

2. 法院收集证据的情形：依申请＋依职权

（1）法院依职权自行调取证据：法院认为审理案件需要的证据

①涉及可能损害国家利益、社会公共利益的事实。

②涉及身份关系的证据。

③涉及民事诉讼法规定的民事公益诉讼的。

④当事人有恶意串通损害他人合法权益可能的。

⑤依职权追加当事人、中止诉讼、终结诉讼、回避等与实体争议无关的程序性事项。

（2）依当事人申请调取证据

①证据由国家有关部门保存，当事人及其诉讼代理人无权查阅调取。

②涉及国家秘密、商业秘密、个人隐私的材料。

③当事人及其诉讼代理人因客观原因不能自行收集的其他材料。

注意：当事人及其诉讼代理人因客观原因不能自行收集的证据，可以在举证期限届满前书面申请人民法院调查收集。当事人申请调查收集的证据，与待证事实无关联、对证明待证事实无意义或者其他无调查收集必要的，法院不予准许。

3. 证据保全（2019 年《民事证据规定》第 25—29 条）

（1）民事诉讼中的证据保全

①启动方式：当事人申请或法院依职权主动保全。

注意：当事人申请证据保全的，应当在举证期限届满前书面提出。

②适用前提：证据可能灭失或以后难以取得。

③时间：诉讼过程中。

④管辖：审理案件的法院。

（2）诉前证据保全与仲裁前证据保全

①启动方式：依利害关系人的申请。

②适用前提：情况紧急，证据可能灭失或以后难以取得。

③时间：提起诉讼前或申请仲裁前。

④管辖：证据所在地、被申请人住所地或对案件有管辖权的法院。

⑤ 48 小时内作出裁定；提出申请的利害关系人在法院采取证据保全措施后 30 日内不依法提起诉讼或者申请仲裁的，法院应当解除证据保全。

【例】甲公司与乙公司因为商标权属问题发生争议，甲公司欲起诉乙公司，但担心乙公司会销毁证据，遂在诉前向法院申请证据保全，哪些法院对该保全申请有管辖权？

答案：诉前证据保全的管辖法院为证据所在地法院、被申请人住所地法院、对案件有管辖权的法院。本案属于侵权纠纷，因此侵权行为实施地、侵权结果发生地、被告住所地法院均属于对案件有管辖权的法院。综上，对该诉前保全申请有管辖权的法院包括证据所在地法院、被申请人乙公司住所地法院、侵权行为实施地法院、侵权结果发生地法院。

（3）证据保全与担保

当事人或者利害关系人申请采取查封、扣押等限制保全标的物使用、流通等保全措施，或者保全可能对证据持有人造成损失的，法院应当责令申请人提供相应的担保。

（4）证据保全的具体措施

根据当事人的申请和具体情况，法院可以采取查封、扣押、录音、录像、复制、鉴定、勘验等方法进行证据保全，并制作笔录。

在符合证据保全目的的情况下，法院应当选择对证据持有人利益影响最小的保全措施。

（5）证据保全之后的法律效果：就该证据能够予以证明的争议法律关系中的相关事实，可以免除有关当事人提供证据的责任。

（6）保全错误的损害赔偿责任

申请证据保全错误造成财产损失，当事人请求申请人承担赔偿责任的，法院应予支持。

注意：法院采取诉前证据保全措施后，当事人向其他有管辖权的法院提起诉讼的，采取保全措施的法院应当根据当事人的申请，将保全的证据及时移交受理案件的法院。

（二）举证

1. 举证期限的确定方式

（1）法院应当在审理前的准备阶段向当事人送达举证通知书。举证通知书应当载明举证责任的分配原则和要求、可以向法院申请调查收集证据的情形、法院根据案件情况指定的举证期限以及逾期提供证据的法律后果等内容。

（2）举证期限可以由当事人协商，并经法院准许。

2. 举证期限的具体时限

（1）法院确定举证期限，第一审普通程序案件不得少于 15 日，当事人提供新的证据的第二审案件不得少于 10 日。

例外：举证期限届满后，当事人提供反驳证据或者对已经提供的证据的来源、形式等方面的瑕疵进行补正的，法院可以酌情再次确定举证期限，该期限不受上述限制。

（2）适用简易程序案件的举证期限由法院确定，也可以由当事人协商一致并经法院准许，但不得超过 15 日。

（3）小额诉讼案件的举证期限由法院确定，也可以由当事人协商一致并经法院准许，但一般不超过 7 日。

【表】程序类型与举证期限

举证期限	一审普通程序：不得少于 15 日
	二审中提供新证据的：不得少于 10 日
	简易程序：不得超过 15 日
	小额诉讼：一般不超过 7 日

（4）当事人提出管辖权异议的，举证期限中止，自驳回管辖权异议的裁定生效之日起恢复计算。

（5）追加当事人、有独三参加诉讼或者无独三经法院通知参加诉讼的，法院应当为新参加诉讼的当事人确定举证期限，该举证期限适用于其他当事人。

（6）发回重审的案件，第一审法院可以结合案件具体情况和发回重审的原因，酌情确定举证期限。

（7）当事人增加、变更诉讼请求或者提出反诉的，法院应当根据案件具体情况重新确定举证期限。

（8）公告送达的，举证期限自公告期届满之次日起计算。

提示：诉讼过程中，当事人主张的法律关系性质或者民事行为效力与法院根据案件事实作出的认定不一致的，法院应当将法律关系性质或者民事行为效力作为焦点问题进行审理。但法律关系性质对裁判理由及结果没有影响，或者有关问题已经当事人充分辩论的除外。当事人根据法庭审理情况变更诉讼请求的，法院应当准许并可以根据案件的具体情况重新指定举证期限。

3. 举证时限的延长

当事人在法院确定的举证期限内提供证据确有困难的，应当在举证期限届满前向法院提出书面申请。申请理由成立的，法院应当准许，适当延长举证期限并通知其他当事人；申请理由不成立的，法院不予准许并通知申请人。

注意：延长的举证期限适用于其他当事人。

记忆胶囊 应当在举证期限届满前申请的事项：延长举证期限；申请证据保全；申请法院调取证据；申请证人出庭作证；申请鉴定；申请专家辅助人出庭；申请文书提出命令。

4. 逾期举证的法律后果

当事人逾期提供证据的，法院首先应当责令其说明理由，必要时可以要求其提供相应的证据。

（1）视为未逾期的两种情形：①当事人因客观原因逾期提供证据；②对方当事人对逾期提供证据未提出异议。

（2）拒不说明理由或理由不成立时，法院可以根据不同情形采取不同的措施：

①当事人因故意或者重大过失逾期提供的证据，法院原则上不予采纳，但若该证据与案件基本事实有关，法院应当采纳，并依法予以训诫、罚款。

②当事人非因故意或者重大过失逾期提供的证据，法院应当采纳，并对当事人予以训诫。

当事人一方要求另一方赔偿因逾期提供证据致使其增加的交通、住宿、就餐、误工、证人出庭作证等必要费用的，法院可予支持。

实战演练 **（2016年卷三第41题）李某起诉王某要求返还10万元借款并支付利息5000元，并向法院提交了王某亲笔书写的借条。王某辩称，已还2万元，李某还出具了收条，但王某并未在法院要求的时间内提交证据。法院一审判决王某返还李某10万元并支付5000元利息，王某不服提起上诉，并称一审期间未找到收条，现找到了并提交法院。关于王某迟延提交收条的法律后果，下列哪一选项是正确的？**[1]

A. 因不属于新证据，法院不予采纳

B. 法院应采纳该证据，并对王某进行训诫

C. 如果李某同意，法院可以采纳该证据

D. 法院应当责令王某说明理由，视情况决定是否采纳该证据

5. 证据交换

（1）证据交换的启动：依职权或者依申请。

（2）证据交换的时间：①当事人协商一致＋法院认可；或者②法院直接指定。

（3）证据交换的主持主体：审判人员。

（4）证据交换的次数：当事人收到对方的证据后有反驳证据需要提交的，法院应当再次组织证据交换。

---

〔1〕答案：B。王某延迟提交收条的原因是“一审期间未找到”，从主观形态来看，不属于故意或重大过失，因此法院应当采纳该证据，并对王某予以训诫，选项B说法正确，当选。

（5）证据交换和举证期限：交换证据之日即举证期限届满之日；举证期限延长的，证据交换日相应顺延。

（三）质证

1. 主体的特定性：质证是当事人的活动；虽然质证是法院完成证据审查认定职责的主要途径，但法院不是质证的主体。

2. 质证的内容：证据的真实性、关联性、合法性以及证明力的有无与大小，即证据资格和证明力。

3. 质证的方式：公开质证为原则，不公开质证为例外。

不公开质证的法定情形：涉及国家秘密、商业秘密和个人隐私或者法律规定的其他应当保密的证据。

注意：只要是不公开审理的案件，当然不公开质证。但如果要公开审理涉及商业秘密的案件，在对与商业秘密有关的证据进行质证时，应当不公开进行。

【例】某涉及商业秘密的案件，原告向法院申请不公开审理，法院审查后认为可以公开审理，遂不予支持原告的申请。在法院对案件进行公开审理的过程中，如果在质证环节需要对涉及商业秘密的证据进行质证，此时须不公开进行。

4. 不需要质证的证据

（1）当事人在审前准备阶段或者法院调查、询问过程中发表过质证意见的证据，视为质证过的证据。

（2）法院依职权调查收集的证据，由审判人员对调查收集证据的情况进行说明后，听取当事人的意见。

注意：并非法院调取的所有证据都不需要质证，只有法院依职权主动调取的证据不需要质证，法院依申请调取的证据视为申请方提出的证据，需要进行质证。

【例】王某与刘某承揽合同纠纷一案，原告王某无法获得作为档案材料存放在某单位的证据，遂申请法院进行调取。在对该证据进行质证时，视为申请方即王某提供的证据，由当事人双方进行质证。

（四）认证

1. 认证的主体

认证的主体只能是法院，由法院的审判人员依职权进行证据的判断；当事人及其他诉讼参与人不是证据判断的主体，当然就不是认证的主体。

2. 认证的基本要求：审判人员应当依照法定程序，全面、客观地审核证据，依据法律的规定，遵循法官职业道德，运用逻辑推理和日常生活经验，对证据有无证明力和证明力大小独立进行判断，并公开判断的理由和结果。

3. 证据判断的方法和内容

（1）因提交书证原件确有困难而可以提供书证复制品的情形：书证原件遗失、灭失或者毁损的；原件在对方当事人控制之下，经合法通知提交而拒不提交的；原件在他人控制之下，而其有权不提交的；原件因篇幅或者体积过大而不便提交的；承担举证证明责任的当事人通过申请人民法院调查收集或者其他方式无法获得书证原件的。

（2）私文书证的真实性，由主张以私文书证证明案件事实的当事人承担举证责任。私文书证由制作者或者其代理人签名、盖章或捺印的，推定为真实。私文书证上有删除、涂改、增添或者其他形式瑕疵的，法院应当综合案件的具体情况判断其证明力。

记忆胶囊　私文书证真实性，引用方举证；签章署名真实性，引用方举证。

4. 补强规则：不能单独作为定案依据的证据

（1）当事人的陈述。

（2）无民事行为能力人或者限制民事行为能力人所作的与其年龄、智力状况或者精神健康状况不相当的证言。

注意：并非未成年人所作的所有证言都不能单独作为认定案件事实的依据。只有未成年人所作的与其年龄和智力状况不相当的证言，才不能单独作为认定案件事实的根据。

（3）与一方当事人或者其代理人有利害关系的证人陈述的证言。

（4）存有疑点的视听资料、电子数据。

（5）无法与原件、原物核对的复制件、复制品。

5. 文书提出命令（2019 年《民事证据规定》第 45—48 条）

（1）书证在对方当事人控制之下的，承担举证证明责任的当事人可以在举证期限届满前书面申请法院责令对方当事人提交。申请理由成立的，法院应当作出裁定，责令对方当事人提交书证，因提交书证所产生的费用，由申请人负担。对方当事人无正当理由拒不提交的，法院可以认定申请人所主张的书证内容为真实。

（2）对方当事人否认控制书证的，法院应当根据法律规定、习惯等因素，结合案件的事实、证据，对于书证是否在对方当事人控制之下的事实作出综合判断。

（3）控制书证的当事人应当提交书证的情形：①控制书证的当事人在诉讼中曾经引用过的书证；②为对方当事人的利益制作的书证；③对方当事人依照法律规定有权查阅、获取的书证；④账簿、记账原始凭证；⑤法院认为应当提交书证的其他情形。

文书提出命令

提示：上述书证，如果涉及国家秘密、商业秘密、当事人或第三人的隐私，或者存在法律规定应当保密的情形，提交后不得公开质证。

（4）适用范围的扩张：文书提出命令制度的适用对象包括书证、视听资料、电子数据。

6. 对证明妨害行为的规制

（1）一方当事人控制证据无正当理由拒不提交，对待证事实负有举证责任的当事人主张该证据的内容不利于控制人的，法院可以认定该主张成立。

（2）持有书证的当事人以妨碍对方当事人使用为目的，毁灭有关书证或者实施其他致使书证不能使用行为的，人民法院可以依照《民事诉讼法》的规定，对其处以罚款、拘留。

【例】黄某诉 A 医院医疗事故纠纷案中，黄某主张该医院在给其用药时未进行相关的皮试测试，且用量严重超标，但证明该事实的病例等诊疗记录均保存在A医院，只要A医院出示这些记录即可证明医院对此负有责任。而A医院提出黄某的病历等有关资料因医院工作人员保管不善而丢失，无法提供。在医院无正当理由拒不提供该资料时，法院就可以推定原告与该证据相关的主张成立。此外，《民法典》还将医院的证明妨碍行为作为推定医院存在过错的法定事由之一。

实战演练（2016年卷三第80题）哥哥王文诉弟弟王武遗产继承一案，王文向法院提交了一份其父生前关于遗产分配方案的遗嘱复印件，遗嘱中有“本遗嘱的原件由王武负责保管”字样，并有王武的签名。王文在举证责任期间书面申请法院责令王武提交遗嘱原件，法院通知王武提交，但王武无正当理由拒绝提交。在此情况下，依据相关规定，下列哪些行为是合法的？〔1〕

A. 王文可只向法院提交遗嘱的复印件

B. 法院可依法对王武进行拘留

C. 法院可认定王文所主张的该遗嘱能证明的事实为真实

D. 法院可根据王武的行为而判决支持王文的各项诉讼请求

7. 非法证据排除

以严重侵害他人合法权益、违反法律禁止性规定或者严重违背公序良俗的方法形成或者获取的证据，不得作为认定案件事实的根据。

实战演练（2018年真题网络回忆版）邵某向董某借款，但未订立书面合同。后邵某长期不还款，董某约其面谈并私自将谈话过程录音。谈话中邵某承认借款20万元，利息已逾5万元，请求董某减免利息。董某遂即将该录音材料剪辑后作为主要证据，向法院起诉还款。对于该录音材料的证据能力，下列哪一说法是正确的？〔2〕

A. 形成未经对方同意，不具有证据能力

B. 形成系为妥协而作的和解，不具有证据能力

C. 符合法律规定，具有证据能力

D. 录音材料经过剪辑存在疑点，不具有证据能力

串讲小课堂

1. 法院应当在询问前责令当事人签署保证书并宣读保证书的内容。

2. 电子数据的内容经公证机关公证的，法院应当确认其真实性，但有相反证据足以

〔1〕答案：AC。本案中，王文无法提交原件属于确有困难的情形，因此选项A的说法正确，当选。王武拒交书证的行为并不满足拘留的适用条件，选项B的说法错误。王文在举证责任期间书面申请法院责令王武提交遗嘱原件，即向法院申请了文书提出命令，但法院通知王武提交后，王武无正当理由拒绝提交，因此法院可以认定申请所主张的书证内容为真实，选项C的说法正确。王武的拒交行为能够令王文所主张的遗嘱能证明的事实为真实，但不能仅依此就判决支持王文的所有诉讼请求，因此选项D的说法错误。

〔2〕答案：C。本题考查偷录录音的证据能力。依据民事诉讼非法证据排除规则的规定，以严重侵害他人合法权益、违反法律禁止性规定或者严重违背公序良俗的方法形成或者获取的证据，不得作为认定案件事实的根据。本案中偷录录音的行为，并不属于上述情形，因此符合证据“三性”中对合法性的要求，选项C的说法正确，当选。

推翻的除外。

3. 证人作证应当签署保证书并在法庭上宣读保证书的内容，但无民事行为能力人和限制民事行为能力人除外。证人拒绝签署或者宣读保证书的，不得作证且费用自负。

4. 无正当理由未出庭的证人以书面等方式提供的证言，不得作为认定案件事实的根据。

5. 证人作证费用：败诉方最终承担（谁申请、谁垫付；谁败诉、谁最终承担）；事后支付为原则，事前预支为例外。

6. 鉴定人的出庭义务：(1) 鉴定人应当出庭的两种情形：当事人对鉴定意见有异议；或者法院认为鉴定人有必要出庭。(2) 当事人提出书面异议→鉴定人书面答复→当事人仍有异议→通知当事人预交鉴定人出庭费用→通知鉴定人出庭。(3) 鉴定人拒绝履行出庭作证义务的多重法律后果：①鉴定意见不得作为认定事实的根据；②支付鉴定费用的当事人享有鉴定费用返还请求权；③法院应当建议有关主管部门或者组织对拒不出庭作证的鉴定人予以处罚。

7. 专家辅助人在法庭上就专业问题提出的意见，视为当事人的陈述。专家意见经质证，可以作为认定事实的根据。

8. 区分本证与反证的三步法：第一步：该证据的证明对象即待证事实是什么→第二步：该待证事实的法定证明责任主体是谁→第三步：该证据实际是由谁提出来的——若由法定承担证明责任的人提出，则是本证；若由不承担证明责任的人提出，则是反证。

9. 共同诉讼中自认的法律效果：(1) 普通共同诉讼中自认的独立性和可分性；(2) 必要共同诉讼中自认的一体性和牵连性。

10. 分配证明责任的“三步法”：第一步——先定性：合同纠纷与侵权纠纷；第二步——如果是侵权纠纷，看归责原则（过错归责与无过错归责）；第三步——检查有无证明责任倒置的特殊规定；检查是否存在免证事实（自认、预决事实等）。

11. 证明标准：高度盖然性标准为原则 + 排除合理怀疑标准（两类）+ 较大可能性（程序事项）。

12. 文书提出命令：(1) 适用对象——书证、视听资料、电子数据；(2) 对方当事人无正当理由拒不提交的，法院可以认定申请人所主张的书证内容为真实。

13. 非法证据排除规则：以严重侵害他人合法权益、违反法律禁止性规定或者严重违背公序良俗的方法形成或者获取的证据，不得作为认定案件事实的根据。

第九讲

普通程序

思维导图

- 民事司法程序
  - 民事审理程序
    - 民事诉讼程序
      - 一审诉讼程序
        - 一审普通程序
        - 简易程序
          - 传统型简易程序（两审终审）
          - 小额诉讼程序（一审终审）
      - 二审诉讼程序
      - 再审程序（审判监督程序）
    - 民事非讼程序
      - 特别程序：选民资格；宣告公民失踪、死亡；认定无民事行为能力、限制民事行为能力；认定财产无主；确认调解协议；实现担保物权；指定遗产管理人案件
      - 督促程序
      - 公示催告程序
  - 民事执行程序（实现权利）

- 普通程序
  - 起诉与立案受理：起诉的积极条件+消极条件；立案登记制
  - 开庭审理前的准备：明确争点+分流案件
  - 开庭审理：法庭调查+法庭辩论+合议庭评议
  - 缺席判决：适用对象+具体情形
  - 延期审理、诉讼中止和诉讼终结
  - 法律文书与救济机制：判决+裁定+决定；复议+上诉+再审

考点概览

普通程序的各阶段	起诉：起诉的积极条件与消极条件；立案登记制
	立案受理与审理前的准备：为庭审做准备＋分流案件
	开庭审理：法庭调查；法庭辩论；评议与宣判
一审中撤诉	依申请撤诉＋按撤诉处理
缺席判决	适用对象（原告、被告、有独三、无独三等）；具体情形
程序障碍	延期审理：决定；开庭审理阶段；推迟开庭日期
	诉讼中止：裁定；在等待；障碍消除后程序恢复
	诉讼终结：裁定；程序无法继续或没有必要继续
法律文书及救济机制	判决、裁定、决定；复议、上诉、再审

一、普通程序的各阶段

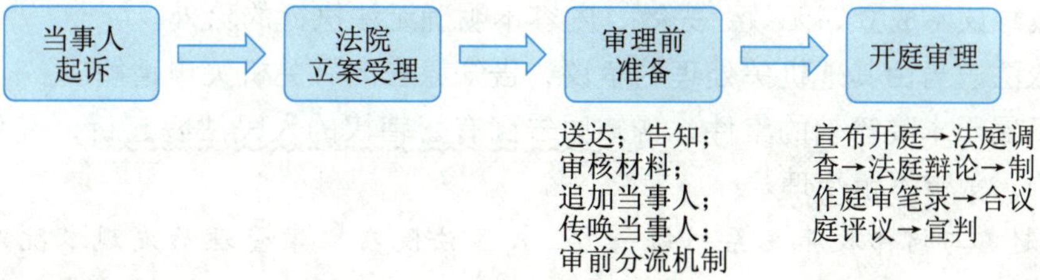

（一）起诉的条件

1. 原告是与本案有直接利害关系的公民、法人或其他组织。

2. 有明确的被告。

注意：被告下落不明≠被告不明确；被告明确≠被告正确/适格。起诉状中所记载的被告姓名或名称、住所等信息具体明确，足以使被告与他人区别，就可以视为被告是明确的。

【例】大明起诉大梁返还借款，但是大梁已经下落不明半年多，此时法院能否以没有明确的被告为由，不予受理大明的起诉？

答案：不能。法院受理立案的要求是被告明确，被告下落不明不等于被告不明确，此时若满足其他的起诉条件，法院受理案件后可以对大梁公告送达相关文书。

3. 有具体的诉讼请求和事实、理由。

4. 属于人民法院主管范围和受诉人民法院管辖。

（二）人民法院对起诉的审查与受理

1. 立案登记制

立案登记，是指法院经过审查，认为原告的起诉符合民事诉讼法规定的条件，而决定予以立案审查的行为。

法院接到当事人提交的民事起诉状时，对符合民事诉讼法规定的各项起诉条件的，应当登记立案；对当场不能判定是否符合起诉条件的，应当接收起诉材料，并出具注明收到日期的书面凭证。

注意：法院裁定不予受理的，必须以书面形式作出，即不予受理裁定书，而不允许口头作出不予受理的裁定，以保障当事人的上诉权。

【例】2023年10月12日，赵华因融资租赁纠纷向法院提起诉讼，立案庭人员收到相关起诉材料并进行审查后认为，该案明显缺乏事实依据，遂口头裁定不予受理。法院的这种做法是否正确？

答案：错误。《民事诉讼法》专门强调了法院作出不予受理的裁定时只能用“裁定书”的方式，而不允许使用口头裁定。

2. 人民法院不予受理当事人起诉的法定情形

（1）依照《行政诉讼法》的规定，属于行政诉讼受案范围的，告知原告提起行政诉讼。

（2）依照法律规定，双方当事人达成书面仲裁协议申请仲裁、不得向法院起诉的，告知原告向仲裁机构申请仲裁（或裁或审）；其坚持起诉的，裁定不予受理，但仲裁条款或者仲裁协议不成立、无效、失效、内容不明确无法执行的除外。

（3）依法应当由其他机关处理的争议，告知原告向有关机关申请解决。

（4）不属于本院管辖的案件，告知原告到有管辖权的人民法院起诉，其仍坚持向该法院起诉的，裁定不予受理。

【例】赵鑫与何伟收养关系纠纷一案，A区法院在立案受理后发现本院对该案没有管辖权，遂告知原告赵鑫向有管辖权的C区法院起诉。法院的做法是否正确？

答案：错误。告知当事人向有管辖权的法院起诉的前提是法院尚未受理案件，而在已经受理案件后发现没有管辖权的，应当移送管辖，即移送给有管辖权的法院。

（5）违反“禁诉期”：依法在一定期限内不得起诉的案件，在不得起诉的期限内起诉的，不予受理。

①女方在怀孕期间、分娩后一年内和终止妊娠后半年内，男方不得提出离婚。

注意：女方提出离婚的；或者人民法院认为确有必要受理男方离婚请求的，不在此限。

【例】孕妇徐某在怀孕6个多月时，发现丈夫张某与自己的“闺蜜”有染，伤心至极，徐某向法院起诉要求离婚。此时法院应否受理徐某的起诉？

答案：应当受理。因为是女方主动提出的诉讼。

②判决不准离婚和调解和好的离婚案件，判决、调解维持收养关系的案件，没有新情况、新理由，原告在6个月内又起诉的，不予受理。

③原告撤诉或按撤诉处理的离婚案件，没有新情况、新理由，在6个月内又起诉的，可比照上述规定，不予受理。

【例 1】王某认为他的养子未尽赡养义务，于 2022 年 5 月向法院起诉，要求解除收养关系。经法院调解，王某与其养子达成了维持收养关系的调解协议。2022 年 8 月，王某又以同样的理由向法院起诉，要求解除收养关系。法院应否受理王某的起诉？

答案：不应受理。

起诉的积极条件与消极条件

【例 2】2022 年 10 月，吴某向法院起诉要求解除与孟某的婚姻关系，法院经过审理，判决不准离婚，双方均未上诉。2023 年 1 月，孟某向法院提起诉讼，要求跟吴某离婚，对于该起诉，法院应否受理？

答案：应当受理。因为孟某是之前诉讼的被告。

（6）判决、裁定、调解书已经发生法律效力的案件，当事人又起诉的，告知原告申请再审。

①对法院准许撤诉或按撤诉处理的裁定，由于撤诉只是从程序上结束了对案件的审理，当事人之间实体民事权益纠纷并未得到解决，因此，当事人可以再行起诉。

注意：二审中或再审中撤回起诉的，不得再诉。

②裁定不予受理或裁定驳回起诉的案件，当事人更正或补充原起诉的欠缺，可依法再次起诉。

③追索赡养费、扶养费、抚养费案件的判决生效，因新情况、新理由，一方当事人再次起诉要求增加或减少费用的，人民法院应作为新案件受理。

【例】2018 年 7 月，甲与乙诉讼离婚，法院判决当时 3 岁的女儿由甲抚养，乙每月支付抚养费 800 元。2023 年 10 月，甲向法院起诉，称女儿上中学后花销越来越大，请求法院判决乙每月支付抚养费 1400 元。对于该起诉，法院应否受理？

答案：法院应当作为新案立案受理。

（7）起诉状中所列被告不明确，且法院告知原告补正后仍旧不能确定明确的被告的。

记忆胶囊　不予受理起诉的情形：违反主管或管辖的规定；违反“禁诉期”的限制；违反“一事不再理”。

实战演练　甲基于双方的服装加工机器买卖合同向法院提起诉讼，要求乙公司承担违约责任 20 万元。关于本案，下列说法中错误的有？[1]

A. 法院接到甲提交的民事起诉状时，如果符合起诉条件，应当登记立案

B. 如果需要甲补充必要的相关材料，法院应当及时告知当事人，在补齐相关材料后，应当在 7 日内决定是否立案。

C. 甲仅仅提供了乙公司名称缩写与住所街道，该地址存在诸多类似的法人无法分

---

〔1〕 答案：C。本题考查立案登记制及起诉条件的识别。法院接到当事人提交的民事起诉状时，对符合民事诉讼法规定的各项起诉条件的，应当登记立案；对当场不能判定是否符合起诉条件的，应当接收起诉材料，并出具注明收到日期的书面凭证。需要补充必要相关材料的，人民法院应当及时告知当事人。在补齐相关材料后，应当在 7 日内决定是否立案。立案后发现不符合起诉条件的，裁定驳回起诉。依此，选项 A、B、D 的说法均正确，不当选。原告提供被告的姓名或者名称、住所等信息具体明确，足以使被告与他人相区别的，可以认定为有明确的被告。选项 C 中甲的起诉状未能完全使被告与其他法人相区分，因此不能认为有明确的被告。故选项 C 的说法错误，当选。

辨，但是如果甲坚持起诉，则可以认定为有明确的被告

D. 如果立案后发现甲、乙公司之间存在单独的仲裁协议，应当裁定驳回起诉

【表】不予受理、驳回起诉与驳回诉讼请求

—	不予受理	驳回起诉	驳回诉讼请求
适用文书	裁定	裁定	判决
解决问题的性质	程序问题	程序问题	实体问题
适用诉讼阶段	审查起诉阶段	受理案件后	受理案件后
适用条件	不符合起诉条件	不符合起诉条件	符合起诉条件，但不符合胜诉条件
当事人针对文书的权利	可以上诉、申请再审	可以上诉、申请再审	可以上诉、申请再审
当事人针对案件的权利	可以再起诉	可以再起诉	不得再起诉，因为一事不再理
上诉期	10 日	10 日	15 日

【小结】1. 在审查起诉阶段，对不符合起诉条件的案件，裁定不予受理；在立案受理后，对于不符合起诉条件的，裁定驳回起诉；符合起诉条件，但经过审理认为不符合胜诉条件的，判决驳回诉讼请求。

2. 当事人未提出诉讼时效抗辩，人民法院不应对诉讼时效问题进行释明及主动适用诉讼时效的规定进行裁判。当事人在一审期间未提出诉讼时效抗辩，在二审期间提出的，人民法院不予支持，但其基于新的证据能够证明对方当事人的请求权已过诉讼时效期间的除外。

注意：诉讼时效不属于法院释明的内容，只能由对方当事人主动援引抗辩。

实体拓展

（1）请求召开股东（大）会不可诉：公司召开股东（大）会本质上属于公司内部治理范围。股东请求判令公司召开股东（大）会的，人民法院应当告知其按照《公司法》第 40 条或者第 101 条规定的程序自行召开。股东坚持起诉的，人民法院应当裁定不予受理；已经受理的，裁定驳回起诉。

（2）法院作为经济纠纷受理的案件，经审理认为不属于经济纠纷案件而有经济犯罪嫌疑的，应当裁定驳回起诉，将有关材料移送公安机关或检察机关。

（3）法院受理离婚案件后，经审理确属无效婚姻的，应当将婚姻无效的情形告知当事人，并依法作出确认婚姻无效的判决。

（4）在婚姻关系存续期间，当事人不起诉离婚而单独要求过错方赔偿精神损害的，法院不予受理。

（5）公报案例“自贡市能通建筑工程公司与国投公司建设合同承包纠纷案”：人民法院委托鉴定机构作出的司法鉴定意见，仅是诉讼证据之一，不具有可诉性。当事人对鉴定意见存在异议，直接向人民法院提起诉讼请求确认鉴定意见无效的，不属于人民法院民事诉讼受案范围，应当依法裁定驳回起诉。

实战演练（2023年真题网络回忆版）李某与张某婚后孕有一子，后两人感情不和，张某向法院起诉离婚，双方就财产问题达成了协议，但针对孩子的抚养权问题无法达成协议。法院经核实发现此时两人实际年龄均为20周岁，法院应当如何处理？[1]

A. 对抚养权制作调解书

B. 对离婚的请求制作调解书

C. 判决婚姻无效

D. 判决准许离婚

3. 以下案件应当受理

（1）超过诉讼时效的案件：法院受理案件后对方当事人提出诉讼时效抗辩，法院经审查认为抗辩事由成立的，判决驳回原告的诉讼请求。

（2）对下落不明的当事人提出诉讼，用公告送达诉讼文书。

【例】何某2016年向陈某借款10万元，约定2017年9月前还清，何某到期未还，陈某碍于情面也未向何某追索欠款。2023年6月，陈某受重伤，需大笔医疗费，于是向何某主张归还欠款，何某拒不归还。陈某于是向法院提起诉讼，要求何某归还欠款。对于该案，法院应当受理，虽然其已过诉讼时效，但当事人丧失的仅仅是实体胜诉权，而非程序上的起诉权。

（三）受理的法律后果

1. 受诉人民法院对该具体案件行使审判权、承担审判职责。

2. 双方当事人取得相应的诉讼地位，享有相应的诉讼权利、承担相应的诉讼义务。

（四）审理前的准备

1. 送达：起诉状副本、答辩状副本

2. 法院的告知义务与当事人的知悉权

（1）在受理案件通知书和应诉通知书中告知当事人有关的诉讼权利义务，或口头告知；

（2）在合议庭人员确定后的3日内告知当事人。

3. 开庭审理前法院的其他任务

（1）认真审核诉讼材料，调查收集必要的证据；必要时可以委托外地法院调查；

（2）追加当事人：必须共同进行诉讼的当事人没有参加诉讼的，应当通知其参加诉讼；

（3）传唤当事人、通知其他诉讼参与人：在开庭3日前用传票传唤当事人；对诉讼代理人、证人、鉴定人、勘验人、翻译人员，用通知书通知其到庭。

4. 开庭审理前的分流机制

（1）诉讼程序向非讼程序的转换：当事人没有争议，且符合督促程序规定条件的，

---

[1] 答案：C。法院受理离婚案件后，经审理确属无效婚姻的，应当将婚姻无效的情形告知当事人，并依法作出确认婚姻无效的判决。本案中，法院经核实发现此时两人实际年龄均为20周岁而属于无效婚姻，应当将婚姻无效的情形告知当事人并依法判决婚姻无效。故选项C正确，选项B、D错误。婚姻效力部分不适用调解；财产分割和子女抚养可以调解。调解达成协议的，作调解书结案；未达成调解协议的，一并判决结案。由于李某和张某针对孩子的抚养权问题无法达成协议，因此不能对抚养权事项制作调解书。故选项A错误。

可以转入督促程序。

（2）通过调解的方式分流案件：开庭前可以调解的，采取调解方式及时解决纠纷。

（3）程序分类与繁简分流：根据案件情况，确定适用简易程序或者普通程序。

（4）需要开庭审理的，通过组织证据交换、召集庭前会议等方式，明确争议焦点，做好审理前的准备。

注意：证据交换、庭前会议不是每个案件的必经环节。

（五）开庭审理

1. 庭审程序的主要环节：宣布开庭（审判长或独任审判员核对当事人身份，宣布案由，告知回避权利）→法庭调查→法庭辩论→制作庭审笔录→合议庭评议→宣判（定期或当庭）

（1）法庭审理的核心内容：当事人争议的事实、证据和法律适用等焦点问题。

（2）禁反言：当事人在庭审中对其在审理前的准备阶段认可的事实和证据提出不同意见的，法院应当责令其说明理由，必要时可以责令其提供相应证据。法院应当结合当事人的诉讼能力、证据和案件的具体情况进行审查，理由成立的，可以列入争议焦点进行审理。

（3）法院根据案件具体情况且征得当事人同意，可以将法庭调查与法庭辩论合并进行。

2. 一审普通程序的审限：6 个月 + 6 个月（特殊情况）+ X（上级批准）

（1）审限：从立案之日起至裁判宣告、调解书送达之日止的期间；

（2）不计算在审限内的期间：公告期间、鉴定期间、双方当事人和解期间、审理当事人提出的管辖异议以及处理法院之间的管辖争议期间。

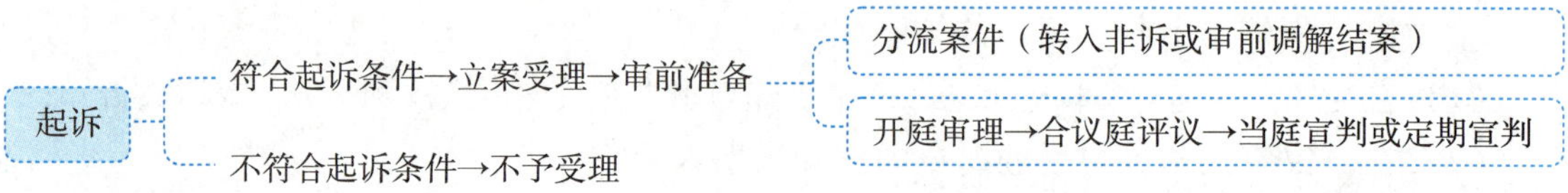

（六）在线诉讼规则[1]

人民法院、当事人及其他诉讼参与人等可以依托电子诉讼平台，通过互联网或者专用网络在线完成立案、调解、证据交换、询问、庭审、送达等全部或者部分诉讼环节。在线诉讼活动与线下诉讼活动具有同等法律效力。

—	主要内容
基本原则	公正高效原则；合法自愿原则；权利保障原则；便民利民原则；安全可靠原则

〔1〕《人民法院在线诉讼规则》（2021 年 5 月 18 日最高人民法院审判委员会第 1838 次会议通过，自 2021 年 8 月 1 日起施行）共 39 条，内容涵盖了在线诉讼法律效力、基本原则、适用范围、适用条件以及从起诉立案到宣判执行等主要诉讼环节在线程序规则。

续表

—	主要内容
适用范围	人民法院综合考虑案件情况、当事人意愿和技术条件等因素，可以对以下案件适用在线诉讼：（1）民事、行政诉讼案件；（2）刑事速裁程序案件，减刑、假释案件，以及因其他特殊原因不宜线下审理的刑事案件；（3）民事特别程序、督促程序、破产程序和非诉执行审查案件；（4）民事、行政执行案件和刑事附带民事诉讼执行案件；（5）其他适宜采取在线方式审理的案件
适用条件	人民法院开展在线诉讼，应当征得当事人同意，并告知适用在线诉讼的具体环节、主要形式、权利义务、法律后果和操作方法等 （1）当事人主动选择适用在线诉讼的，人民法院可以不再另行征得其同意，相应诉讼环节可以直接在线进行 （2）各方当事人均同意适用在线诉讼的，相应诉讼环节可以在线进行 （3）部分当事人同意适用在线诉讼，部分当事人不同意的，相应诉讼环节可以采取同意方当事人线上、不同意方当事人线下的方式进行 （4）当事人仅主动选择或者同意对部分诉讼环节适用在线诉讼的，人民法院不得推定其对其他诉讼环节均同意适用在线诉讼 对人民检察院参与的案件适用在线诉讼的，应当征得人民检察院同意
线上线下庭审转换机制	在诉讼过程中，如存在当事人欠缺在线诉讼能力、不具备在线诉讼条件或者相应诉讼环节不宜在线办理等情形之一的，人民法院应当将相应诉讼环节转为线下进行 当事人已同意对相应诉讼环节适用在线诉讼，但诉讼过程中又反悔的，应当在开展相应诉讼活动前的合理期限内提出。经审查，人民法院认为不存在故意拖延诉讼等不当情形的，相应诉讼环节可以转为线下进行 在调解、证据交换、询问、听证、庭审等诉讼环节中，一方当事人要求其他当事人及诉讼参与人在线下参与诉讼的，应当提出具体理由。经审查，人民法院认为案件存在案情疑难复杂、需证人现场作证、有必要线下举证质证、陈述辩论等情形之一的，相应诉讼环节可以转为线下进行
在线调解	人民法院、特邀调解组织、特邀调解员可以通过诉讼平台、人民法院调解平台等开展在线调解活动
在线起诉与在线受理	当事人采取在线方式提交起诉材料的，人民法院应当在收到材料后的法定期限内，在线作出以下处理： （1）符合起诉条件的，登记立案并送达案件受理通知书、交纳诉讼费用通知书、举证通知书等诉讼文书 （2）提交材料不符合要求的，及时通知其补正，并一次性告知补正内容和期限，案件受理时间自收到补正材料后次日重新起算 （3）不符合起诉条件或者起诉材料经补正仍不符合要求，原告坚持起诉的，依法裁定不予受理或者不予立案 当事人已在线提交符合要求的起诉状等材料的，人民法院不得要求当事人再提供纸质件 上诉、申请再审、特别程序、执行等案件的在线受理规则，参照前述规定办理

续表

—	主要内容
电子化材料的效力和审核规则	当事人提交的电子化材料，经人民法院审核通过后，可以直接在诉讼中使用 当事人提交的电子化材料，符合下列情形之一的，人民法院可以认定符合原件、原物形式要求：（1）对方当事人对电子化材料与原件、原物的一致性未提出异议的；（2）电子化材料形成过程已经过公证机构公证的；（3）电子化材料已在之前诉讼中提交并经人民法院确认的；（4）电子化材料已通过在线或者线下方式与原件、原物比对一致的；（5）有其他证据证明电子化材料与原件、原物一致的
区块链存证效力范围和审查标准	当事人作为证据提交的电子数据系通过区块链技术存储，并经技术核验一致的，人民法院可以认定该电子数据上链后未经篡改，但有相反证据足以推翻的除外 当事人可以申请具有专门知识的人就区块链技术存储电子数据相关技术问题提出意见。人民法院可以根据当事人申请或者依职权，委托鉴定区块链技术存储电子数据的真实性，或者调取其他相关证据进行核对
非同步审理机制（异步审理）	经各方当事人同意，人民法院可以指定当事人在一定期限内，分别登录诉讼平台，以非同步的方式开展调解、证据交换、调查询问、庭审等诉讼活动 适用小额诉讼程序或者民事、行政简易程序审理的案件，同时符合下列情形的，人民法院和当事人可以在指定期限内，按照庭审程序环节分别录制参与庭审视频并上传至诉讼平台，非同步完成庭审活动：（1）各方当事人同时在线参与庭审确有困难；（2）一方当事人提出书面申请，各方当事人均表示同意；（3）案件经过在线证据交换或者调查询问，各方当事人对案件主要事实和证据不存在争议
在线庭审的适用条件和范围	适用在线庭审的案件，应当依法开展庭前准备、法庭调查、法庭辩论等庭审活动，保障当事人申请回避、举证、质证、陈述、辩论等诉讼权利 具有下列情形之一的，不得适用在线庭审：（1）各方当事人均明确表示不同意，或者一方当事人表示不同意且有正当理由的；（2）各方当事人均不具备参与在线庭审的技术条件和能力的；（3）需要通过庭审现场查明身份、核对原件、查验实物的；（4）案件疑难复杂、证据繁多，适用在线庭审不利于查明事实和适用法律的；（5）案件涉及国家安全、国家秘密的；（6）案件具有重大社会影响，受到广泛关注的；（7）人民法院认为存在其他不宜适用在线庭审情形的 采取在线庭审方式审理的案件，审理过程中发现存在上述情形之一的，人民法院应当及时转为线下庭审。已完成的在线庭审活动具有法律效力
完善电子送达规则	经受送达人同意，人民法院可以通过送达平台，向受送达人的电子邮箱、即时通讯账号、诉讼平台专用账号等电子地址，按照法律和司法解释的相关规定送达诉讼文书和证据材料 具备下列情形之一的，人民法院可以确定受送达人同意电子送达：（1）受送达人明确表示同意的；（2）受送达人在诉讼前对适用电子送达已作出约定或者承诺的；（3）受送达人在提交的起诉状、上诉状、申请书、答辩状中主动提供用于接收送达的电子地址的；（4）受送达人通过回复收悉、参加诉讼等方式接受已经完成的电子送达，并且未明确表示不同意电子送达的

二、撤诉和缺席判决

（一）撤诉：依申请撤诉 + 按撤诉处理

1. 申请撤诉的条件

（1）须是当事人自愿提出；享有申请撤诉权的不限于原告，被告有权申请撤回反诉，有独三可以申请撤回参加之诉。

（2）时间：法庭辩论结束之前；法庭辩论终结后原告申请撤诉，被告不同意的，法院可以不予准许。

避坑指南

法庭辩论终结前原告申请撤回起诉的，无须被告同意。

（3）方式：须以书面的形式提出撤诉申请。

（4）撤诉不得有损于国家、集体或他人的利益。

注意：是否准许当事人的撤诉申请，由法院享有最终裁定权。无论是否准许撤诉，均用裁定的形式作出。

2. 按撤诉处理的法定情形

（1）原告或上诉人未按期交纳案件受理费的。

（2）原告、有独立请求权的第三人、原告的法定代理人经传票传唤，无正当理由拒不到庭的。

（3）原告、有独立请求权的第三人、原告的法定代理人未经法庭许可中途退庭的。

实体拓展

法院受理确认婚姻无效案件后，原告申请撤诉的，不予准许。

（二）缺席判决

1. 缺席判决的适用对象

（1）经传票传唤，无正当理由不到庭或者未经法庭许可中途退庭的被告。

（2）本诉的原告，即反诉的被告。

（3）无行为能力的被告的法定代理人。

（4）无独立请求权的第三人。

（5）申请撤诉未获得准许的原告，其中包括有独立请求权的第三人。

记忆胶囊 缺席判决的适用对象不限于被告，还可能是原告、有独三、无独三等。

2. 适用缺席判决的主要情形

（1）非必须到庭的被告经传票传唤，无正当理由拒不到庭的，或者未经法庭许可中途退庭的。

注意：此时法院对到庭的当事人的诉讼请求、双方的诉辩理由以及已经提交的证据及其他诉讼材料进行审理后，可以依法缺席判决。如果是必须到庭的被告，则需要经过两次传唤，之后仍无正当理由拒不到庭的，可以拘传。

（2）被告反诉，非必须到庭的本诉原告即反诉的被告，经传票传唤，无正当理由拒不到庭的，或者未经法庭许可中途退庭的，人民法院对反诉可以缺席判决；但对本诉按撤诉处理。

（3）原告申请撤诉，法院裁定不准许撤诉的，原告经传票传唤，无正当理由拒不到庭或未经法庭许可中途退庭的；有独立请求权的第三人具有与原告上述两种类似情形的，可以缺席判决。

（4）无诉讼行为能力的被告的法定代理人，经传票传唤，无正当理由拒不到庭的。

（5）无独立请求权的第三人经传票传唤，无正当理由不到庭，或未经法庭许可中途退庭的，不影响法庭对案件的审理，经审理，确定无独立请求权第三人承担责任的，对无独立请求权的第三人可以缺席判决。

（6）必要共同诉讼中的部分原告经传票传唤，无正当理由拒不到庭的，或者未经法庭许可中途退庭的。

注意：无民事行为能力人的离婚诉讼，当事人的法定代理人应当到庭；法定代理人不能到庭的，人民法院应当在查清事实的基础上，依法作出判决。

【例】甲在一次出差途中不幸遭遇车祸变成植物人，其丈夫乙向法院提起诉讼要求与甲离婚，此时甲属于无民事行为能力人，自然不具备诉讼行为能力，须由其法定代理人代为实施诉讼行为，如果其法定代理人不能在庭审时到庭，法院作出缺席判决的前提是查清案件事实。

三、延期审理、诉讼中止和诉讼终结

（一）延期审理的法定情形

1. 必须到庭的当事人和其他诉讼参与人有正当理由没有到庭。

【例1】某产品质量侵权诉讼案定于2023年9月25日上午在某区法院开庭审理，庭审当天，原告赵某在前往法院的路上遇到一名青年持刀抢劫一位女子，遂见义勇为、勇斗歹徒，也因此未能按时到庭参加庭审。此时法院应当决定延期审理，因为赵某未能到庭有正当理由。

【例2】甲诉乙追索抚养费，法院对乙进行了一次传票传唤后，被告乙无正当理由拒不到庭，此时法院应当决定延期审理。因为追索赡养费、扶养费和抚养费的案件中的被告属于必须到庭的被告。延期审理后，法院应对乙进行第二次传票传唤，若其仍旧无正当理由拒不到庭，此时即可采取拘传措施强制其到庭。

2. 当事人临时提出回避。

3. 需要通知新的证人到庭，调取新的证据，重新鉴定、勘验，或者需要补充调查。

4. 其他应当延期的情形。

注意：延期审理用决定，且只能适用于开庭审理阶段。延期审理仅仅是推迟或重新确定一个开庭日期，其他诉讼活动不受影响。

（二）诉讼中止的法定情形

1. 一方当事人死亡，需要等待继承人表明是否参加诉讼。

2. 一方当事人丧失诉讼行为能力，尚未确定法定代理人。

3. 作为一方当事人的法人或者其他组织终止，尚未确定权利义务承受人的。

4. 一方当事人因不可抗拒的事由，不能参加诉讼。

【例】王某是知名的妇产科主治医师，其与丈夫庄某的离婚诉讼定于2022年6月2日开庭。庭审当天，王某在前往法院的途中接到医院电话，要求其立即上一台十分紧急的手术，此时王某属于“有正当理由”没有到庭，适用延期审理。如果将上述情形转换，王某在前往法院的途中不幸遭遇泥石流并长期昏迷，此时属于“因不可抗拒的事由”不能参加诉讼，应当适用诉讼中止。

5. 本案必须以另一案的审理结果为依据，而另一案尚未审结。

【例】王某与A乐器行签订了一份购买三角钢琴的合同，但王某未在约定的期限内支付货款8万元，A乐器行遂将王某诉至法院，要求其履行合同并承担违约责任。法院受理案件后，王某的丈夫张某向法院提出，王某患间歇性精神病已经多年，没有缔约的能力，并申请法院宣告王某为限制民事行为能力人。此时法院应当裁定中止A乐器行与王某之间的买卖合同诉讼，启动特别程序对王某的民事行为能力状况进行确定。

6. 其他应当中止诉讼的情形。

注意：裁定中止诉讼的原因消除，恢复诉讼程序时，不必撤销原裁定，从法院通知或者准许当事人双方继续进行诉讼时起，中止诉讼的裁定即失去效力。

记忆胶囊　诉讼中止在等待，等人或等其他案。

实体拓展

法院就同一婚姻关系分别受理了离婚和请求确认婚姻无效案件的，对于离婚案件的审理，应当待请求确认婚姻无效案件作出判决后进行。

（三）诉讼终结的法定情形

1. 原告死亡，没有继承人，或者继承人放弃诉讼权利。

2. 被告死亡，没有遗产，也没有应当承担义务的人的。

3. 离婚案件一方当事人死亡的。

【例】甲、乙为夫妻，育有一女丙。甲向法院起诉要求与乙离婚，一审法院判决准予离婚，乙不服提起上诉。在二审中，乙因病去世。此时法院应当裁定终结诉讼程序，因为身份关系不存在继承或承担义务的问题。

4. 追索赡养费、扶养费、抚养费以及解除收养关系案件的一方当事人死亡的。

解题窍门　在区分诉讼中止与诉讼终结的适用情形时，须关注两大要素：①当事人的死亡时间（诉前死亡VS诉中死亡）；②案件类型（不可继承的身份关系－离婚、收养、赡养、扶养、抚养VS可继承的财产关系）。无论是在一审中死亡、上诉期限内死亡抑或二审中死亡，只要法院尚未作出生效裁判，均属于“诉讼中死亡”。

【表】延期审理 VS 诉讼中止 VS 诉讼终结

延期审理	小障碍，仅仅向后推迟一个新的开庭日期，其他诉讼活动不受影响
诉讼中止	较大障碍，“在等待”（等人或等待其他案件的裁判结果）；若障碍消除，程序将恢复继续
诉讼终结	程序的非正常死亡，程序无法继续或没有必要继续，此后不再恢复

实战演练 （2021年真题网络回忆版）**甲诉请法院判决甲与乙的婚姻无效，法院受理之后乙死亡，且没有其他财产和亲属。此时法院应当如何处理？**[1]

A. 裁定诉讼终结

B. 继续审理

C. 驳回甲的诉讼请求

D. 通知当地的相关民政部门作为诉讼当事人

四、民事裁判与法律文书

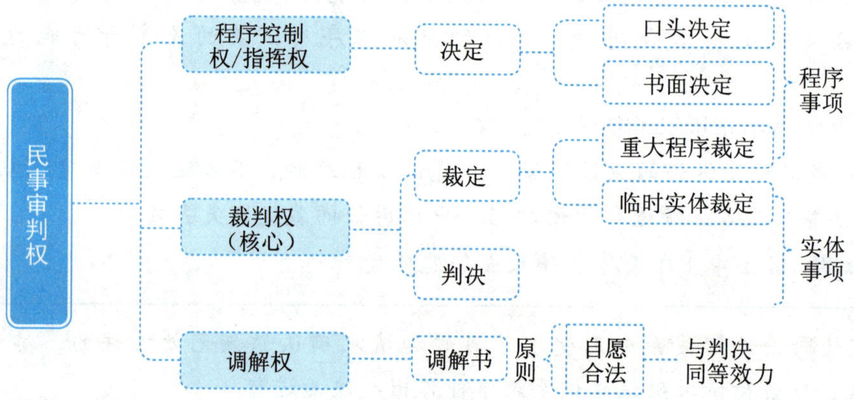

（一）民事法律文书的主要类型与适用范围

1. 民事判决

（1）适用于解决实体性问题。

（2）原判决就实体问题存在遗漏，可以直接作出补充判决，该补充判决与原判决形成同一份完整的判决；对于原判决中错误判决的内容，只能借助于法定程序予以纠正。

【例】甲诉乙侵犯了自己的著作权，请求法院判令乙赔偿侵权损失1万元，并公开赔礼道歉。一审法院在判决时漏判了赔礼道歉这一诉讼请求，对于这一错误，法院可以作出补充判决。对于原判决和之后的补充判决，当事人均享有上诉权。

（3）部分先行判决：人民法院审理案件，其中一部分已经清楚，可以就该部分先行判决。

---

〔1〕答案：B。

2. 民事裁定

（1）主要适用于解决程序性问题＋少数实体问题。

（2）民事裁定的具体适用范围：撤销仲裁裁决；补正判决书中的笔误；不予执行公证机关赋予强制执行效力的债权文书；中止或终结诉讼；中止或终结执行；不予受理；驳回起诉；管辖权异议；保全与先予执行。

【例】甲与乙因一套古董茶具的所有权发生争议而诉至法院，法院经审理后认定该茶具的所有权人是甲，遂判令乙在30日内将其占有的茶具返还甲。在裁判生效后，法院发现判决书中错将30日的履行期限写成了300日，此时法院应当裁定补正错误，并将该裁定书送达双方当事人即甲和乙。

3. 民事决定

（1）主要适用于解决一些特殊事项，其功能在于排除诉讼中的障碍，保障法院公正、顺利地审理民事案件，维护正常的诉讼秩序。

（2）适用决定的主要情形：回避；拘留、罚款等对妨害民事诉讼行为的强制措施；延期审理；申请法院顺延期限；诉讼费用的减、缓、免；法院自行启动再审等。

原理点睛

判决的既判力，是指判决生效后所具有的确定效力，分为形式上的确定力和实质上的确定力。（1）形式上的确定力，是指判决一经生效，当事人就不得以此法律上的事实提起诉讼或提起上诉。（2）实质上的确定力，是指生效判决所确定的实体权利义务不得争执，不容改变。当事人和法院都要受到该判决内容的拘束，不得在以后的诉讼中作出与判决内容相反的主张和判断。

（二）法律文书与救济机制

1. 可以申请复议的法律文书

（1）可申请原级复议的裁定：保全、先予执行。

（2）可申请上一级复议的裁定：执行管辖异议、执行行为异议、驳回执行仲裁裁决申请、案外人申请不予执行仲裁裁决。

（3）可申请复议的决定：回避、拘留、罚款。

记忆胶囊 驳回回避申请为原级复议，罚款和拘留为上一级复议。

2. 可以上诉的裁定：不予受理、驳回起诉、管辖权异议。

避坑指南

小额诉讼中的管辖权异议裁定、驳回起诉裁定，一经作出即生效，不得上诉。

3. 可以再审的裁定：不予受理、驳回起诉。

4. 既可以上诉又可以再审的裁定：不予受理、驳回起诉。

—	判决	裁定	决定
适用对象	实体问题	程序问题为主	特殊事项

续表

一	判决	裁定	决定
具体情形	一个诉讼标的对应一个生效判决	撤销仲裁裁决；补正判决书中的笔误；不予执行公证机关赋予强制执行效力的债权文书；中止或终结诉讼；中止或终结执行；不予受理；驳回起诉；管辖权异议；保全与先予执行	回避；延期审理；罚款、拘留；诉讼费用减免缓；法院自行启动再审；法院对顺延期限申请的回应
救济机制	上诉、再审	原级复议：保全、先予执行 上一级复议：执行管辖异议、执行行为异议、驳回执行仲裁裁决申请、案外人申请不予执行仲裁裁决 上诉：不予受理、驳回起诉、管辖权异议 上诉、再审：不予受理、驳回起诉	原级复议：回避 上一级复议：罚款、拘留

串讲小课堂

1. 起诉的积极条件：正确的原告+明确的被告。

2. 不予受理起诉的情形：违反主管或管辖的规定；违反禁诉期的限制；违反“一事不再理”。

3. 请求召开股东（大）会不可诉：公司召开股东（大）会本质上属于公司内部治理范围。股东请求判令公司召开股东（大）会的，法院应当告知其按照《公司法》第40条或者第101条规定的程序自行召开。股东坚持起诉的，法院应当裁定不予受理；已经受理的，裁定驳回起诉。

4. 审前准备程序的功能：为开庭审理做准备+分流案件。

5. 缺席判决的适用对象不限于被告，还可能是原告、有独三、无独三等。

6. 一审撤诉或按撤诉处理的案件，可以再次起诉。

7. 诉讼中止：较大障碍，“在等待”（等人或等待其他案件的裁判结果）；若障碍消除，程序将恢复继续。

8. 诉讼中止与诉讼终结：①当事人的死亡时间；②案件的类型。

第十讲

简易程序

思维导图

- 简易程序
  - 传统型简易程序（两审终审）
  - 小额诉讼程序（一审终审）

考点概览

传统型简易程序	适用范围：法定适用 + 约定适用
	程序简便性的具体体现
	简易程序与普通程序的相互转化
小额诉讼程序	适用范围：法定适用 + 约定适用 + 不得适用小额程序的案件
	一审终审、不得上诉、可以再审
	程序转换："小转简"或"小转普"

一、简易程序的适用范围

（一）适用简易程序审理的案件

1. 法定适用：简单的第一审民事案件——事实清楚、权利义务关系明确、争议不大的案件

【例】张光与黄慧相邻关系纠纷诉讼，法院受理案件后认为二人的权利义务关系明确，且双方对事实问题的争议不大，但是一些细节事实还不是很清楚，此时可否适用简易程序审理该案？

答案：可以，因为主要事实清楚即可，不要求所有的细节事实都明晰。

2. 约定适用：当事人双方约定适用简易程序的非简单的第一审民事案件

（1）有限性：当事人的程序选择权只适用于基层人民法院及其派出法庭审理的民事案件，不能将法定的中级以上法院审理的案件约定适用简易程序；也无权对法定不得适用简易程序的案件进行约定。

提示：基层人民法院作为第一审民事案件的主要审理法院，其管辖范围包括了简易程序案件和普通程序案件，对于其所管辖的普通程序案件，当事人可以合意选择用简易程序进行审理。但对于那些法定由中级及其以上法院作为第一审法院的案件，当事人无此选择权。

（2）单向性：对于依据法律规定应当适用简易程序进行审理的案件，当事人不能约定适用普通程序进行审理。该单向性限制的正当性基础在于程序类型与案件性质相适应的原则，司法资源具有公共属性，当事人无权多占资源。

原理点睛

诉讼资源的公共属性，决定了当事人可以要的更少，但不能“多吃多占”，即只可能“约普为简”，不能“约简为普”。但民商事仲裁领域则与此不同，对于本应适用简易程序仲裁的案件，当事人可以约定用普通仲裁程序审理，同时仲裁庭可以收取由此产生的必要的额外费用。这主要是因为仲裁属于社会救济，不牵涉公共资源，且多适用于商事纠纷，因此当事人可以花钱购买更好的法律服务。

【例】某国际时装公司与其在中国的代理商潮人公司因提成问题发生纠纷，依据双方在合同中订立的纠纷解决条款，将该纠纷提交国际经济贸易仲裁委员会进行裁决。依据贸易仲裁规则的规定，该案应当适用简易程序进行审理，但两公司均表示希望选择普通仲裁程序解决纠纷，该仲裁案件中的当事人能否行使程序选择权？

答案：可以，同时仲裁庭可以收取因此产生的必要的额外费用。

（二）不得适用简易程序的案件

1. 起诉时被告下落不明的案件

【例1】2020年5月29日，赵四向黄六借了2000元并约定1个月之后归还，但还款期限届满后，赵四因外出打工而下落不明，为了追回借款，黄六将赵四诉至法院。法院对黄六的起诉进行审理后，认为赵四已经杳无音讯8个多月，遂以被告不明确为由，口头裁定不予受理该案。法院的上述做法是否正确？

答案：法院的做法不正确。其一，被告下落不明不属于被告不明确，只要能够保证被告的具体性、特定性，即符合起诉条件中要求的有明确的被告，因此法院不应以此为由拒绝受理案件。其二，不予受理必须以裁定书的方式作出，不得口头裁定。

【例2】2020年5月29日，赵四向黄六借了2000元并约定1个月之后归还，但还款期限届满后，赵四因外出打工而下落不明，为了追回借款，黄六将赵四诉至法院。法院受理立案后认为，该案主要事实清楚、权利义务关系明确，遂决定采用简易程序进行审理，法院的做法是否正确？

答案：法院的做法不正确，因为起诉时被告下落不明的案件，不得适用简易程序，而无论案件事实是否清楚、权利义务关系是否明确。

2. 发回重审和适用审判监督程序的案件

提示：发回重审案件、再审案件，一律不得适用简易程序、不适用独任制，但其中发回重审、按照第一审程序再审的案件，允许陪审员参与组庭。

3. 非讼案件：特别程序案件（7 种）、公示催告程序、督促程序
4. 当事人一方人数众多的案件
5. 涉及国家利益、社会公共利益的案件
6. 第三人撤销之诉：第三人起诉请求改变或者撤销生效判决、裁定、调解书的案件
7. 其他不宜适用简易程序的案件

记忆胶囊 非讼案件、发回重审的案件、再审案件、第三人撤销之诉、民事公益诉讼、代表人诉讼，均不得适用简易程序审理。

（三）适用简易程序的人民法院

适用简易程序的人民法院，仅限于基层人民法院及其派出法庭。

二、简易程序的特点

1. 起诉方式简便：书面起诉为原则，但在特殊情况下允许口头起诉。
2. 受理方式简便：可以当即审查、当即受理。
3. 传唤、通知、送达和审理的方式简便、灵活，但是需要保障当事人陈述意见的权利。

（1）以捎口信、电话、传真、电子邮件等形式发送的开庭通知，未经当事人确认或者没有其他证据足以证明当事人已经收到的，人民法院不得将其作为按撤诉处理和缺席判决的根据。

【例】 甲与乙因相邻权纠纷诉至法院，在先行调解未果的情况下，法院决定用简易程序对该案进行审理，并采用电子邮件的方式分别向原被告双方发送了开庭通知。在开庭当天，被告未到庭，此时法院能否作出缺席判决，取决于其之前用邮件向被告发送的开庭通知是否获得了被告的收悉确认，或者是否有其他证据能够证明被告已经收到了该通知。若不满足这两种情形之一而直接作出缺席判决，属于违法缺席判决，被告不仅可以上诉，还可以在裁判生效后以此为由申请再审。

（2）无论如何简化程序，均需保障当事人陈述意见的权利。

（3）举证和答辩的合意性、非必须性

①举证期限可由法院确定，也可由当事人协商一致并经法院准许，但不得超过 15 日。被告要求书面答辩的，法院可在征得其同意的基础上，合理确定答辩期间。

②当事人双方均表示不需要举证期限、答辩期间的，法院可以立即开庭审理或者确定开庭日期。

4. 审判组织简便：独任制，但不能自审自记，须有书记员。
5. 开庭审理程序简便：没有明显的阶段性；一次开庭审结为原则，再次开庭为例外。

（1）简易程序审理案件的一般原则：一次开庭、当庭审结、当庭宣判。

（2）开庭方式的合意性和灵活性：当事人双方可就开庭方式向法院提出申请，是否准许由法院决定。经当事人双方同意，可以采用视听传输技术等方式开庭。

6. 审限较短：3 个月 +1 个月（特殊情况且本院院长批准）

《民事诉讼法》第164条规定："人民法院适用简易程序审理案件，应当在立案之日起三个月内审结。有特殊情况需要延长的，经本院院长批准，可以延长一个月。"

实战演练 （2022年真题网络回忆版）**甲公司和乙公司因运输合同纠纷诉至某基层法院，双方均同意适用简易程序，但法院审理三个月尚未审结，此时法院正确的做法是？**[1]

A. 转为普通程序审理

B. 经本级法院院长同意，可延长审限

C. 经当事人同意，可延长审限

D. 经上级法院同意，可延长审限

7. 裁判文书的简化：可以适当简化认定事实或判决理由的情形。

（1）当事人达成调解协议并需要制作民事调解书的；

（2）一方当事人在诉讼过程中明确表示承认对方全部或者部分诉讼请求的；

（3）涉及商业秘密、个人隐私的案件，当事人一方要求简化裁判文书中的相关内容，且法院认为理由正当的；

（4）当事人双方一致同意简化裁判文书的。

【小结】简易程序的简便性表现在起诉方式简便、受理方式简便、传唤和通知等方式简便、审判组织简便、审理程序简便、审限较短、裁判文书可简化。

实战演练 （2015年卷三第83题）**郑飞诉万雷侵权纠纷一案，虽不属于事实清楚、权利义务关系明确、争议不大的案件，但双方当事人约定适用简易程序进行审理，法院同意并以电子邮件的方式向双方当事人通知了开庭时间（双方当事人均未回复）。开庭时被告万雷无正当理由不到庭，法院作出了缺席判决。送达判决书时法院通过各种方式均未联系上万雷，遂采取了公告送达方式送达了判决书。对此，法院下列的哪些行为是违法的？**[2]

A. 同意双方当事人的约定，适用简易程序对案件进行审理

B. 以电子邮件的方式向双方当事人通知开庭时间

C. 作出缺席判决

D. 采取公告方式送达判决书

---

[1] 答案：B。《民事诉讼法》第164条规定："人民法院适用简易程序审理案件，应当在立案之日起三个月内审结。有特殊情况需要延长的，经本院院长批准，可以延长一个月。"因此，选项B正确，选项A、C、D错误。

[2] 答案：CD。选项A涉及当事人的程序选择权，当事人可以协商，将基层法院及其派出法庭本应用普通程序审理的案件，约定适用简易程序；当事人约定适用简易程序审理案件的，应当在开庭前提出，因此选项A中的行为正确合法。适用简易程序审理的案件，法院可以用简便的方式传唤当事人、送达裁判文书以外的诉讼文书，因此，选项B中以电子邮件的方式向当事人通知开庭时间的做法是合法的。用简便方式送达的开庭通知，未经当事人确认或者没有其他证据证明当事人已经收到的，不得缺席判决，选项C中当事人均未回复确认，此时法院不得缺席判决。因此，选项C的做法违法。适用简易程序审理案件时，不得适用公告送达。因此，选项D做法错误。

三、简易程序与普通程序的相互转化

（一）“普转简”的条件

原则上，已经按照普通程序审理的案件，无论审理过程中发生何种情况变化，均不得在开庭后转为简易程序，但是基层人民法院适用第一审普通程序审理的案件，当事人自愿选择适用简易程序，法院审查同意的，可以适用简易程序。

注意：法院在适用普通程序审理案件后，不能以案件简单为由转为简易程序。

（二）“简转普”的情形

1. 当事人针对适用简易程序提出异议，且法院审查后认为异议成立的。

注意：转为普通程序前，双方当事人已确认的事实，可以不再进行举证、质证。

2. 人民法院在审理过程中发现不宜适用简易程序的。

法院在审理过程中，发现案件不宜适用简易程序的（例如发现案情复杂），应在审限届满前裁定转为普通程序。

（三）程序转化与审限的计算

转为普通程序审理的民事案件（“简转普”案件），审限自法院立案之日计算，而不是从程序转化之日开始重新计算。法院应将合议庭组成人员及相关事项书面通知双方当事人。

四、小额诉讼程序

（一）小额诉讼程序的适用条件和特点

1. 适用条件（《民事诉讼法》第165条）

（1）法定适用：基层人民法院及其派出法庭审理事实清楚、权利义务关系明确、争议不大的简单金钱给付民事案件，标的额为各省、自治区、直辖市上年度就业人员年平均工资50%以下的，适用小额诉讼的程序审理，实行一审终审。

（2）约定适用：基层人民法院及其派出法庭审理事实清楚、权利义务关系明确、争议不大的简单金钱给付民事案件，标的额超过各省、自治区、直辖市上年度就业人员年平均工资50%但在2倍以下的，当事人双方也可以约定适用小额诉讼的程序。

（3）不得适用小额诉讼程序的案件（《民事诉讼法》第166条）

①人身关系、财产确权案件；

②涉外案件；

③需要评估、鉴定或者对诉前评估、鉴定结果有异议的案件；

④一方当事人下落不明的案件；

⑤当事人提出反诉的案件；

⑥其他不宜适用小额诉讼的程序审理的案件。

2. 管辖：限于基层人民法院及其派出法庭。

注意：除了普通法院外，海事法院可以审理海事、海商小额诉讼案件。

3. 审级制度的特殊性：一审终审 + 不得上诉 + 可以申请再审（《民诉法解释》第426条）

（1）对小额诉讼案件的判决、裁定，当事人以《民事诉讼法》第207条规定的事由向原审法院申请再审的，法院应当受理。申请再审事由成立的，应当裁定再审，组成合议庭进行审理。作出的再审判决、裁定，当事人不得上诉。

（2）当事人以不应按小额诉讼案件审理为由向原审法院申请再审的，法院应当受理。理由成立的，应当裁定再审，组成合议庭审理。作出的再审判决、裁定，当事人可以上诉。

避坑指南

小额诉讼只能向原审法院申请再审；申请再审的事由不同，决定了再审裁判可否上诉。

实战演练（2016年卷三第81题）**李某诉谭某返还借款一案，M市N区法院按照小额诉讼案件进行审理，判决谭某返还借款。判决生效后，谭某认为借款数额远高于法律规定的小额案件的数额，不应按小额案件审理，遂向法院申请再审。法院经审查，裁定予以再审。关于该案再审程序适用，下列哪些选项是正确的？**[1]

A. 谭某应当向M市中级法院申请再审

B. 法院应当组成合议庭审理

C. 对作出的再审判决当事人可以上诉

D. 作出的再审判决仍实行一审终审

4. 法院的告知义务：法院受理小额诉讼案件，应当向当事人告知该类案件的审判组织、一审终审、审理期限、诉讼费用交纳标准等相关事项。

5. 举证和答辩举证

（1）举证期限由法院确定，也可由当事人协商一致并经法院准许，但一般不超过7日；

（2）被告要求书面答辩的，法院可以在征得其同意的基础上合理确定答辩期间，但最长不得超过15日；

（3）当事人到庭后表示不需要举证期限和答辩期间的，法院可立即开庭审理。

6. 管辖权异议

当事人对小额诉讼案件提出管辖异议的，法院应当作出裁定，裁定一经作出即生效。

避坑指南

普通程序中对驳回起诉、管辖权异议的裁定可以上诉；小额诉讼中驳回起诉、管辖权异议的裁定一审终审。

---

〔1〕答案：BC。小额诉讼案件申请再审的，应当向原审法院（N区法院）申请再审。因此，选项A的说法错误。审理再审案件应当组成合议庭。因此，选项B的说法正确。小额诉讼案件实行一审终审，不得上诉、可以再审。但需要注意的是，申请再审的事由不同时，作出的再审判决的法律效力也有所不同。谭某认为借款数额远高于法律规定的小额案件的数额，不应按小额案件审理，以不应适用小额诉讼程序审理案件为由申请再审的，作出的再审判决可以上诉。因此，选项C的说法正确，选项D的说法错误。

7. 程序转换："小转简"或"小转普"

（1）因当事人申请增加或者变更诉讼请求、提出反诉、追加当事人等，致使案件不符合小额诉讼案件条件的，应当适用简易程序的其他规定审理；

（2）因当事人申请增加或者变更诉讼请求、提出反诉、追加当事人等，致使案件不符合小额诉讼案件的条件，但应当适用普通程序审理的，裁定转为普通程序。

注意：转为传统简易程序或普通程序前，双方当事人已确认的事实，可以不再进行举证、质证。

（3）当事人的程序选择权与异议权

当事人认为案件适用小额诉讼的程序审理违反法律规定的，可以向人民法院提出异议。法院对当事人提出的异议应当审查，异议成立的，应当适用简易程序的其他规定审理或者裁定转为普通程序；异议不成立的，裁定驳回。

8. 法院适用小额诉讼的程序审理案件，可以一次开庭审结并且当庭宣判。

9. 小额诉讼程序的审限：2 个月 +1 个月（特殊情况且本院院长批准）

法院适用小额诉讼的程序审理案件，应当在立案之日起 2 个月内审结。有特殊情况需要延长的，经本院院长批准，可以延长 1 个月。

10. 裁判文书可以简化：主要记载当事人基本信息、诉讼请求、裁判主文等内容。

实战演练（2022 年真题网络回忆版）**阿爽起诉阿牛返还借款 8 万元，受诉法院所在地的省级上年度就业人员平均工资数是 10 万元，阿爽和阿牛均同意适用小额程序。诉讼中，阿牛认为阿爽也存在违约行为，于是提出反诉，要求阿爽支付违约金 9 万元。关于本案，下列选项中说法正确的有？**[1]

A. 如果阿爽和阿牛均同意，法院可以继续适用小额诉讼程序审理

B. 法院应当将案件转为普通程序审理

C. 法院不得受理阿牛的反诉，告知其另行起诉

D. 法院不得继续适用小额诉讼程序进行审理

（二）小额诉讼程序与传统型简易程序

1. 适用范围上的重合：凡是能够适用小额诉讼程序的案件必然是简单的民事案件，但并非所有的简单的民事案件均可适用小额诉讼程序。

2. 简易程序中其他体现简易性、简便性的规定，也适用于小额诉讼程序。例如，可以口头起诉、当即审理、用简便方式传唤当事人和证人、送达诉讼文书、审理案件、由审判员一人独任审理以及不受法庭调查、法庭辩论程序的限制等规定。

---

〔1〕 答案：D。本案中，开始时经过双方当事人同意，适用小额诉讼程序审理的做法是合法的。但在诉讼中，阿牛提出了反诉，则案件不得继续适用小额诉讼程序，无论当事人是否同意。因此，选项 A 的说法错误，选项 D 的说法正确。《民诉法解释》第 278 条第 1、2 款规定："因当事人申请增加或者变更诉讼请求、提出反诉、追加当事人等，致使案件不符合小额诉讼案件条件的，应当适用简易程序的其他规定审理。前款规定案件，应当适用普通程序审理的，裁定转为普通程序。"本案中，阿牛提出反诉导致无法继续适用小额诉讼程序，此时可能转为简易程序，也可能转为普通程序，而不是应当转为普通程序。因此，选项 B 的说法错误。小额诉讼中可以直接提出反诉。因此，选项 C 的说法错误。

串讲小课堂

1. 司法资源属于公共资源，可以要的更少，但不能多吃多占：当事人可以将本应由基层法院适用普通程序审理的案件，约定用简易程序；但不能将法定应当适用简易程序的案件，约定适用普通程序。

2. 在简易程序中，法院可以用任何灵活的方式发送开庭通知，但如果不能确认当事人已经收到，则不能产生不利的法律后果。

3. 民事公益诉讼、代表人诉讼、第三人撤销之诉、执行异议之诉、非讼案件，均不得适用简易程序。

4. 传统型简易程序的审限——3+1；小额诉讼程序的审限——2+1。

5. 小额诉讼程序的适用范围：法定适用+约定适用+不得适用。

6. 小额诉讼程序案件不得上诉，可以申请再审，作出的再审裁判原则上仍然一审终审。但如果申请再审的理由是案件根本就不该用小额诉讼程序审理，则作出的再审裁判可以上诉。

7. 小额诉讼的程序转换：小额转简易；小额转普通。

8. 小额诉讼程序可以简化裁判文书：主要记载当事人的基本信息、诉讼请求、裁判主文。

第十一讲

第二审程序

思维导图

- 二审程序
  - 上诉的条件：上诉人与被上诉人的确定
  - 审理范围与审理方式：可以不开庭审理的条件和情形
  - 二审中的四种调解
  - 撤诉：撤回起诉（3种）+撤回上诉（2种）
  - 二审案件的裁判方式（4种）
  - 重复起诉：两同说+三同说

考点概览

上诉的提起与受理	提起上诉的条件；上诉人与被上诉人的确定
二审撤诉	撤回上诉；二审中撤回起诉
上诉案件的审理	审理范围：围绕上诉请求；事实审＋法律审
	审理方式：开庭审理为原则、不开庭审理为例外
	二审中调解的四类特殊情形：调解先行＋审级利益保护
	二审案件的裁判：四类型
重复起诉	“三同说”“两同说”

一、上诉的提起与受理

（一）当事人提起上诉的条件

1．必须有合格的上诉人和被上诉人

（1）无独三附条件的享有上诉权：有责就有权，无责就无权；

（2）可以成为二审中被上诉人的主体：一审程序中的原告、被告、共同诉讼人、有独立请求权的第三人和无独立请求权的第三人等。

【例1】2022年8月6日，甲在“高上洋”购物广场购买了一台由A公司生产的电动足浴盆，在使用过程中，甲发现该足浴盆不仅功能与产品说明书不符，且温控设备经常失灵，导致甲在使用的过程中被烫伤。甲遂将A公司诉至法院，要求其承担侵权损害赔偿责任，A公司答辩时称，该足浴盆之所以温控失灵，是因为向其提供电子操控板的B公司未能按照合同的约定履行其供货义务，法院遂通知B公司作为本案的无独立请求权第三人参加诉讼。经过审理，一审法院以事实不清、证据不足为由，判决驳回原告甲的诉讼请求，甲对该裁判结果不服并提起上诉，此时可以将B公司列为被上诉人，但在未被判决承担义务的情形下，B公司无权提出上诉。

【例2】若上述案件中，一审法院判令由A公司独立承担侵权损害赔偿责任，A公司不服而提出上诉，那么可否将B公司列为被上诉人？

答案：不能，因为本案的诉讼标的是A公司与甲之间的侵权损害赔偿法律关系。

2. 实质要件：依法允许上诉的判决、裁定

（1）不得上诉的判决（一审终审）：最高人民法院作出的一审判决；法院适用特别程序、督促程序、公示催告程序作出的判决；小额诉讼程序作出的判决。

（2）可以上诉的裁定：不予受理、驳回起诉、管辖权异议的裁定。

（3）调解书不得上诉。

3. 时限要件：必须在法定的上诉期限内提出上诉

（1）对判决的上诉期限：判决书送达之日起15日内。

（2）对裁定的上诉期：裁定书送达之日起10日内。

注意：上诉期间从送达后的第二日开始计算；当事人分别收到裁判文书的时间不一致的，以各自收到的时间计算。

4. 不得越级上诉，也不得通过协议管辖来约定第二审案件的管辖

【例1】陈某与A保险公司合同纠纷一案，一审由北京市西城区人民法院审理并作出一审判决，A公司对此判决结果不服并打算上诉，此时其能否向北京市高级人民法院提交上诉状并请求其对该案进行二审？

答案：不能。我国原则上不允许越级上诉，二审法院原则上应当是一审法院的上一级法院，本案中的二审法院应当是北京市第一中级人民法院。

【例2】甲与乙因建材合同的变更问题发生纠纷并诉至法院，在重庆市江北区法院作出一审判决后，甲与乙对该判决均不服并达成协议，约定该案的二审由重庆市高级人民法院管辖，该约定是否有效？

答案：无效。因为协议管辖仅适用于第一审案件，且不得违反级别管辖的相关规定。

5. 必须递交上诉状：书面形式

（1）不同于一审普通程序中以书面起诉为原则、口头起诉为例外，上诉一律须为书面形式。

（2）虽递交上诉状，但未在指定的期限内交纳上诉费的，按自动撤回上诉处理。

【例】A公司为了提升企业形象，准备举办一场联谊酒会，遂聘请“前线”策划公司为联谊酒会提供主题策划和会场布置。后双方因成本计算、价款支付等问题发生纠

纷，“前线”策划公司诉至法院，请求判令A公司向其支付剩余的款项12万元。经审理，一审法院判决A公司向“前线”公司支付剩余款项3万元。在一审判决送达之后的第10日，A公司的诉讼代理人口头表示要求上诉，但未提交上诉状；“前线”策划公司在收到一审判决书后的第三天即向原审法院提交了上诉状。本案中，如何确定上诉人与被上诉人？

答案：上诉人是“前线”策划公司，被上诉人是A公司。

实战演练 **（2019年真题网络回忆版）A区法院判决汪某偿还程某借款本金及利息5万元。汪某不服提交上诉状后，A区法院也发现原判决利息计算存在错误，遂连同案卷材料及意见报送到B市中级人民法院。但汪某未按法院通知确定的时间缴纳上诉费。下列说法中正确的是？**[1]

A. B市中级法院应按照二审程序审理

B. 法院应按撤回上诉处理

C. B市中级法院应裁定发回一审重审

D. A区法院应启动审判监督程序

（二）确定上诉人与被上诉人的一些特殊情形

1. 双方当事人和第三人都提出上诉的，均列为上诉人。法院可以依职权确定第二审程序中当事人的诉讼地位。

2. 必要共同诉讼中上诉人与被上诉人的不同确定方式

（1）上诉仅对与对方当事人之间权利义务分担有意见，不涉及其他共同诉讼人利益的，对方当事人为被上诉人，未上诉的同一方当事人依原审诉讼地位列明；

（2）上诉仅对共同诉讼人之间权利义务分担有意见，不涉及对方当事人利益的，未上诉的同一方当事人为被上诉人，对方当事人依原审诉讼地位列明；

（3）该上诉对双方当事人之间以及共同诉讼人之间权利义务承担有意见的，未提出上诉的其他当事人均为被上诉人。

解题窍门 享有上诉权并提出上诉的人为上诉人，上诉人对与谁之间的权利分担有意见的，谁为被上诉人，其他当事人依原审诉讼地位列明即可。

【例1】 甲向乙借款15万元，由丙做保证人，后甲无力偿还借款，乙遂将甲和丙作为共同被告诉至法院。一审法院判决丙先偿付该借款，丙不服，提起上诉，主张其仅仅是一般保证人，应当由甲先来偿付借款。如何确定本案中的上诉人和被上诉人？

答案：丙为上诉人，甲为被上诉人，乙按原审诉讼地位列明即原审原告。本案中丙仅仅对其与甲之间的责任分担有异议，即对内有意见、对外没意见，因此乙按原审地位列明即可。

【例2】 某小区业主甲、乙、丙、丁与S物业公司因物业服务合同的履行问题发生争议，四位业主将S物业公司诉至法院，法院合并审理并作出一审判决，其中甲和乙对此

[1] 答案：BD。

判决不服，在收到一审判决书的第15日提起上诉，二审法院在开庭审理前将丙和丁追加为上诉人，二审法院的做法是否正确？

答案：错误。本案中四位业主属于普通共同诉讼人，是可分之诉，其各自享有独立的上诉权，只要其没有主动行使诉权，法院就不得追加。

实战演练 （2017年卷三第44题）甲、乙、丙三人共同致丁身体损害，丁起诉三人要求赔偿3万元。一审法院经审理判决甲、乙、丙分别赔偿2万元、8000元和2000元，三人承担连带责任。甲认为丙赔偿2000元的数额过低，提起上诉。关于本案二审当事人诉讼地位的确定，下列哪一选项是正确的？[1]

A. 甲为上诉人，丙为被上诉人，乙为原审被告，丁为原审原告

B. 甲为上诉人，丙、丁为被上诉人，乙为原审被告

C. 甲、乙为上诉人，丙为被上诉人，丁为原审原告

D. 甲、乙、丙为上诉人，丁为被上诉人

（三）提起上诉的程序

当事人提起上诉，上诉状原则上应当通过原审人民法院提出，也可以直接向第二审人民法院上诉。

1. 若当事人向原审法院提交上诉状：原审法院收到上诉状后，应当在5日内将上诉状副本送达对方当事人，对方当事人在收到之日起15日内提出答辩状。法院应当在收到答辩状之日起5日内将副本送达上诉人。对方当事人不提出答辩状的，不影响法院审理。原审法院收到上诉状、答辩状后，应当在5日内连同全部案卷和证据，报送到第二审法院。

2. 若当事人直接向第二审法院提交上诉状：第二审人民法院应当在5日内将上诉状移交原审人民法院。

原理点睛

原审法院对当事人的上诉不进行审查，因为上诉的立案审查权属于第二审法院。原审法院仅仅是协助二审法院完成相应的诉状送达工作和案卷移送工作。

实战演练 （2021年真题网络回忆版）锦虹公司诉得利公司买卖合同纠纷案，A市B区法院一审判决锦虹公司胜诉，得利公司不服一审判决，通过B区法院提起上诉。B区法院收到上诉状后，发现得利公司已经超过了法定上诉期限，B区法院的下列处理方式中，正确的有？[2]

A. 不受理得利公司的上诉状

B. 裁定驳回得利公司的上诉

C. 报请A市中级法院裁定驳回得利公司的上诉

D. 向A市中级法院移送案卷

---

〔1〕 答案：A。按照之前讲的解题窍门，享有上诉权并提出上诉的人为上诉人，上诉人对与谁之间的权利分担有意见的，谁为被上诉人，其他当事人依原审诉讼地位列明即可。本案中甲提出了上诉，因此甲是上诉人，其认为丙赔偿2000元的数额过低，即仅对丙有意见，因此只将丙列为被上诉人，乙和丁按照原审中诉讼地位列明即可。

〔2〕 答案：D。

二、二审中的撤诉：撤回上诉＋撤回起诉

（一）申请撤回上诉的条件

1. 主体要件：有权申请撤回上诉的主体限于上诉人、上诉人的法定代理人，被上诉人无此权限。

2. 当事人仅享有撤回上诉的申请权，是否准许撤回，由法院享有最终的裁定权。法院对当事人的申请进行审查后，若认为一审判决确有错误，或者当事人之间恶意串通损害国家利益、社会公共利益、他人合法权益的，不应准许。

（二）撤回上诉的不同时间及相应后果

1. 在上诉期内撤回上诉：之后不得再次上诉；但判决是否生效需取决于其他当事人在上诉期内是否上诉。

2. 在二审审理过程中撤回上诉：法院裁定准许后，若无其他上诉人，则一审判决即生效。

（三）二审程序中原审原告申请撤回起诉的条件

1. 其他当事人同意；

2. 不损害国家利益、社会公共利益、他人合法权益。

同时满足上述两项条件时，法院可以准许；准许撤诉的，应当一并裁定撤销一审裁判。

注意：原审原告在第二审程序中撤回起诉后重复起诉的，法院不予受理。

实战演练（2017年卷三第45题）张某诉新立公司买卖合同纠纷案，新立公司不服一审判决提起上诉。二审中，新立公司与张某达成协议，双方同意撤回起诉和上诉。关于本案，下列哪一选项是正确的？[1]

A. 起诉应在一审中撤回，二审中撤回起诉的，法院不应准许

B. 因双方达成合意撤回起诉和上诉的，法院可准许张某二审中撤回起诉

C. 二审法院应裁定撤销一审判决并发回重审，一审法院重审时准许张某撤回起诉撤诉

D. 二审法院可裁定新立公司撤回上诉，而不许张某撤回起诉

撤诉

【表】撤诉：撤回起诉＋撤回上诉

—	一审中撤回起诉	二审中撤回起诉	再审中撤回起诉
条件	自愿、合法＋法院准许	其他当事人同意且不损害“三益”[2]	
法律后果	可以再起诉	不得再次起诉	

〔1〕答案：B。
〔2〕“三益”是国家利益、社会公共利益、他人合法权益的简称。

一	上诉期间	二审程序中
撤回上诉	不得再上诉＋原审裁判尚未生效	如果撤回上诉的人是案件唯一的上诉人，则原审裁判生效

三、上诉案件的审理

（一）二审法院对上诉案件的审理范围

1. 第二审人民法院对上诉请求的有关事实认定和适用法律进行审查。

（1）二审以当事人的上诉请求为其审理范围，其既是事实审，又是法律审。

（2）例外：一审判决违反法律禁止性规定，或者损害国家利益、社会公共利益、他人合法权益时，不受上诉审理范围的限制。

实战演练（2017年卷三第82题）朱某诉力胜公司商品房买卖合同纠纷案，朱某要求判令被告支付违约金5万元；因房屋质量问题，请求被告修缮，费用由被告支付。一审法院判决被告败诉，认可了原告全部诉讼请求。力胜公司不服令其支付5万元违约金的判决，提起上诉。二审法院发现一审法院关于房屋有质量问题的事实认定，证据不充分。关于二审法院对本案的处理，下列哪些说法是正确的？〔1〕

A. 应针对上诉人不服违约金判决的请求进行审理

B. 可对房屋修缮问题在查明事实的情况下依法改判

C. 应针对上诉人上诉请求所涉及的事实认定和法律适用进行审理

D. 应全面审查一审法院对案件的事实认定和法律适用

2. 被上诉人在答辩状中提出的请求，可以不予审查。

【例】丁良与吴梅交通事故损害赔偿纠纷案的一审判决作出后，丁良在法定上诉期限内向原审法院提交了上诉状。在二审程序中，吴梅在其提交的答辩状中称，自己也想上诉，但是因为工作太忙且无力负担律师费用，而没能在上诉期内提交上诉状，同时提出重新申请鉴定的请求。此时吴梅可否申请顺延上诉期限？二审法院是否必须审查吴梅在二审中提出的请求？

答案：不能申请顺延上诉期限，因为其不满足不可抗力等正当理由这一条件。吴梅作为本案中的被上诉人，其在答辩状中提出的请求，法院可以不予审查。

3. 二审中的禁反言：当事人在第一审程序中实施的诉讼行为，在第二审程序中对该当事人仍具有拘束力。当事人推翻其在第一审程序中实施的诉讼行为时，法院应当责令其说明理由。理由不成立的，不予支持。

（二）二审案件的审理方式

1. 二审案件以开庭审理为原则、不开庭审理为例外。

---

〔1〕 答案：AC。二审法院的审理范围原则上限于上诉人的上诉请求，第二审法院应当对当事人上诉请求所涉及的事实认定问题和法律适用问题进行审理。本案中，二审法院在上诉请求范围之外，发现一审法院关于房屋有质量问题的事实认定存在证据不充分的问题，但并不涉及违反法律禁止性规定，或者损害国家利益、社会公共利益、他人合法权益等情形。因此，二审法院的审理范围不得超出上诉人的上诉请求。故选项A的说法正确，选项B、D的说法错误。第二审人民法院对上诉请求的有关事实和适用法律进行审查，因此选项C的说法正确。

（1）二审可以不开庭审理的条件（须同时满足）：经过阅卷、调查和询问当事人；且没有提出新的事实、证据或理由；且合议庭认为不需要开庭审理。

注意：①如果当事人上诉时提出了新的事实、证据或者理由，则第二审人民法院必须开庭审理。

②“可以不”≠“一律不”，即使同时符合上述三项条件的案件，也可以开庭审理。

（2）二审法院审理上诉案件可以不开庭的具体情形

①不服不予受理、管辖权异议和驳回起诉裁定的；

②当事人提出的上诉请求明显不能成立的；

③原判决、裁定认定事实清楚，但适用法律错误的；

④原判决严重违反法定程序，需要发回重审的。

【例】甲与乙因写字楼租用协议发生纠纷而诉至法院，一审判决作出后，双方均不服并提起上诉，甲在提交上诉状的同时，向法院提交了一份双方有关租用时间的补充协议，二审法院在进行阅卷、调查并对甲和乙进行询问后，认为不需要开庭审理，遂采用不开庭审理的方式对案件进行了二审。法院的做法是否正确？

答案：错误。因为本案中上诉人提出了新的证据，应当开庭审理。

2. 审理地点：第二审人民法院审理上诉案件，可以在本院进行，也可以到案件发生地或者原审人民法院所在地进行。

（三）二审案件的调解与和解

1. 二审中的调解结案：一律须制作调解书

（1）双方当事人调解达成协议的，在二审程序中一律要求制作调解书，因为该调解书影响到第一审裁判的效力；而一审程序中有一些案件则不需要制作调解书，只需将协议内容记入笔录即可。

【例】王五与赵六借款纠纷案的二审中，双方达成了调解协议，被上诉人王五当场将欠款付清，此时法院仍应当制作调解书，因为二审法院的调解结果除解决纠纷外，还具有对一审法院的判决效力发生影响的功能。

（2）二审调解书送达后，原审人民法院的判决即视为撤销。

2. 二审中调解的一些特殊情形：调解先行 + 审级利益保护

（1）一审“漏判”时的调解：对当事人在一审中已经提出的诉讼请求，原审人民法院未作审理、判决的，第二审人民法院可以根据当事人自愿的原则进行调解，调解不成的，发回重审。

【例】个体工商户刘某承包了一个鱼塘，经营垂钓等“农家乐”项目，后因附近的F化工厂违规排放污水，导致刘某鱼塘中价值8万元的鱼苗全部死亡，并导致其他“农家乐”项目也因此关张。刘某将F化工厂诉至法院，要求其承担侵权损害赔偿责任11万元，并立即拆除安装在其鱼湖附近的排污口。一审法院对该案进行审理后，判决F工厂赔偿刘某11万元，但对于要求拆除排污口的诉讼请求未予处理。此时二审法院可以根据自愿原则对该漏判的诉讼请求进行调解，调解不成的，发回重审。

（2）一审“漏人”时的调解：必须参加诉讼的当事人或者有独立请求权的第三人，

在第一审程序中未参加诉讼，第二审法院可以根据当事人自愿的原则予以调解；调解不成的，发回重审。发回重审的裁定书不列应当追加的当事人。

【例】二审法院在审理继承纠纷上诉案时，发现一审判决遗漏另一继承人甲。此时甲属于本案的共同原告，出现漏人的情形时，二审法院可以根据当事人自愿的原则予以调解；调解不成的，发回重审，发回重审的裁定书中不列甲。

二审中的特殊调解

（3）在第二审程序中，原审原告增加独立的诉讼请求或原审被告提出反诉的，第二审人民法院可以根据当事人自愿的原则就新增加的诉讼请求或反诉进行调解，调解不成的，告知当事人另行起诉。双方当事人同意由第二审人民法院一并审理的，第二审法院可以一并裁判。

（4）一审判决不准离婚的案件，上诉后，第二审人民法院认为应当判决离婚的，可以根据当事人自愿的原则，与子女抚养、财产问题一并调解，调解不成的，发回重审。双方当事人同意由第二审人民法院一并审理的，第二审人民法院可以一并裁判。

避坑指南

在“漏人”和“漏判”的情况下，不允许双方当事人合意放弃审级利益，调解不成的，只能发回重审。

3. 二审中的诉讼和解：三种选择

（1）请求法院对双方达成的和解协议进行审查并制作调解书结案。

（2）申请撤回上诉：当事人不履行和解协议的，可以申请法院执行一审裁判。

（3）申请撤回起诉：没有留下执行依据，之后也不得对原纠纷再次起诉。

【指导案例链接】最高法指导案例 2 号“吴梅诉四川省眉山西城纸业有限公司买卖合同纠纷案”：民事案件二审期间，双方当事人达成和解协议，人民法院准许撤回上诉的，该和解协议未经人民法院依法制作调解书，属于诉讼外达成的协议。一方当事人不履行和解协议，另一方当事人申请执行一审判决的，人民法院应予支持。

实战演练 （2018 年真题网络回忆版）大山公司诉梧桐公司返还货款及迟延履行期间的利息，法院一审判决梧桐公司支付货款 230 万元和利息 20 万元，梧桐公司不服提起上诉，之后双方达成和解，约定梧桐公司 1 个月内支付货款 200 万元，大山公司放弃剩余货款及利息，梧桐公司撤回上诉，和解获得法院批准。但梧桐公司并未足额支付货款，大山公司的救济方式正确的是?[1]

A. 申请对一审判决强制执行

B. 申请法院执行和解协议

C. 申请恢复二审审理程序

D. 申请依据和解协议做调解书

---

[1] 答案：A。双方当事人在二审中达成和解协议并撤回上诉的，在当事人不履行和解协议时，可以申请法院对一审判决强制执行。选项 A 的说法正确。和解协议本质上属于民事合同，因此没有执行力。选项 B 的说法错误。撤回上诉之后，二审程序即告结束，无法恢复审理。选项 C 的说法错误。在达成和解协议后，当事人已经选择了撤回上诉，就无法再申请依据和解协议做调解书。选项 D 的说法错误。

四、二审案件的裁判

（一）驳回上诉，维持原判决、裁定：直接维持或纠正瑕疵后维持

1. 原判决认定事实清楚，适用法律正确的，判决驳回上诉，维持原判。

2. 原裁定认定事实清楚，适用法律正确的，裁定驳回上诉，维持原裁定。

3. 原判决、裁定认定事实或者适用法律虽有瑕疵，但裁判结果正确的，第二审法院可以在判决、裁定中纠正瑕疵后，依法予以维持。

（二）依法改判、撤销或者变更：有错必改

1. 原判决认定事实错误或者适用法律错误的，应当以判决的方式依法改判。

2. 原裁定认定事实错误或者适用法律错误的，应当以裁定的方式撤销或者变更。

（1）不予受理裁定有错误的，应在撤销原裁定的同时指令第一审法院立案受理；

（2）驳回起诉的裁定有错误的，应在撤销原裁定的同时指令第一审法院进行审理。

（三）基本事实认定不清：可以改判，也可以发回重审

1. 原判决认定基本事实不清，可以查清事实后改判。

注意：在一般事实不清的情况下，第二审人民法院应直接查清事实后改判，只有在基本事实不清的情况下，第二审人民法院才可以考虑在查清事实后改判与发回重审之间选择。基本事实，是指用以确定当事人主体资格、案件性质、民事权利义务等对原判决、裁定的结果有实质性影响的事实。

2. 原判决认定基本事实不清的，可以裁定撤销原判决，发回原审法院重审。

（四）严重的程序违法：只能裁定撤销原判，发回重审

原判决遗漏当事人或者违法缺席判决等严重违反法定程序的，应当裁定撤销原判决、发回原审法院重审。

1. 严重的程序违法只能通过发回重审来进行救济，其具体情形包括：违反回避规定；审判组织的组成不合法；无诉讼行为能力人未经法定代理人代为诉讼；违法剥夺当事人辩论权。

2. 二审发回重审的案件，当事人申请变更、增加诉讼请求或者提出反诉，第三人提出与本案有关的诉讼请求的，法院可以合并审理。

提示：发回重审限一次——原审人民法院对发回重审的案件作出判决后，当事人提起上诉的，第二审人民法院不得再次发回重审。

原理点睛

救济程序错误的唯一途径就是让程序重来一次。严格限制发回重审的适用，以避免“终审不终”。

【例】甲以乙和丙实施危险行为为由，将二者诉至法院，一审法院审理后，判决乙和丙共同向甲承担侵权损害赔偿责任。两被告不服并提出上诉，二审法院审查后认为，一审法院认定主要事实不清，遂裁定撤销原判、发回重审。一审法院另行组成合议庭进

行再审后，仍旧支持了原告甲的诉讼请求，乙和丙再次提起上诉，二审法院审查后认为，一审法院对主要事实的认定仍旧不清，此时二审法院不得再次发回重审，只能自己查清案件事实并依法改判。

记忆胶囊 二审案件的裁判方式

驳回上诉、维持原判决或裁定	直接维持：一审认定事实清楚、适用法律正确
	纠正瑕疵后维持：一审认定事实或适用法律有瑕疵，但裁判结果正确
有错必改	认定事实或适用法律错误：应当依法改判或撤销、变更原裁定
可改判、可发回	认定基本事实不清
只能发回重审	严重的程序违法：漏人、违法缺席判决、审判组织不合法、违反回避制度、未经法定诉讼代理、违法剥夺辩论权

实战演练（2019年真题网络回忆版）一审法院作出判决后，当事人不服提出上诉，在二审案件的审理过程中，一审法院发现原一审判决存在错误。关于本案的处理，下列说法中正确的是？[1]

A. 一审法院应该裁定补正相关错误

B. 二审法院应当将案件发回一审法院重审

C. 二审法院应当向上级法院移送全部案卷

D. 一审法院可以提出一审判决有错误的意见，报送二审法院

五、二审程序的审限与裁判效力

（一）二审程序的审限

1. 针对判决上诉的案件：二审立案之日起3个月+特殊情况延长（本院院长批准）。

2. 针对裁定上诉的案件：二审立案之日起30日内（不可变期间）。

记忆胶囊 民事诉讼程序的审限

（1）一审普通程序：6个月+6个月（院长批准）+X（上级批）。

（2）传统型简易程序：3个月+1个月。

（3）小额诉讼程序：2个月+1个月。

（4）二审中判决：3个月+X（院长批准）；二审中裁定：30日。

（二）二审裁判的效力

1. 不得再次上诉：二审裁判为终审裁判，一经送达当事人，即发生法律效力，当事人不得对裁判再行上诉。

2. 执行力保障：具有给付内容的生效裁判，如果义务人拒不履行义务，该裁判具有强制执行力。

---

〔1〕答案：D。依据《民诉法解释》第242条的规定："一审宣判后，原审人民法院发现判决有错误，当事人在上诉期内提出上诉的，原审人民法院可以提出原判决有错误的意见，报送第二审人民法院，由第二审人民法院按照第二审程序进行审理；当事人不上诉的，按照审判监督程序处理。"

3. 禁止重复起诉

（1）重复起诉的构成要件（须同时符合）："三同说""两同说"

①后诉与前诉的当事人相同；且②后诉与前诉的诉讼标的相同；且③后诉与前诉的诉讼请求相同，或者后诉的诉讼请求实质上否定前诉裁判结果。

重复起诉的识别

（2）重复起诉的法律后果：裁定不予受理；已经受理的，裁定驳回起诉，但法律、司法解释另有规定的除外。

提示：①裁判发生法律效力后，发生新的事实，当事人再次提起诉讼的，法院应当依法受理。

②裁定不予受理或驳回起诉的案件，一审撤诉或按撤诉处理的案件，再次起诉的，不构成重复起诉。

③二审或再审中撤回起诉后重复起诉的，法院不予受理。

原理点睛

（1）不得重复救济；（2）不得人为故意拆分请求，浪费司法资源，否则可能导致既判力的扩张。

【指导案例链接】最高法指导性案例第167号"北京大唐燃料有限公司诉山东百富物流有限公司买卖合同纠纷案"：代位权诉讼执行中，因相对人无可供执行的财产而被终结本次执行程序，债权人就未实际获得清偿的债权另行向债务人主张权利的，人民法院应予支持。

实战演练Ⅰ（2022年真题网络回忆版）甲起诉乙离婚，诉讼中经法院调解双方达成协议：甲抚养孩子，乙有探望权，后法院制作调解书结案。一年后，乙发现孩子学习成绩明显下降，于是起诉要求由自己来抚养孩子。下列选项中说法正确的有？[1]

A. 乙的起诉属于重复诉讼，法院不予受理

B. 乙的起诉属于确认之诉

C. 乙的起诉属于形成之诉

D. 乙提起的是一个新的诉讼，法院应当受理

实战演练Ⅱ（2023年真题网络回忆版）甲把乙撞伤，法院判决甲向乙赔偿10万元。一年后，乙腿疼加剧，经诊断系撞伤所致的后遗症，乙于是再次起诉甲，要求其赔偿5万元。此时法院应当如何处理乙的再次起诉？[2]

A. 属于产生既判力之前发生的事实，法院应当先行调解，调解不成的，告知乙另行起诉

B. 属于产生既判力之后发生的事实，告知乙申请再审

---

〔1〕答案：CD。

〔2〕答案：C。《民诉法解释》第248条规定："裁判发生法律效力后，发生新的事实，当事人再次提起诉讼的，人民法院应当依法受理。"本案中，法院判决甲向乙赔偿10万元，经过一年后，乙腿疼加剧，经诊断系撞伤所致的后遗症，为前诉判决生效后新发生的事实，乙据此可以再次起诉甲要求获得赔偿。因此，选项C正确。

C. 属于产生既判力之后发生的事实，法院应当受理起诉

D. 构成重复起诉，告知乙申请再审

串讲小课堂

1. 上诉条件：书面方式 + 上诉期内；无独三（无责就无权）；一审终审的案件均不得上诉。

2. 必要共同诉讼中上诉人和被上诉人的确定：享有上诉权并提出上诉的人为上诉人，上诉人对与谁之间的权利分担有意见的，谁为被上诉人，其他当事人依原审诉讼地位列明即可。

3. 二审中撤回起诉：原审原告 + 其他当事人同意且不损害“三益” + 不得再次起诉。

4. 二审案件的审理范围：围绕上诉请求；事实审 + 法律审。

5. 二审案件以开庭审理为原则，不开庭审理为例外。二审法院审理上诉案件可以不开庭的具体情形：(1) 不服不予受理、管辖权异议和驳回起诉裁定的；(2) 当事人提出的上诉请求明显不能成立的；(3) 原判决、裁定认定事实清楚，但适用法律错误的；(4) 原判决严重违反法定程序，需要发回重审的。

6. 二审中的四类特殊调解：调解先行 + 审级利益保护。

7. 二审案件的裁判方式：(1) 驳回上诉，维持原裁判；(2) 有错必改（事实错、法律错）；(3) 基本事实认定不清——可以改判或发回重审；(4) 严重的程序违法——只能发回重审。民诉领域发回重审限一次。

8. 重复起诉的构成要件（须同时符合）：(1) 后诉与前诉的当事人相同；(2) 后诉与前诉的诉讼标的相同；(3) 后诉与前诉的诉讼请求相同，或者后诉的诉讼请求实质上否定前诉裁判结果。

第十二讲
审判监督程序

思维导图

记忆窍门 三个对象＋三条路

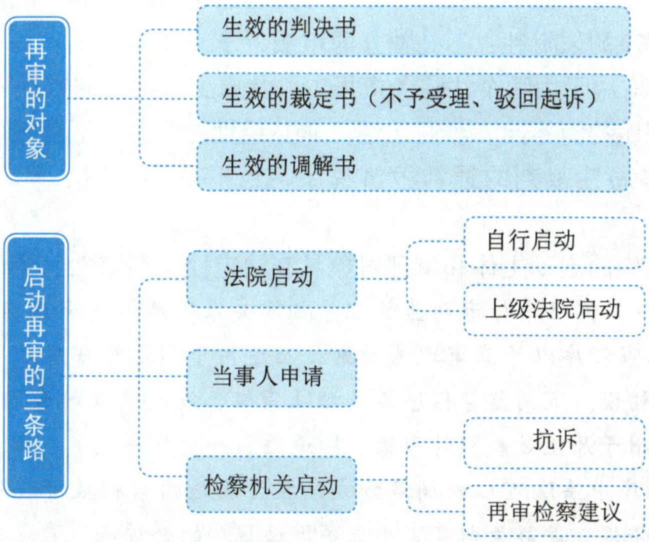

考点概览

基本原理	再审的性质和功能（特殊事后救济）；再审程序与二审程序
再审的对象	生效的判决书
	生效的裁定书：不予受理、驳回起诉
	生效的调解书
法院启动再审	本院启动再审
	上级法院启动再审
当事人申请再审	法定事由：十三种、四大类
	管辖法院；申请期限；法律效力
检察机关启动再审	抗诉与检察建议；法院救济先行、检察监督在后

续表

再审的审理程序	再审案件的审理法院与审理程序
	再审案件的审理范围与裁判方式

一、审判监督程序的性质及其对象

审判监督程序又称再审程序，是指对已经发生法律效力的判决、裁定、调解书，人民法院认为确有错误，对案件再行审理的程序。审判监督程序只是纠正生效裁判错误的法定程序，不是案件审理的必经程序。

（一）审判监督程序的特性

1. 再审程序属于特殊的事后救济：裁判的正确性 VS 裁判的终局性。

2. 审判监督程序的依附性：不是独立的审级，没有独立的审理程序，适用何种程序审理再审案件主要取决于由哪个法院负责再审以及原生效裁判的审理程序。

3. 审判监督程序的例外性、非通常性、非必经性："一事不再理"的例外，不同于二审这一针对非终局性裁判的通常救济程序，也不是第一审、第二审程序的继续和发展。

4. 审判监督程序的启动主体和审理对象具有法定性、特定性、多元性。

【例】以下有关二审程序与审判监督程序之间关系的理解是否正确？为什么？

（1）适用第二审程序以开庭审理为原则，而适用审判监督程序以书面审理为原则。

答案：该说法错误。审判监督程序不是独立审级，没有独立的专门程序，因此其审理程序和具体方式依附于原生效裁判的审级，即遵循第一审程序或第二审程序的审理方式。

（2）第二审程序中法院可以以调解方式结案，而适用审判监督程序不适用调解。

答案：该说法错误。调解原则贯穿于民事诉讼程序的全过程，自然包括审判监督程序。

（3）适用第二审程序作出的裁判是终审裁判，适用审判监督程序作出的裁判却未必是终审裁判。

答案：该说法正确。这同样源于其审理程序的依附性。

（二）审判监督程序的适用范围：再审的对象

1. 再审对象之一：已经生效的判决书

例外：（1）非讼程序不适用再审：特别程序（7 种）、公示催告程序、督促程序均不适用再审。

原理点睛

二审程序和再审程序是诉讼案件的救济机制，而不是非讼案件的救济机制。非讼程序的救济机制通常与其特性相适应，即非讼程序自带救济。诉讼程序与非讼程序的功能定位和制度设计均存在本质差异，切勿混淆。

（2）依照再审程序审理后维持原判的案件，当事人不得申请再审。

（3）判决解除婚姻关系的案件，不得申请再审。

提示：针对解除婚姻关系这一身份关系的终局判决，不得申请再审，但是当事人可以针对离婚案件中的财产分割问题申请法院再审。

①若涉及判决中已经分割的财产，对于符合再审条件的应立案再审；

②若涉及判决书中未作处理的夫妻共同财产，则告知当事人另行起诉。

【例】某“土豪”黄某起诉与妻子梁某离婚，经两审终审，法院最终判决准许二人离婚，同时对夫妻共同财产进行了分割。二审判决作出后，黄某即与年轻貌美的女秘书阿美登记结婚，梁某得知这一消息后十分气愤，遂向法院申请再审，请求法院改判不准许离婚，同时提出，其在二审结束后才发现黄某名下有一家酒吧也属于夫妻共同财产，要求对该酒吧的所有权进行分割。对于梁某的上述申请，法院应当如何处理？

答案：对于梁某针对解除婚姻关系的判决提出再审的申请，不属于再审的范围，法院不予受理；对于要求分割酒吧的申请，应告知当事人另行起诉。

2. 再审对象之二：已经生效的裁定书

可以再审的裁定书：不予受理、驳回起诉的裁定。

注意：管辖权异议的裁定可以上诉，但是不得再审。

3. 再审对象之三：符合法定情形的生效调解书

（1）法院：生效的调解书确有错误需要再审。

（2）当事人申请对调解书再审的事由：调解违反自愿原则或违反合法原则。

（3）检察机关监督调解书的事由：调解书损害国家利益、社会公共利益。

原理点睛

不同的主体针对调解书启动再审程序的具体事由不同。调解书损害他人合法权益，不是检察机关对调解书提出抗诉或检察建议的事由，因为检察机关对调解书进行监督的基础在于维护国家利益和社会公益。

【例】甲与乙融资租赁合同争议经法院调解结案，调解书生效后，检察机关在办理其他案件时发现该调解书可能损害案外第三人丙的权益，但并不损害国家利益和社会公共利益。在此情形下：（1）检察机关可否对该调解书提出抗诉？（2）法院可否对该调解书决定再审？（3）丙有何救济自己权益的途径？

答案：（1）检察机关只能对损害国家利益、社会公益的调解书提出抗诉，因此不能对本案中的调解书提出抗诉；（2）法院可以决定对该调解书决定再审，因为法院监督调解书的事由是确有错误；（3）丙可能选择的救济方式包括第三人撤销之诉、案外人申请再审以及执行异议制度，需根据具体情形判断符合哪种制度的适用条件。

二、审判监督程序的启动主体和方式

（一）人民法院启动审判监督程序

1. 本院自行启动再审

各级人民法院院长对本院已经发生法律效力的判决、裁定、调解书，发现确有错误，认为需要再审的，应当提交审判委员会讨论决定。

（1）程序要求：本院院长提交 + 审判委员会讨论决定。

注意：本院启动再审的最终决定主体是审判委员会，本院院长仅有提交的权限；换言之，需要院长提交与审判委员会决定两方面合力启动。

【例】某区法院院长发现本院作出的已经发生效力的判决书确有错误，需要再审，遂将该案提交本院审判委员会讨论，审判委员会讨论后认为不符合启动再审的条件，此时再审程序不能启动。

（2）事由：已生效的判决书、裁定书、调解书确有错误，需要再审。

2. 上级法院（包括最高法院）启动再审：该上级法院提审（谁启动、谁负责）。

（二）当事人申请再审

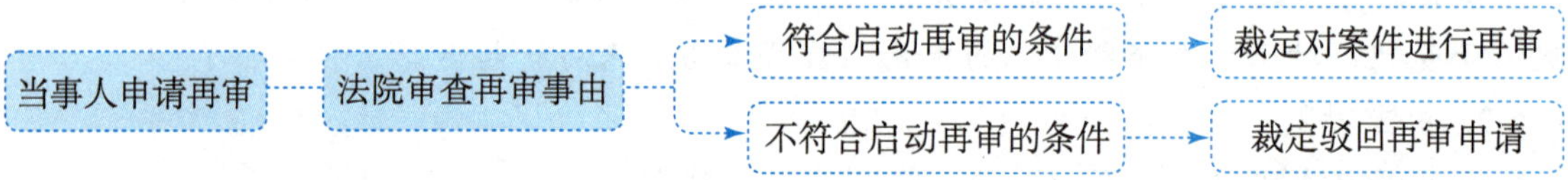

当事人死亡或者终止的，其权利义务承继者可以依法申请再审。判决、调解书生效后，当事人将判决、调解书确认的债权转让，债权受让人对该判决、调解书不服申请再审的，法院不予受理。

1. 当事人对判决和裁定申请再审的法定事由（13 种四大类）

（1）有新的证据，足以推翻原判决、裁定的。

“新证据”的判定：新的证据能够证明原判决、裁定认定基本事实或者裁判结果错误。

【例】A 公司诉 B 公司合同纠纷案，经法院审理后判决 B 公司败诉。此后，B 公司与 C 公司合并成立了 W 公司。在对 B 公司的财务档案等相关资料进行审核时，发现了一份对前述案件事实认定极为重要的证据，此时 W 公司可以主张有新的证据，向法院申请再审。

（2）原判决、裁定认定的基本事实缺乏证据证明的。

“基本事实”：对原判决、裁定的结果有实质影响，用以确定当事人主体资格、案件性质、具体权利义务和民事责任等主要内容所依据的事实。

（3）原判决、裁定认定事实的主要证据是伪造的。

【例】某医疗纠纷诉讼的二审裁判生效后，被判决承担赔偿责任的被告向法院申请再审，主张原告在审理中出具的鉴定意见在格式和签章方面有缺陷，这一主张不构成再审事由，因此不属于伪造证据而仅仅是证据有瑕疵，不构成推翻既判力的事由。

（4）原判决、裁定认定事实的主要证据未经质证的。

当事人对原判决、裁定认定事实的主要证据在原审中拒绝发表质证意见或者质证中未对证据发表质证意见的，不属于此处的“未经质证”的情形。

【例】A 饮料公司与 B 食品公司因某种运动饮品的发明专利发生纠纷，法院判决生效后，A 饮料公司向法院申请再审，理由是有关饮品配方是否相似的证据没有公开进行质证。该理由不符合再审的条件，其一，没有公开质证不等于未经质证；其二，涉及商业秘密的证据属于法定不公开质证的情形。因此，原审法院的做法并无不妥。

（5）对审理案件需要的主要证据，当事人因客观原因不能自行收集，书面申请人民法院调查收集，人民法院未调查收集的。

注意：监督对象是法院的违法不作为，如果法院依据当事人的书面申请进行调查收集后，因客观原因未能收集到该证据，则不属于再审的法定事由，即法院已经履行了其作为义务。

【例】王某与T公司劳动纠纷诉讼中，王某对一份保存在劳动管理部门的文档申请法院调取，法院收到申请后进行了调取，但由于劳动管理部门的原因而未能调取到。在本案判决生效后，王某可否以此为由申请再审？

答案：不能，因为法院已经履行了调取的义务，但非因自己的原因未能获取证据时，不属于再审的法定情形。

（6）原判决、裁定适用法律确有错误的。

具体情形：适用的法律与案件性质明显不符的；确定民事责任明显违背当事人约定或者法律规定的；适用已经失效或尚未施行的法律的；违反法律溯及力规定的；违反法律适用规则的；明显违背立法本意的。

（7）审判组织的组成不合法或者依法应当回避的审判人员没有回避的。

【例】某法院在审理上诉案件时由陪审员与审判员一同组成了合议庭，在该二审判决生效后，当事人可以申请再审，因为二审程序中一律不允许陪审员参与组庭。

（8）无诉讼行为能力人未经法定代理人代为诉讼或者应当参加诉讼的当事人，因不能归责于本人或者其诉讼代理人的事由，未参加诉讼的。

注意：如果法院依法作出了通知，而接收通知的当事人因为其自身或者其诉讼代理人的故意或者过失，没有按照通知要求在诉讼中出现并主张自身权利的，就要为自己的不当行为承担责任，不能以自己没有参加庭审为借口申请人民法院进行再审。

（9）违反法律规定，剥夺当事人辩论权利的。

具体情形：不允许当事人发表辩论意见；应当开庭审理而未开庭审理；违反法律规定送达起诉状副本或者上诉状副本，致使当事人无法行使辩论权利；违法剥夺当事人辩论权利的其他情形。

（10）未经传票传唤，缺席判决的。

（11）原判决、裁定遗漏或者超出诉讼请求的。

此处的“诉讼请求”包括一审诉讼请求、二审上诉请求，但当事人未对一审判决、裁定遗漏或者超出诉讼请求提起上诉的除外。

（12）据以作出原判决、裁定的法律文书被撤销或者变更的。

“法律文书”：发生法律效力的判决书、裁定书、调解书；发生法律效力的仲裁裁决书；具有强制执行效力的公证债权文书。

（13）审判人员在审理该案件时有贪污受贿、徇私舞弊、枉法裁判行为的。

注意：此处的枉法裁判行为须已经由生效刑事法律文书或者纪律处分决定确认。

记忆胶囊 当事人对判决和裁定申请再审的13种四大类法定事由：事实和证据问题＋法律问题＋程序问题＋司法品行问题。

2. 当事人申请再审的管辖法院

当事人对已经发生法律效力的判决、裁定，认为有错误的，可以向上一级法院申请再审；当事人一方人数众多或者当事人双方（原告和被告）均为公民的案件，也可以向原审法院申请再审。

当事人分别向原审法院和上一级法院申请再审且不能协商一致的，由原审法院受理。

避坑指南

再审中提及的“原审法院”，是指作出原生效裁判的法院。

【例】钱成与赵钢的借款合同纠纷由北京市朝阳区人民法院进行一审，判决作出后，赵钢提出上诉，经北京市一中院二审后作出了终审判决。钱成对终审判决不服，欲申请再审，此时其可以选择向北京市一中院申请再审，也可以选择向北京市高级人民法院申请再审，但是不得同时向两个法院申请再审，只能择其一。

实战演练 （2020年真题网络回忆版）**范某与张某的买卖合同纠纷，甲市A区法院经过审理作出一审判决，双方当事人均未上诉。判决生效后，范某以审判组织形式违法为由向甲市中级人民法院申请再审，张某以主要证据未经质证为由向甲市A区法院申请再审。关于法院对范某和张某的申请的处理，下列哪个选项是正确的？**[1]

A. 应当由甲市中级人民法院受理并审查再审申请

B. 应当由最先受理再审申请的法院进行审查

C. 应当由甲市中级人民法院裁定负责审查的法院

D. 应当协商前置，协商不成的，由甲市A区法院受理并审查再审申请

3. 当事人申请再审的期限

（1）当事人申请再审，应当在判决、裁定、调解书发生法律效力后6个月内提出。

（2）例外情形：当事人有权自知道或者应当知道之日起6个月内提出再审申请。

①有新的证据，足以推翻原判决、裁定的；②原判决、裁定认定事实的主要证据是伪造的；③据以作出原判决、裁定的法律文书被撤销或者变更的；④审判人员在审理该案件时有贪污受贿、徇私舞弊、枉法裁判行为的。

4. 法院不予受理当事人再审申请的法定情形

（1）再审申请被驳回后再次提出申请的；

（2）对再审判决、裁定提出申请的；

（3）在人民检察院对当事人的申请作出不予提出再审检察建议或者抗诉决定后又提出申请的。

在上述（1）、（2）情形中，法院应当告知当事人可以向检察院申请再审检察建议或

---

〔1〕答案：D。依据《民诉法解释》第377条的规定：“当事人一方人数众多或者当事人双方为公民的案件，当事人分别向原审人民法院和上一级人民法院申请再审且不能协商一致的，由原审人民法院受理。”本题中双方当事人均为公民，其中范某向上一级法院申请再审，张某向原审法院申请再审，此时应当由二人协商前置，无法协商一致的，应由原审法院即甲市A区法院受理并审查再审申请，因此选项D的说法正确，当选。

者抗诉，但因检察院提出再审检察建议或者抗诉而再审作出的判决、裁定除外。

5. 申请再审的效力和法律后果

（1）不停止原判决、裁定、调解书的执行。

（2）法院应当自受理再审申请之日起3个月内审查完毕，但公告期间、当事人和解期间等不计入审查期限。有特殊情况需要延长的，由本院院长批准。

（3）审查后的处理：符合法定情形的，裁定再审；不符合法定情形的，裁定驳回申请。驳回再审申请的裁定一经送达，即发生法律效力。

实战演练（2022年真题网络回忆版）**朱某和葛某的民间借贷纠纷，一审判决朱某向葛某支付本金及利息。朱某不服上诉，二审中葛某表示一审判决正确应该维持。经审判，二审法院维持原判。葛某之后表示一审判决利息计算存在错误要求再审。下列说法正确的是？**[1]

A. 葛某有再审利益，应裁定再审

B. 经法院院长同意，可以裁定再审

C. 经朱某同意，可以裁定再审

D. 葛某缺乏再审利益，浪费司法资源，违反诉讼诚信原则

（三）检察机关启动再审

1. 检察机关启动再审的法定情形

（1）针对生效判决、裁定启动再审的事由：与当事人申请再审的法定事由相同；

（2）针对生效调解书启动再审的事由：调解书损害国家利益、社会公共利益。

2. 检察机关启动再审的方式：监督手段的二元化

（1）抗诉："上抗下"模式

最高人民检察院对各级人民法院已经发生法律效力的判决、裁定，上级人民检察院对下级人民法院已经发生法律效力的判决、裁定，发现有《民事诉讼法》第211条规定情形之一的，或者发现调解书损害国家利益、社会公共利益的，应当提出抗诉。

例外：最高人民检察院可以进行"同级抗"。

（2）检察建议：再审检察建议+对人检察建议

①再审检察建议：地方各级人民检察院对同级人民法院已发生法律效力的判决、裁定，发现有《民事诉讼法》第211条规定的情形之一，或者发现调解书损害国家利益、社会公共利益时。

地方各级检察院向同级法院提出再审检察建议，应当同时满足以下条件：再审检察建议书和原审当事人申请书及相关证据材料已经提交；建议再审的对象为依照民事诉讼法和民诉法解释规定可以进行再审的判决、裁定；再审检察建议经该检察院检察委员会讨论决定。

---

〔1〕答案：D。最高法公报案例"王谦与卢蓉芳、宁夏建工集团房地产开发有限公司、第三人宁夏恒昌盛房地产开发有限公司民间借贷纠纷案"：一审胜诉或部分胜诉的当事人未提起上诉，且在二审中明确表示一审判决正确应予维持，在二审判决维持原判后，该当事人又申请再审的，因其缺乏再审利益，对其再审请求不应予以支持，否则将变相鼓励或放纵不守诚信的当事人滥用再审程序，导致对诉讼权利的滥用和对司法资源的浪费。

②对人检察建议：各级检察院对审判监督程序以外的其他审判程序中审判人员的违法行为，有权向同级法院提出检察建议。

【表】抗诉VS检察建议

—	抗诉	检察建议
相同点	均为民事检察监督原则的具体体现，是民事检察权的具体实现方式	
适用范围	《民事诉讼法》第211条、第219条规定的情形；适用范围小于检察建议	适用范围广于抗诉：凡是能够抗诉的情形，均可提出再审检察建议；各级检察院对审判监督程序以外的其他审判程序中审判人员的违法行为，有权向同级法院提出对人检察建议；针对法院行使执行权过程中的违法行为，可以提出执行检察建议
监督方式	除最高检外，须“上抗下”，不是同级监督	同级监督机制
效力	合法的抗诉必然启动再审程序	不具有启动再审程序的强制效力
弊端	程序较繁琐、成本高；易增加法、检之间的冲突	不必然启动再审程序，效力上主要依赖于法院的态度
特点	刚性监督、效力保障	柔性监督，沟通性、协商性，适用范围的广泛性

3. 当事人申请检察机关提出检察建议或抗诉

（1）当事人申请检察院抗诉或提出检察建议的前置程序：法院救济先行、检察监督在后。

当事人在下列情形下才可以申请检察机关提出抗诉或检察建议：①人民法院驳回再审申请的；②人民法院逾期未对再审申请作出裁定；③再审判决、裁定有明显错误。

注意：当事人不得再次向检察院申请检察建议或抗诉。

记忆胶囊 没找过法院不能找检察院；找法院和找检察院均仅限一次。

【例】王某与黄某加工承揽合同纠纷案，法院作出终审判决后，王某认为本案法律适用错误且违反了法定的回避制度，此时其可否直接向检察机关申请抗诉或提出检察建议？

答案：不能，须向法院申请再审前置。

（2）检察院对当事人的申请，应当在3个月内进行审查，作出提出或不提出检察建议或者抗诉的决定。人民检察院审查案件，应当听取当事人意见，必要时可以听证或者调查核实有关情况。

4. 检察机关的调查核实权

（1）人民检察院因履行法律监督职责提出检察建议或者抗诉的需要，可以向当事人或者案外人调查核实有关情况。

（2）人民检察院因履行法律监督职责向当事人或者案外人调查核实的情况，应当向法庭提交并予以说明，由双方当事人进行质证。

5. 民事检察监督权的法律效果

（1）检察院对已经发生法律效力的判决以及不予受理、驳回起诉的裁定依法提出抗诉的，法院应予受理，但适用特别程序、督促程序、公示催告程序、破产程序以及解除婚姻关系的判决、裁定等不适用审判监督程序的判决、裁定除外。

【化繁为简】 凡是不能再审的案件，当然也不能提出抗诉或再审检察建议。针对非讼案件，检察机关虽然不能提出抗诉或再审检察建议，但针对非讼程序中审判人员的违法行为，可以提出对人检察建议。

（2）再审检察建议的法律效力：检察院依法对有明显错误的再审判决、裁定提出抗诉或再审检察建议的，法院应予受理。法院收到再审检察建议后，应当组成合议庭，在三个月内进行审查，发现原判决、裁定、调解书确有错误，需要再审的，依法裁定再审并通知当事人；经审查，决定不予再审的，应当书面回复人民检察院。

实战演练 **（2014 年卷三第 80 题）就瑞成公司与建华公司的合同纠纷，某省甲市中院作出了终审裁判。建华公司不服，打算启动再审程序。后其向甲市检察院申请检察建议，甲市检察院经过审查，作出驳回申请的决定。关于检察监督，下列哪些表述是正确的？**[1]

A. 建华公司可在向该省高院申请再审的同时，申请检察建议

B. 在甲市检察院驳回检察建议申请后，建华公司可向该省检察院申请抗诉

C. 甲市检察院在审查检察建议申请过程中，可向建华公司调查核实案情

D. 甲市检察院在审查检察建议申请过程中，可向瑞成公司调查核实案情

【表】启动再审程序的“三条路”

	法院依职权启动再审	检察院抗诉或提出检察建议	当事人申请再审
对象	判决、裁定、调解书	判决、裁定、部分调解书	判决、裁定、部分调解书
时效	—	—	6 个月
启动方式	本院院长提交审判委员会讨论决定	抗诉书 检察建议书 （不必然启动再审）	书面申请
	上级法院决定		

〔1〕 答案：CD。当事人在下列情形下才可以申请检察机关提出抗诉或检察建议：①人民法院驳回再审申请的；②人民法院逾期未对再审申请作出裁定；③再审判决、裁定有明显错误。因此选项 A 中的同时申请，说法错误。选项 B 中不得再次向检察机关申请监督，因此选项 B 说法错误。

续表

	法院依职权启动再审	检察院抗诉或提出检察建议	当事人申请再审
启动事由	确有错误需要再审	判决、裁定：13 项事由 调解书：损害国家利益、社会公益	当事人：判决书、裁定书：13 项事由；调解书：违背自愿、合法原则 案外人：对判决标的物主张权利
受理法院	—	抗诉的受理法院是抗诉检察院的同级法院（上抗下） 检察建议：同级监督	原则上为上一级法院
提交材料	—	抗诉书	再审申请书、已生效的判决书、裁定书、调解书，身份证明及相关证据材料
启动后效力	1. 启动再审程序后，原裁判继续有效，是否撤销或变更原裁判取决于再审程序的最终审理结果 2. 以中止执行为原则，不中止执行为例外		

（四）一些特殊情形的处理方式

1. 撤回再审申请

（1）依申请撤回：法院对再审申请进行审查期间；

（2）按撤回再审申请处理：例如，申请再审人拒不接受询问等。

2. 再审中撤回起诉：一撤到底

一审原告在再审审理程序中申请撤回起诉，经其他当事人同意，且不损害国家利益、社会公共利益、他人合法权益的，法院可以准许。裁定准许撤诉的，应当一并撤销原判决。

注意：一审原告在再审审理程序中撤回起诉后重复起诉的，法院不予受理。

三、再审案件的审理程序

（一）再审案件的审理法院

1. 法院启动的再审

（1）本院自行决定启动再审：本院审理。

（2）上级法院启动的再审：该上级法院提审。

2. 检察机关启动的再审

（1）原则：由接受抗诉的法院再审，即原生效裁判的上级法院，属于上级法院提审。

（2）可以交下级法院审理的五种法定情形：事实和证据问题。

①有新的证据，足以推翻原判决、裁定的；②原判决、裁定认定的基本事实缺乏证据证明的；③原判决、裁定认定事实的主要证据是伪造的；④原判决、裁定认定事实的主要证据未经质证的；⑤对审理案件需要的主要证据，当事人因客观原因不能自行收集，书面申请人民法院调查收集，人民法院未调查收集的。

注意：如果具备上述五种情形之一，但是案件已经下级法院再审审理过，则仍旧不得交下级法院审理。

3. 因当事人申请而启动再审

（1）因当事人申请而裁定再审的案件，原则上由中级以上法院审理；但是当事人依法选择向基层法院申请再审的除外（一方人数众多或双方均为公民）。

（2）最高人民法院或高级人民法院裁定再审的案件，由本院再审或交由其他法院再审，也可以交由原审法院再审。

（二）再审程序的审判组织形式和程序类型

1. 法院启动再审程序的效力：中止执行为原则、不中止执行为例外

可以不中止执行原判决、裁定、调解书的情形：追索赡养费、扶养费、抚养费、抚恤金、医疗费用、劳动报酬等案件（“四费一金一酬”）。

【例1】某追索劳动报酬的案件，法院决定再审，此时法院根据案件的具体情况，可以中止执行。但须注意，满足上述条件时，并非必须中止执行。

【例2】甲与M公司因写字楼租赁合同的履行发生纠纷，经两审终审后，法院判令甲向M公司支付租金115万元。判决作出后，甲以主要证据未经质证为由向法院提出再审申请，法院审查后裁定再审，此时其应当同时裁定中止执行。因为本案的性质不属于可以不中止执行的情形。

2. 法院审理再审案件应当组成合议庭开庭审理，但按照第二审程序审理，有特殊情况或者双方当事人已经通过其他方式充分表达意见，且书面同意不开庭审理的除外。

再审案件的审理程序

3. 审理再审案件的程序类型：无独立程序，适用一审普通程序或二审程序重新审理。

解题窍门 用何种程序进行再审，取决于由哪个法院负责再审。如果再审法院是原审法院或与原审法院同级的法院，则依照原生效裁判的审级确定程序，可能适用一审普通程序，也可能适用二审程序（“原一还一”“原二还二”）。如果再审法院是上级法院或最高法院，则适用二审程序再审。

（三）再审的范围

1. 人民法院应当在具体的再审请求范围内或在抗诉支持当事人请求的范围内审理再审案件。当事人的再审请求超出原审诉讼请求的，不予审理；符合另案诉讼条件的，告知当事人可以另行起诉。

2. 当事人超出原审范围增加、变更诉讼请求的，不属于再审审理范围。但涉及国家利益、社会公共利益，或者当事人在原审诉讼中已经依法要求增加、变更诉讼请求，原

审未予审理且客观上不能形成其他诉讼的除外。

提示：再审裁定撤销原判决、裁定发回重审的案件，当事人申请变更、增加诉讼请求或者提出反诉，符合下列情形之一的，法院应当准许：（1）原审未合法传唤缺席判决，影响当事人行使诉讼权利的；（2）追加新的诉讼当事人的；（3）诉讼标的物灭失或者发生变化致使原诉讼请求无法实现的；（4）当事人申请变更、增加的诉讼请求或者提出的反诉，无法通过另诉解决的。

再审案件的审理范围

3. 法院经再审，发现已经发生法律效力的判决、裁定损害国家利益、社会公共利益、他人合法权益的，应当一并审理。

（四）再审案件的裁判

1. 维持原判

法院经再审认为，原判决、裁定认定事实清楚、适用法律正确的，应当维持原裁判；认为原判决、裁定在认定事实、适用法律、阐述理由方面虽有瑕疵，但裁判结果正确的，应在再审判决、裁定中纠正上述瑕疵后予以维持。

2. 法院经再审认为，原判决、裁定认定事实、适用法律错误，导致裁判结果错误的，应当依法改判、撤销或者变更。

注意：当事人提交新的证据致使再审改判，因再审申请人或者申请检察监督当事人的过错未能在原审程序中及时举证，被申请人等当事人请求补偿其增加的交通、住宿、就餐、误工等必要费用的，法院应予支持。

3. 按照第二审程序再审的案件，法院经审理认为不符合民事诉讼法规定的起诉条件或者符合法定的不予受理情形的，应当裁定撤销一、二审判决，驳回起诉。

4. 发回重审

（1）法院在审理中发现原一、二审判决违反法定程序，可能影响案件正确判决、裁定的，裁定撤销一、二审判决，发回重审。

（2）法院因必须共同进行诉讼的当事人申请而裁定再审，按照第一审程序再审的，应当追加其为当事人，作出新的判决、裁定；按照第二审程序再审，经调解不能达成协议的，应当撤销原判决、裁定，发回重审，重审时应追加其为当事人。

实战演练（2018年真题网络回忆版）江某诉周某要求返回自己所有的一件玉器，A市B县人民法院判决周某交付玉器，双方均未提起上诉。因周某拒不履行判决义务，江某申请强制执行，法院依法扣押该玉器。执行过程中，张某向法院提出异议，主张自己享有玉器的所有权，法院经审查驳回了其异议。张某遂向A市中级人民法院申请再审，A市中级人民法院在再审中经调查发现该玉器为张某和江某所共有。关于A市中级人民法院的做法，下列选项中正确的有？[1]

---

〔1〕答案：D。本案中的玉器为张某和江某所共有，因此张某属于必须共同进行诉讼的当事人。法院因必须共同进行诉讼的当事人申请而裁定再审，按照第一审程序再审的，应当追加其为当事人，作出新的判决、裁定；按照第二审程序再审，经调解不能达成协议的，应当撤销原判决、裁定，发回重审，重审时应追加其为当事人。因此选项D的说法正确。

A. A市中级人民法院应作出新判决

B. 应当进行调解，调解不成的，驳回张某再审申请，告知其提起执行异议之诉

C. 应当进行调解，调解不成的，告知张某另行起诉

D. 应当进行调解，调解不成的，裁定撤销原判决，发回重审

（3）法院按照第二审程序审理再审案件时，发现原判决认定事实错误或者认定事实不清，但原审人民法院便于查清事实、化解纠纷的，可以裁定撤销原判决、发回重审。其他违反法定程序不宜在再审程序中直接作出实体处理的，应当裁定撤销原判决，发回重审。

5. 对调解书裁定再审后的处理方式

（1）当事人提出的调解违反自愿原则的事由不成立，且调解书的内容不违反法律强制性规定的，裁定驳回再审申请；

（2）人民检察院抗诉或者再审检察建议所主张的损害国家利益、社会公共利益的理由不成立的，裁定终结再审程序。

（五）再审程序的终结

1. 法院在再审审理期间可以裁定终结再审的法定情形

（1）再审申请人在再审期间撤回再审请求且法院准许的；

（2）再审申请人经传票传唤，无正当理由拒不到庭的，或者未经法庭许可中途退庭，按撤回再审请求处理的；

（3）人民检察院撤回抗诉的；

（4）再审申请人死亡或者终止，无权利义务承继者或者权利义务承继者声明放弃再审申请的；

（5）在给付之诉中，负有给付义务的被申请人死亡或者终止，无可供执行的财产，也没有应当承担义务的人的；

（6）当事人达成和解协议且已履行完毕的，但当事人在和解协议中声明不放弃申请再审权利的除外；

（7）他人未经授权以当事人名义申请再审的。

注意：因人民检察院提出抗诉裁定再审的案件，申请抗诉的当事人有上述几种情形，且不损害国家利益、社会公共利益或者他人合法权益的，人民法院应当裁定终结再审程序。

2. 再审程序终结后，人民法院裁定中止执行的原生效判决自动恢复执行。

串讲小课堂

1. 调解书不能上诉，但可以再审。不同的主体对调解书启动再审，对应的法定事由不同。

2. 判决解除婚姻关系的案件，婚姻关系部分不得申请再审，但财产分割部分可以再审。

3. 当事人申请再审的法定事由（13种四大类）：事实和证据问题+法律问题+程序问题+司法品行问题。

4. 当事人申请再审的管辖法院：原则上向上一级法院申请再审。当事人一方人数众多或者当事人双方（原告和被告）为公民的案件，也可以向原审法院申请再审。当事人分别向原审法院和上一级法院申请再审且不能协商一致的，由原审法院受理。

5. 当事人申请检察院抗诉或提出检察建议的前置程序：法院救济先行、检察监督在后。找完法院才能找检察院，且找法院和找检察院均只能找一次。

6. 再审中撤回起诉：其他当事人同意且不损害“三益”+不得再次起诉。

7. 法院启动再审后可以不中止原判决、裁定、调解书的执行的情形：追索赡养费、扶养费、抚养费、抚恤金、医疗费用、劳动报酬等案件（“四费一金一酬”）。

8. 再审案件的审理程序：用何种程序进行再审，取决于由哪个法院负责再审。如果再审法院是原审法院或与原审法院同级的法院，则依照原生效裁判的审级确定程序，可能适用一审普通程序，也可能适用二审程序（“原一还一”“原二还二”）。如果再审法院是上级法院或最高法院，则适用二审程序再审。

9. 再审案件的审理范围：法院应当在具体的再审请求范围内或在抗诉支持当事人请求的范围内审理再审案件。当事人的再审请求超出原审诉讼请求的，不予审理；符合另案诉讼条件的，告知当事人可以另行起诉。

第十三讲
特别程序

思维导图

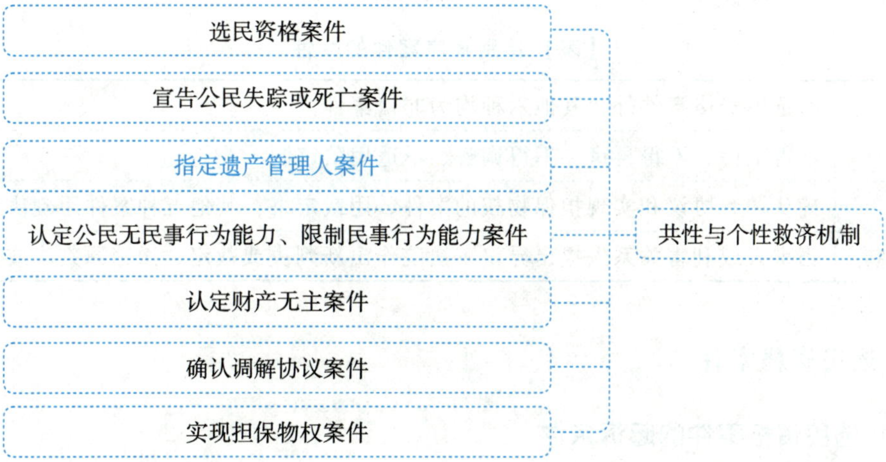

考点概览

程序共性	独任制为原则；不得调解、不得上诉、不得再审
选民资格案件	争讼性；申诉处理前置；单一式合议制
宣告公民失踪或死亡案件	公告与法律后果；变更财产代管人的程序（诉讼或非讼）
指定遗产管理人案件	管辖；指定原则；遗产管理人存在特殊情形时的处理
认定公民无人或限人案件	诉讼程序与特别程序的关系（中止诉讼的情形）
确认调解协议案件	启动方式；适用条件；管辖；法律后果；救济机制
实现担保物权案件	适用条件；管辖；法律效力；救济机制
特别程序的救济机制	提出异议，申请法院作出新判决或裁定，撤销原判决或裁定

一、特别程序的共性概述

特别程序的目的，在于确认某种法律事实是否存在，权利状态的有无或者公民是否享有某种资格、能否行使某种权利，而并不解决纠纷。

1. 非讼性：选民资格案件除外。

2. 审判组织的特殊性：独任制为原则、单一式合议制为例外。仅审理选民资格案件和重大、疑难的其他特别程序案件由审判员组成合议庭，且不允许陪审员参与。

3. 审级制度的特殊性：一审终审，不得上诉、不得再审。特别程序案件有自己独立的救济程序，即申请法院作出新判决或裁定、撤销原判决或裁定。

4. 审限的特殊性：按特别程序审理的案件，除审理选民资格案件必须在选举日前审结且不得延长外，审理其他案件一般应在立案之日起 30 日内或公告期满后 30 日内审结。

5. 免交案件受理费。

6. 一律不得调解。

【表】特别程序案件的共性

性质	除选民资格案件外，其他六种均为非讼案件
共性	不得上诉、不得再审、不得调解、不适用陪审制
文书	确认调解协议和实现担保物权的案件，用裁定书；其他五种案件用判决书
救济机制	当事人或利害关系人提出异议 + 法院作出新判决或裁定、撤销原判决或裁定

二、选民资格案件

（一）选民资格案件的起诉条件

1. 申诉处理前置：公民已经针对选民资格问题向选举委员会提出申诉，对该申诉处理决定不服时，才可以起诉。

【例】在基层人大换届选举中，村民张某发现公布的选民名单中没有自己的名字，此时其需要先向选举委员会提出申诉，而不能直接起诉。若对申诉的处理决定不满，才可以起诉。

2. 主体要件：不一定是选民本人，不要求直接利害关系，只要是对选举委员会作出的申诉决定不服的公民均可。

【例】在基层人大换届选举中，村民张某发现公布的选民名单中没有邻居赵某的名字，此时张某可以向选举委员会提出申诉，若对申诉的处理决定不满，还可以起诉，而不要求其与赵某之间有直接利害关系。

3. 起诉时间：必须在选举日的 5 日以前起诉，为法定不可变期间。

4. 管辖法院：选区所在地的基层人民法院。

（二）选民资格案件的审理

1. 不适用调解。

2. 审判组织形式：只能由审判员组成合议庭（单一式合议制），不得适用独任制或陪审制。

3. 审理中的参与人：起诉人、选民资格本人以及选举委员会的代表。

4. 必须在选举日前审结。

注意：（1）选民资格案件实质上是争讼性案件，而不同于其他6种非讼性的特别程序案件。

（2）直接选举的通常流程：划分选区→成立选举委员会→公布选民名单→选举日。

三、宣告公民失踪案件的审理程序

（一）申请宣告公民失踪的条件

1. 时间和状态限制：被申请人下落不明须持续满2年。

2. 主体要件：只能由与该公民有利害关系的人提出申请，此处的“利害关系人”不限于近亲属，而是包括了公民的配偶、父母、子女、兄弟姐妹等近亲属及其他与被申请人有民事权利义务关系的人。

3. 申请方式：必须以书面方式提出。

4. 管辖法院：被申请人住所地基层人民法院。

【例】2018年5月，姚某去某沿海城市打工，之后音讯全无、下落不明。2022年1月，姚某的债权人马某向自己住所地的基层人民法院口头申请宣告姚某失踪，马某的做法是否合法？

答案：马某符合利害关系人的要求，但是其应当向被申请人住所地即姚某住所地的基层人民法院提出申请，且须采用书面申请的方式。

（二）相关程序

1. 人民法院收到利害关系人的申请，认为申请不符合条件的，裁定驳回申请；认为申请符合法定条件的，应当立案受理。

2. 立案受理后的公告：应当发出寻找下落不明人的公告，公告期为3个月。

3. 作出判决

（1）公告期间届满，人民法院应当根据被申请人失踪的事实是否得到确认，作出宣告该公民失踪的判决或者驳回申请人申请的判决。

（2）在法院作出判决前，人民法院可以根据申请人的请求，清理下落不明人的财产，指定诉讼期间的财产管理人。

（3）宣告失踪的判决和驳回申请的判决，一经送达，均立即发生法律效力。

（三）宣告公民失踪的法律后果

1. 失踪人的财产由有关的利害关系人代管。

2. 与失踪人有关的权利义务得以实现或履行。

实体拓展

《最高人民法院关于适用〈中华人民共和国民法典〉总则编若干问题的解释》第15条规定：“失踪人的财产代管人向失踪人的债务人请求偿还债务的，人民法院应当将财产代管人列为原告。债权人提起诉讼，请求失踪人的财产代管人支付失踪人所欠的债务和其他费用的，人民法院应当将财产代管人列为被告。经审理认为债权人的诉讼请求成立的，人民法院应当判决财产代管人从失踪人的财产中支付失踪人所欠的债务和其他费用。”

（四）财产代管人的变更

1. 利害关系人向法院请求变更：争讼性

（1）被告和程序性质的确定

失踪人的其他利害关系人申请变更财产代管人的，人民法院应告知其以原指定的代管人为被告起诉，并按普通程序进行审理。

（2）管辖：被告住所地法院管辖

【例】法院在宣告张黑土失踪后，指定其妻子刘丽作为财产代管人，一个月后，张黑土的姐姐张小花认为刘丽有损害张黑土权益的行为，于是申请法院变更财产代管人。此时法院应告知张小花以刘丽为被告起诉，并按照普通程序进行审理。

2. 财产代管人自己向人民法院请求变更：非讼性

对代管人自己申请变更代管，人民法院比照特别程序的有关规定进行审理。代管人的申请有理的，裁定撤销申请人的代管人身份，同时另行指定财产代管人；申请无理的，裁定驳回申请。

【例】法院在宣告张黑土失踪后，指定其妻子刘丽作为财产代管人，一个月后，刘丽向法院申请变更代管人，理由是自己工作太忙，实在没有精力代管丈夫的财产。此时法院应当按照特别程序的有关规定对刘丽的申请进行审理，若认为其申请有理，则裁定撤销刘丽的代管人身份，同时另行指定代管人；若认为申请无理，则裁定驳回刘丽的申请。

实战演练 （2023年真题网络回忆版）赵某下落不明两年多，赵某的妻子申请宣告赵某失踪，法院指定赵妻作为财产代管人。赵妻因处置赵某财产与赵某母亲争执不断，赵妻拟变更财产代管人为赵某的成年儿子。而赵某的母亲也意图担任财产代管人。结合上述情况，下列说法中正确的有？[1]

A. 赵妻向法院申请变更财产代管人的，适用特别程序审理

B. 赵某的母亲申请变更财产代管人的，适用普通程序审理

C. 赵某的母亲应以赵妻为被告向法院申请变更财产代管人，适用简易程序审理

D. 赵妻应以赵某儿子为被告申请变更财产代管人，适用普通程序审理

（五）失踪人重新出现后的处理

1. 判决宣告后，如果该公民重新出现，该公民本人或者其利害关系人都有权提出申请，请求原审法院撤销宣告该公民失踪的判决。原审法院审查核实后，应作出新判决，撤销原判决。

2. 撤销宣告失踪判决的法律后果。

（1）财产代管人的职责终止。

---

〔1〕 答案：AB。《民诉法解释》第342条规定：“失踪人的财产代管人经人民法院指定后，代管人申请变更代管的，比照民事诉讼法特别程序的有关规定进行审理。申请理由成立的，裁定撤销申请人的代管人身份，同时另行指定财产代管人；申请理由不成立的，裁定驳回申请。失踪人的其他利害关系人申请变更代管的，人民法院应当告知其以原指定的代管人为被告起诉，并按普通程序进行审理。”本案中，赵妻自己向法院申请变更财产代管人的，应适用特别程序审理，选项A正确。赵某的母亲申请变更财产代管人的，应适用普通程序审理，选项B正确。赵某的母亲应以赵妻为被告向法院申请变更财产代管人，但不应适用简易程序审理，而应当适用普通程序审理，选项C错误。赵妻可以申请变更财产代管人，但应适用特别程序审理，选项D错误。

（2）代管人有义务向已出现的失踪人返还代管的财产及其收益。

（3）失踪人有义务偿付代管人代管财产所支出的必要费用。

四、宣告公民死亡案件的审理程序

（一）申请宣告公民死亡的条件

1. 时间条件

（1）下落不明持续4年；或

（2）意外事故+2年：因意外事故下落不明从公民音讯消失的次日起算持续满2年；或

（3）有关机关证明即可：经有关机构证明该公民不可能生存。

2. 主体条件：限于该公民的利害关系人。

利害关系人包括：配偶、父母、子女、祖父母、外祖父母、孙子女、外孙子女；其他利害关系人。

注意：链接《民法典》的相关规定。

3. 管辖：被申请人最后离开的住所或居所所在地的基层人民法院。

4. 方式：申请必须以书面方式提出。

（二）公告与判决

1. 宣告死亡的公告期

（1）一般公告期：1年。

（2）特殊公告期：因意外事故下落不明，经有关机关证明该公民不可能生存的，宣告死亡的公告期间为3个月。

2. 作出判决

被宣告死亡的人，判决宣告之日为其死亡的日期。判决书除送达申请人外，还应当在被宣告死亡的人住所地和人民法院所在地公告。

（三）宣告公民死亡的法律后果

1. 该公民丧失民事权利能力。

2. 原有的婚姻关系消灭，继承由此开始。

3. 该公民以自己的住所或居所为活动中心的法律关系全部消灭。

（四）被宣告死亡的人重新出现时的处理

被宣告死亡的公民重新出现，该公民本人或者其利害关系人都有权提出申请，请求原审法院撤销宣告该公民死亡的判决。原审法院审查核实后，应作出新判决，撤销原判决。

1. 死亡宣告被人民法院撤销，如果其配偶尚未再婚的，夫妻关系从撤销死亡宣告之日起自行恢复；如果其配偶再婚后又离婚或者再婚后配偶又死亡的，则不得认定夫妻关系自行恢复。

2. 被宣告死亡的人在被宣告死亡期间，其子女被他人依法收养，重新出现的被宣告死亡的人一般不得主张收养关系无效，但收养人和被收养人同意的除外。

3. 被撤销死亡宣告的人请求返还财产。

（1）其原物已被第三人合法取得的，第三人可不予返还（善意取得）。

（2）依民法典取得原物的公民或者组织，应当返还原物或者给予适当补偿。

4. 恶意宣告死亡的责任：利害关系人隐瞒真实情况使他人被宣告死亡而取得其财产的，除应返还原物及孳息外，还应对造成的损失予以赔偿。

五、指定遗产管理人案件（2023 年新增）

1. 管辖法院

对遗产管理人的确定有争议，利害关系人申请指定遗产管理人的，向被继承人死亡时住所地或者主要遗产所在地基层人民法院提出。

2. 申请方式

申请书应当写明被继承人死亡的时间、申请事由和具体请求，并附有被继承人死亡的相关证据。

3. 指定遗产管理人的原则

法院受理申请后，应当审查核实，并按照有利于遗产管理的原则，判决指定遗产管理人。

4. 遗产管理人存在特殊情形时的处理方式

（1）被指定的遗产管理人死亡、终止、丧失民事行为能力或者存在其他无法继续履行遗产管理职责情形的，法院可以根据利害关系人或者本人的申请另行指定遗产管理人。

（2）遗产管理人违反遗产管理职责，严重侵害继承人、受遗赠人或者债权人合法权益的，法院可以根据利害关系人的申请，撤销其遗产管理人资格，并依法指定新的遗产管理人。

六、认定公民无民事行为能力、限制民事行为能力案件的审理程序

（一）申请认定公民无民事行为能力或限制民事行为能力条件

1. 须由利害关系人提出申请：该公民的近亲属或其他有利害关系的人。

2. 须精神病人有不能辨别自己行为或不能完全辨认自己行为的事实存在。

3. 申请必须以书面形式提出。

4. 管辖：被申请人住所地的基层人民法院。

（二）认定无民事行为能力或限制民事行为能力案件的审理

1. 公民被认定为无民事行为能力或限制民事行为能力的时间从判决生效之日起，判决没有溯及力。

2. 诉讼程序与特别程序的关系。

如果某一公民正在进行另一个案件的诉讼，其利害关系人提出该公民患有精神病，要求宣告该公民无民事行为能力或限制民事行为能力的，应由利害关系人向人民法院提

出申请，由受诉人民法院按该类特别程序立案审理，中止原诉讼。

（三）民事行为能力的恢复与原判决的撤销

1. 依申请撤销和恢复。

2. 新判决的送达与公告。

公民行为能力的恢复，不仅关系到该公民的权利的行使和义务的承担，而且与社会、他人也有关系，因此，新判决不仅要送达该公民和有关利害关系人，而且要进行公告。

七、认定财产无主案件的审理程序

（一）申请认定财产无主的条件

1. 财产性质：限于有形财产，不能是无形财产或其他精神财富。

2. 财产确实没有所有人或者所有人不明，权利归属长期无法确定。

3. 必须由申请人提出书面申请；公民、法人或者其他组织都有权提出此类申请。

4. 管辖：财产所在地基层人民法院。

（二）认定财产无主案件的审理程序

1. 公告：财产认领公告，公告期为 1 年。

2. 如果公告期间有人对财产提出请求，人民法院应裁定终结特别程序，并告知申请人。对相关财产的所有权发生争议的，有关主体可以通过普通程序解决争议。

注意：**公告期内提出请求即裁定终结，不进行实质审查，也不确定实际权属。**

3. 公告期满，如果无人认领该财产，根据财产的不同情况，判决归国家或者集体所有。

4. 判决书送达后立即发生法律效力：责令财产的非法占有人交出财产；拒不交出的，强制执行。

（三）财产所有人重新出现的处理

1. 如果原财产所有人或者其继承人出现，在《民法典》规定的诉讼时效期间可以对财产提出请求，人民法院审查属实后，应作出新判决，撤销原判决。

2. 原判决撤销后，财产由它的所有人或合法继承人认领，占有财产的单位应返还原物，原财产如不存在，应按财产的数量与质量折价返还。

八、确认调解协议的案件

经依法设立的调解组织调解达成调解协议，申请司法确认的，由双方当事人自调解协议生效之日起 30 日内，共同向法院提出。

（一）申请确认调解协议的条件

1. 主体要求：双方当事人本人或者符合民事诉讼法规定的代理人共同申请。

提示：**一方当事人提出申请，另一方当事人表示同意的，可以视为共同提出申请。**

2. 管辖法院

（1）法院邀请调解组织开展先行调解的，向作出邀请的法院提出。

（2）调解组织自行开展调解的，向当事人住所地、标的物所在地、调解组织所在地的基层人民法院提出；调解协议所涉纠纷应当由中级人民法院管辖的，向相应的中级人民法院提出。

提示：（1）司法确认的适用对象不再限于人民调解协议，而是扩大到依法设立的调解组织调解达成的协议。

（2）中级人民法院也可以依法管辖司法确认案件。

3. 申请时限：调解协议生效之日起 30 日内。

4. 申请方式

（1）书面形式或者口头形式：当事人口头申请的，法院应当记入笔录，并由当事人签名、捺印或者盖章。

（2）材料提交：应当向法院提交调解协议、调解组织主持调解的证明，以及与调解协议相关的财产权利证明等材料，并提供双方当事人的身份、住所、联系方式等基本信息。

5. 法院裁定不受理司法确认申请的情形（《民诉法解释》第 355 条）

（1）不属于人民法院受理民事案件的范围；

（2）不属于收到申请的法院管辖；

（3）申请确认婚姻关系、亲子关系、收养关系等身份关系无效、有效或者解除；

（4）涉及法院适用其他特别程序、公示催告程序和破产程序审理的纠纷；

（5）调解协议内容涉及物权、知识产权确权的。

（二）对申请确认调解协议案件的审理程序

1. 审查内容：协议的达成是否自愿、协议的内容是否合法。

2. 审查方式：应当通知双方当事人共同到场对案件进行核实。

3. 法院裁定驳回申请的情形（《民诉法解释》第 358 条）

（1）违反法律强制性规定的；

（2）损害国家利益、社会公共利益、他人合法权益的；

（3）违背公序良俗的；

（4）违反自愿原则的；

（5）内容不明确的；

（6）其他不能进行司法确认的情形。

4. 确认后的法律效力：执行力保障。

避坑指南

执行依据不是调解协议，而是司法确认裁定书，调解协议不具有强制执行力，具有执行力的是法院出具的裁定书。

5. 不予确认后的可选路径：变更调解协议；达成新调解协议；起诉。

记忆胶囊　达成诉外调解协议后的可能情形

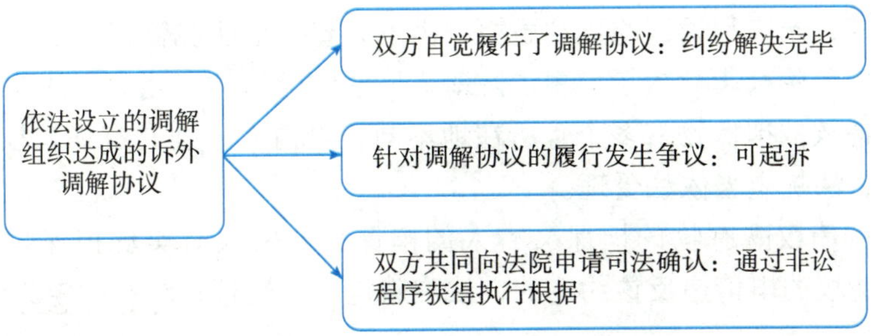

实战演练（2015年卷三第45题）李云将房屋出售给王亮，后因合同履行发生争议，经双方住所地人民调解委员会调解，双方达成调解协议，明确王亮付清房款后，房屋的所有权归属王亮。为确保调解协议的效力，双方约定向法院提出司法确认申请，李云随即长期出差在外。下列哪一说法是正确的？[1]

A. 本案系不动产交易，应向房屋所在地法院提出司法确认申请

B. 李云长期出差在外，王亮向法院提出确认申请，法院可受理

C. 李云出差两个月后，双方向法院提出确认申请，法院可受理

D. 本案的调解协议内容涉及物权确权，法院不予受理

九、实现担保物权的案件

（一）申请实现担保物权的条件

1. 申请权人：担保物权人以及其他有权请求实现担保物权的人。

（1）担保物权人：抵押权人、质权人、留置权人。

（2）其他有权请求实现担保物权的人：抵押人、出质人、财产被留置的债务人或者所有权人等。

注意：同一财产上设立多个担保物权，登记在先的担保物权尚未实现的，不影响后顺位的担保物权人向法院申请实现担保物权。

【例】某大三学生小毛购买了某品牌最新款的手机一部，后在与同学出去郊游时不慎将手机屏幕摔碎，为了能够继续使用，小毛将手机送至售后中心维修，并约定维修费为3000元。两周后，售后中心通知小毛去取送修的手机，但小毛因为两天前给女友买手链而身无分文。在无力支付维修费的情况下，售后中心自然拒绝将手机交给小毛，小毛提出由售后中心尽快将手机变卖，然后将扣除维修费之后的余款归还给自己，但售后中心不予理睬。此时小毛可以申请法院实现担保物权，以避免时间拖得越长，可能变卖的价格就越低。

---

〔1〕答案：D。司法确认属于非讼案件，因此不适用诉讼案件有关不动产专属管辖的规定，选项A错误。申请司法确认调解协议，由双方当事人自调解协议生效之日起30日内共同向法院提出。依此，申请司法确认必须由双方当事人共同提出申请，选项B中的单方申请错误。选项C错误，因为申请时间是调解协议生效之日起30日内。依据《民诉法解释》第355条的规定，调解协议内容涉及物权确权的，法院裁定不予受理，选项D正确。

2. 管辖法院：担保财产所在地或担保物权登记地基层人民法院。

（1）实现票据、仓单、提单等有权利凭证的权利质权案件，可以由权利凭证持有人住所地法院管辖；无权利凭证的权利质权，由出质登记地法院管辖。

（2）实现担保物权案件属于海事法院等专门法院管辖的，由专门法院管辖。

（3）同一债权的担保物有多个且所在地不同，申请人分别向有管辖权的法院申请实现担保物权的，法院应当依法受理。

3. 被担保的债权既有物的担保又有人的担保，当事人对实现担保物权的顺序有约定，实现担保物权的申请违反该约定的，法院裁定不予受理；没有约定或者约定不明的，法院应当受理。

4. 费用负担：法院裁定拍卖、变卖担保财产的，申请费由债务人、担保人负担；法院裁定驳回申请的，申请费由申请人负担。

（二）对申请实现担保物权案件的审理程序

1. 文书形式：裁定书。

2. 审查方式

（1）审查主体：可以由审判员一人独任审查；担保财产标的额超过基层人民法院管辖范围的，应当组成合议庭进行审查（单一式合议制）。

（2）审查时可以询问申请人、被申请人、利害关系人，必要时可以依职权调查相关事实。

3. 审查内容

法院应当就主合同的效力、期限、履行情况，担保物权是否有效设立、担保财产的范围、被担保的债权范围、被担保的债权是否已届清偿期等担保物权实现的条件，以及是否损害他人合法权益等内容进行审查。被申请人或者利害关系人提出异议的，人民法院应当一并审查。

4. 审查后的处理方式

（1）当事人对实现担保物权无实质性争议且实现担保物权条件成就的，裁定准许拍卖、变卖担保财产。

（2）当事人对实现担保物权有部分实质性争议的，可以就无争议部分裁定准许拍卖、变卖担保财产。

（3）当事人对实现担保物权有实质性争议的，裁定驳回申请，并告知申请人向法院提起诉讼。

法院经审查符合法律规定的，裁定拍卖、变卖担保财产，当事人依据该裁定可以向法院申请执行。

实战演练（2014年卷三第44题）甲公司与银行订立了标的额为8000万元的贷款合同，甲公司董事长美国人汤姆用自己位于W市的三套别墅为甲公司提供抵押担保。贷款到期后甲公司无力归还，银行向法院申请适用特别程序实现对别墅的抵押权。关于本案的分析，下列哪一选项是正确的？[1]

A. 由于本案标的金额巨大，且具有涉外因素，银行应向W市中院提交书面申请

B. 本案的被申请人只应是债务人甲公司

C. 如果法院经过审查，作出拍卖裁定，可直接移交执行庭进行拍卖

D. 如果法院经过审查，驳回银行申请，银行可就该抵押权益向法院起诉

十、特别程序案件的救济机制

1. 适用特别程序作出的判决、裁定，当事人、利害关系人认为有错误的，可以向作出该判决、裁定的法院提出异议。法院经审查，异议成立或者部分成立的，作出新的判决、裁定撤销或者改变原判决、裁定；异议不成立的，裁定驳回。

2. 对法院作出的确认调解协议、准许实现担保物权的裁定，当事人有异议的，应当自收到裁定之日起15日内提出；利害关系人有异议的，自知道或者应当知道其民事权益受到侵害之日起6个月内提出。

串讲小课堂

1. 特别程序案件的共性：独任制为主、单一式合议制为辅＋不得调解＋不得上诉＋不得再审＋自带救济机制。

2. 选民资格案件：争讼性＋单一式合议制＋申诉处理前置＋无须利害关系。

3. 变更财产代管人的程序：特别程序VS普通程序。

4. 指定遗产管理人案件：被继承人死亡时住所地或者主要遗产所在地基层人民法院＋有利于遗产管理的原则。

5. 确认调解协议案件（司法确认）：双方共同申请＋30日＋书面或口头申请＋裁定书。

6. 实现担保物权案件：担保物权人以及其他有权请求实现担保物权的人＋基层人民法院＋裁定书。

7. 特别程序案件的救济机制：当事人、利害关系人认为有错误的，可以向作出该判决、裁定的法院提出异议。法院经审查，异议成立或者部分成立的，作出新的判决、裁定撤销或者改变原判决、裁定；异议不成立的，裁定驳回。

---

[1] 答案：D。实现担保物权的案件由基层人民法院管辖，因此选项A说法错误；当事人对实现担保物权有实质性争议的，裁定驳回申请，并告知申请人向法院提起诉讼，因此选项D说法正确。

第十四讲

督促程序

思维导图

- 督促程序
  - 支付令的适用条件及法律效力
  - 异议无效的情形
  - 程序转换：督促转诉讼；诉讼转督促

考点概览

申请支付令的条件	金钱或有价证券＋债务人住所地基层法院＋独任制＋不上诉、不再审
支付令的法律效力	督促效力＋执行效力
对支付令异议的处理	异议无效的情形；终结督促程序的情形
程序转换	诉讼程序与督促程序的双向转换

一、申请支付令的条件

1. 适用范围：债权人请求给付的只能是金钱或者有价证券（本票、汇票、支票、股票、债券、国库券、可以转让的存单等）。

2. 请求给付的金钱或者有价证券已到期且数额确定，并写明了请求所根据的事实、证据。

3. 债权人与债务人之间没有其他债务纠纷，没有对待给付义务。

4. 支付令能够送达债务人：支付令可以留置送达，但不能公告送达。

5. 债务人在我国境内且未下落不明。

注意：债务人不在我国境内的（需要域外送达），或者虽在我国境内但下落不明的，不适用督促程序。

【例】债务人贾某下落不明已近两年，其名下有个人财产800余万元，此时其债权人杨某可否申请法院向贾某发出支付令？

答案：不能，对下落不明的人不适用督促程序，与其实际拥有的财产数量无关。

6. 收到申请书的法院有管辖权。

7. 债权人未向法院申请诉前保全。

实战演练 （2022年真题网络回忆版）某甲欠某乙100万元货款，某乙申请法院对某甲进行了诉前财产保全。三天后，某乙申请法院对某甲发出支付令，法院应当如何处理？[1]

A. 本案属于金钱给付，法院应当受理某乙的申请

B. 法院不应受理某乙的申请，因为本案属于合同纠纷

C. 法院不应受理某乙的申请，因为某乙已经申请了诉前保全

D. 法院应当受理某乙的申请，向某甲发出支付令

二、督促程序的相关程序事项

1. 管辖法院：债务人住所地基层人民法院。

注意：基层人民法院受理申请支付令案件，不受债权金额的限制。

2. 法院受理申请后，由审判员一人进行审查。

3. 审级制度：一审终审，不得上诉、不得再审。

4. 法院应当裁定终结督促程序的情形

（1）法院受理支付令申请后，债权人就同一债权债务关系又提起诉讼的。

（2）法院发出支付令之日起30日内无法送达债务人的。

（3）债务人收到支付令前，债权人撤回申请的。

三、支付令的法律效力

支付令自制作发出，即产生督促效力；但是强制执行力须债务人在收到支付令之日起15日内不提出异议或异议不成立时才能产生。

1. 督促债务人在限期内（15日内）清偿债务的效力：支付令一经制作发出即具有该督促效力。

2. 强制执行效力：15日异议期满债务人没有提出异议或提出异议被驳回，则支付令方具有强制执行的效力。

注意：督促效力与执行效力的非同步性，二者均属于支付令法律效力的具体表现形式。

【例】支付令发生法律效力的前提是债务人没有在法定的异议期内提出有效的异议，这种说法是否正确？

答案：错误，支付令的法律效力分为督促效力和执行效力，二者均属于法律效力的具体表现，督促效力自支付令制作发出时即具备。

四、对支付令的异议

1. 异议的时限：债务人应在收到支付令之日起15日内向法院提出。

---

〔1〕答案：C。

2. 异议的方式：（1）以书面形式提出，口头异议无效；或者（2）债务人向受理支付令申请的法院起诉。

注意：债务人针对债务是否存在以及债务数额大小的不同意见，构成异议。

【例】甲公司因乙公司拖欠货款向A县法院申请支付令，经审查甲公司的申请符合法律规定，A县法院向乙公司发出支付令。乙公司收到支付令后在法定期间没有履行给付货款的义务，而是向A县法院提起诉讼，要求甲公司承担因其提供的产品存在质量问题的违约责任。此时支付令失效。

3. 法院须对当事人的书面异议进行审查，经审查异议成立的，作出终结督促程序的裁定，支付令自行失效。

注意：债务人对支付令提出异议的，不需要提供相应的理由和证据，因为督促程序作为非讼程序并不解决债权人与债务人之间的纠纷。法院对债务人的书面异议，只进行形式审查，不进行实体审查。

4. 异议无效的情形

（1）债务人对债务本身没有异议，只是提出缺乏清偿能力、延缓债务清偿期限、变更债务清偿方式等异议的。

（2）债务人不在法定期间提出书面异议，而向其他人民法院起诉的。

（3）口头异议。

提示：债权人基于同一债权债务关系，在同一支付令申请中向债务人提出多项支付请求，债务人仅就其中一项或者几项请求提出异议的，不影响其他各项请求的效力。债权人基于同一债权债务关系，就可分之债向多个债务人提出支付请求，多个债务人中的一人或者几人提出异议的，不影响其他请求的效力。

5. 异议成立的法律后果：裁定终结督促程序，对该裁定不得上诉；支付令自行失效。

避坑指南

对设有担保的债务的主债务人发出的支付令，对担保人没有拘束力。债权人就担保关系单独提起诉讼的，支付令自人民法院受理案件之日起失效。

实战演练（2019年真题网络回忆版）乙向甲借款50万元，并由丙为乙提供担保。后乙迟迟不肯还款，甲向法院申请了对乙的支付令，之后甲又将丙诉至法院。关于本案，下列选项中说法正确的是？[1]

A. 如果法院受理了甲的起诉，则支付令失效

B. 如果法院受理了甲的起诉，则支付令效力中止

C. 法院对乙发出的支付令，对担保人丙也有拘束力

D. 法院对乙发出的支付令，对担保人丙没有拘束力

---

〔1〕答案：AD。

五、督促程序与诉讼程序的转换

督促程序与诉讼程序的转换

1. 支付令失效后的程序转换：非讼转为诉讼。

（1）支付令失效的，转入诉讼程序，但申请支付令的一方当事人（债权人）不同意提起诉讼的除外。

注意：拒绝转换程序的主体仅限于申请支付令的一方即债权人，而被申请人（债务人）无此拒绝权。支付令失效后，申请支付令的一方当事人自收到终结督促程序裁定之日起7日内未向受理申请的法院表明不同意提起诉讼的，视为向受理申请的法院起诉。债权人提出支付令申请的时间，即为向人民法院起诉的时间。

【例】王某向法院申请支付令，督促债务人赵某尽快返还房屋装修费，赵某收到支付令后立即提出书面异议，称早已向王某支付了该笔款项，法院审查后裁定终结督促程序，此时程序自动转入诉讼程序，对于该程序转化，债权人王某有权反对，但是债务人赵某则无权反对。

（2）申请支付令的一方当事人（债权人）不同意提起诉讼的，应当自收到终结督促程序裁定之日起7日内向受理申请的法院提出。申请支付令的一方当事人不同意提起诉讼的，不影响其向其他有管辖权的人民法院提起诉讼。

2. 诉讼转为非讼：审前准备阶段（分流案件）

对于已经按照诉讼程序受理的案件，当事人没有争议，符合督促程序规定条件的，可以转入督促程序。

原理点睛

督促程序和诉讼程序有可能前后相继、双向转换，但绝对不能同时并行（不得“脚踩两条船”）。

对债务人发出支付令（15天异议期）
- 提出有效书面异议或向发出支付令的法院起诉 → 支付令失效 → 自动转入诉讼程序（债权人7天内可拒绝）
- 无效异议 → 15天异议期满后支付令获得执行力

六、救济渠道

法院院长发现本院已经发生法律效力的支付令确有错误，认为需要撤销的，应当提交本院审判委员会讨论决定后，裁定撤销支付令，驳回债权人的申请。

串讲小课堂

1. 债权人已经申请诉前保全的，不得申请支付令。

2. 督促程序：债务人住所地法院管辖 + 独任制 + 不得上诉 + 不得再审。

3. 法院受理支付令申请后，债权人就同一债权债务关系又提起诉讼的，法院应当裁定终结督促程序。

4. 异议无效的情形：(1) 债务人对债务本身没有异议，只是提出缺乏清偿能力、延缓债务清偿期限、变更债务清偿方式等异议的；(2) 债务人不在法定期间提出书面异议，而向其他法院起诉的；(3) 口头异议。

5. 对设有担保的债务的主债务人发出的支付令，对担保人没有拘束力。债权人就担保关系单独提起诉讼的，支付令自人民法院受理案件之日起失效。

6. 督促程序与诉讼程序可双向转换：(1) 诉讼转督促；(2) 督促转诉讼。

7. 督促程序的救济机制：法院院长发现本院已经发生法律效力的支付令确有错误，认为需要撤销的，应当提交本院审判委员会讨论决定后，裁定撤销支付令，驳回债权人的申请。

第十五讲

公示催告程序

思维导图

公示催告程序
- 公示催告阶段：申请条件+止付通知+申报权利及审查
- 除权判决阶段：依申请+单一式合议制+公告之日生效+救济机制

考点概览

公示催告阶段	申请公示催告的条件；止付通知的法律效力；申报权利的期限及后果
除权判决阶段	依申请启动；单一式合议制；公告之日生效
救济机制	票据纠纷；普通程序

一、公示催告程序的特点与适用范围

公示催告程序，是指票据持有人的票据等权利凭证被盗、遗失或灭失时，当事人向法院申请，以公告的方式告知并催促权利凭证的不明利害关系人在指定的期限内向法院申报权利，如果逾期不申报权利或者申报被驳回，将依申请人的申请作出除权判决的程序。

公示催告程序没有明确的相对人，主要解决两项问题：一是除权，旨在解除票据的效力，即票据失权；二是确权，确定申请人享有票据上的权利。

（一）公示催告程序的特点

1. 程序性质：非讼程序。

2. 法院审理的二阶段性：公示催告阶段+除权判决阶段。

3. 审理方式的特殊性：主要是书面审查和公示方式。

4. 审判组织形式：适用公示催告程序审理案件，可由审判员一人独任审理；判决宣告票据无效的，应当组成合议庭审理（单一式合议制）。

5. 管辖与审级制度：基层人民法院管辖；一审终审，不得上诉、不得再审。

（二）公示催告程序的适用范围

1. 可以背书转让的票据被盗、遗失或灭失的。

2. 其他依照法律规定可以申请公示催告的事项，包括记名股票、提单、仓单等提货凭证。

二、申请公示催告的条件

1. 申请主体：申请人须为权利凭证的最后合法持有人。

2. 申请对象：可以背书转让的票据以及法律规定允许公示催告的事项。

3. 申请原因：权利凭证被盗、遗失或灭失，且利害关系人不明确。

4. 申请方式：必须书面申请。

5. 管辖法院：票据支付地的基层人民法院。

三、公示催告阶段

1. 法院对申请的审查与处理

（1）经审查不符合受理条件的，7日内以裁定方式驳回申请。

（2）经审查符合受理条件的，应在受理案件的同时发出停止支付的通知（止付通知），3日内发出公示催告公告；公示催告的期间由法院根据情况决定，但不得少于60日。

注意：法院的止付通知是具有强制力的司法决定，支付人应当执行。支付人收到法院的止付通知，应当立即停止支付，直至公示催告程序终结。支付人收到停止支付通知后拒不止付的，除可依法采取强制措施外，在判决后支付人仍应承担付款义务。

2. 申报权利与审查

（1）申报权利的期间：公示催告期间或除权判决作出前。

提示：申报权利一般应在法院指定的公示催告期间内进行，但在作出除权判决之前申报的，法院也应当准许。

实战演练（2017年卷三第48题）海昌公司因丢失票据申请公示催告，期间届满无人申报权利，海昌公司遂申请除权判决。在除权判决作出前，家佳公司看到权利申报公告，向法院申报权利。对此，法院下列哪一做法是正确的？[1]

A. 因公示催告期满，裁定驳回家佳公司的权利申报

B. 裁定追加家佳公司参加案件的除权判决审理程序

C. 应裁定终结公示催告程序

D. 作出除权判决，告知家佳公司另行起诉

（2）法院的审查方式：形式审查，即只审查利害关系人申报的权利凭证和申请人公示催告的权利凭证是否为同一凭证，对权利凭证的实际归属不作实质审查。

【例】甲公司因遗失汇票，向A市B区法院申请公示催告。在公示催告期间，乙公

---

〔1〕答案：C。

司向B区法院申报权利。对于该申报，只就申报的汇票与甲公司申请公示催告的汇票是否一致进行形式审查，不进行权利归属的实质审查。

四、除权判决阶段

（一）作出除权判决的条件

1. 公示催告期间届满，无利害关系人申报权利或申报被驳回。

2. 申请人申请作出除权判决。

注意：除权判决只能依申请启动，法院不能依职权主动作出除权判决。

3. 时间限制：自公示催告期间届满之日起一个月内提出申请。

（二）除权判决的效力

1. 除权判决应当公告，并通知支付人；除权判决自公告之日起生效，当事人不得上诉。

2. 相关权利凭证失去效力。

3. 自判决公告之日起，申请人有权向支付人请求支付。付款人拒绝付款，申请人向法院起诉且符合法定起诉条件的，法院应予受理。

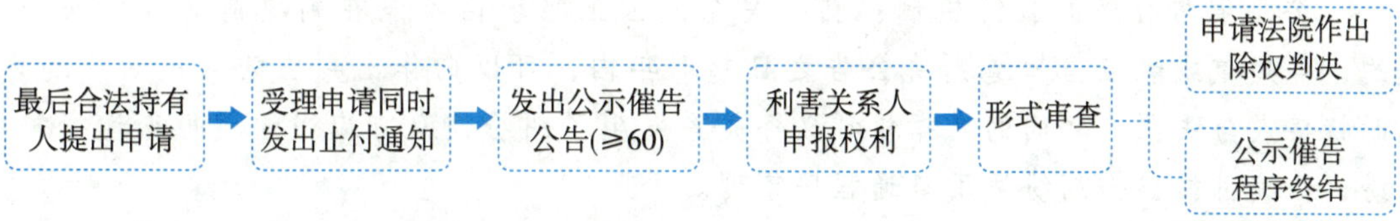

五、对利害关系人的救济

1. 利害关系人因正当理由不能在判决前向人民法院申报的，自知道或者应当知道判决公告之日起1年内，可以向作出判决的人民法院起诉。此时持票人与失票人之间的票据权利义务关系发生了纠纷，双方应当通过诉讼途径解决纠纷，法院可按票据纠纷适用普通程序审理。

2. 利害关系人请求法院撤销除权判决的，应当将申请人列为被告。利害关系人仅诉请确认其为合法持票人的，法院应当在裁判文书中写明，确认利害关系人为票据权利人的判决作出后，除权判决即被撤销。

【例】甲的汇票遗失，向法院申请公示催告。公告期满后无人申报权利，甲申请法院作出了除权判决。后乙主张对该票据享有票据权利，此时乙可以在知道或者应当知道判决公告之日起1年内，向作出除权判决的法院起诉。

实战演练（2023年真题网络回忆版）甲公司背书给乙公司一张承兑汇票用以支付货款，乙公司向银行提示付款时，发现该承兑汇票之前已经被丙公司向法院申请公示催告，之后无人申报权利，法院遂作出了除权判决。此时乙公司该如何救济？[1]

---

〔1〕答案：D。《民事诉讼法》第234条规定："利害关系人因正当理由不能在判决前向人民法院申报的，自知道或者应当知道判决公告之日起一年内，可以向作出判决的人民法院起诉。"选项D正确。第三人撤销之诉和再审的适用对象均限于诉讼案件，非讼案件自带救济机制，因此选项A、B、C错误。

A. 将该承兑汇票退给甲公司，换其他方式支付货款

B. 申请再审

C. 提起第三人撤销之诉

D. 起诉丙公司赔偿损失

串讲小课堂

1. 法院应在受理案件的同时发出停止支付的通知，3 日内发出公示催告的公告；公示催告的期间由法院根据情况决定，但不得少于 60 日。法院的止付通知是具有强制力的司法决定，支付人应当执行。支付人收到法院的止付通知，应当立即停止支付，直至公示催告程序终结。支付人收到停止支付通知后拒不止付的，除可依法采取强制措施外，在判决后支付人仍应承担付款义务。

2. 利害关系人申报权利的期间：公示催告期间或除权判决作出前。只要还没有作出除权判决，利害关系人都可以申报权利。

3. 除权判决：依申请启动 + 单一式合议制 + 公告之日生效。

4. 公示催告程序的救济机制：利害关系人因正当理由不能在判决前向人民法院申报的，自知道或者应当知道判决公告之日起 1 年内，可以向作出判决的人民法院起诉。此时持票人与失票人之间的票据权利义务关系发生了纠纷，双方应当通过诉讼途径解决纠纷，法院可按票据纠纷适用普通程序审理。

第十六讲

执行程序

思维导图

- 民事执行程序
  - 执行概述：执行程序的功能与特点；原则
  - 执行管辖与执行管辖异议
  - 执行行为异议：上一级法院复议
  - 执行标的异议——原生效裁判正确性
    - 当事人申请再审
    - 案外人申请再审
  - 执行标的异议——与原生效裁判无关
    - 申请执行人执行异议之诉
    - 案外人执行异议之诉
  - 委托执行
  - 执行担保
  - 执行和解：可恢复、可起诉
  - 参与分配：适用条件；财产分配方案异议之诉
  - 变更、追加被执行人：执行异议；变更追加异议之诉
  - 各种执行措施：直接型+威慑、保障型

考点概览

<table>
<tr><td>基本原理</td><td>执行程序的功能和特点：实现权利；不调解、不辩论、可和解</td></tr>
<tr><td>执行管辖</td><td>执行依据的类型与管辖法院；执行管辖异议</td></tr>
<tr><td>执行行为异议</td><td>当事人或利害关系人 + 认为法院执行行为违法 + 上一级法院复议</td></tr>
<tr><td rowspan="2">执行标的异议</td><td>指向原生效裁判的正确性：当事人再审或案外人再审</td></tr>
<tr><td>与原生效裁判无关：申请执行人执行异议之诉或案外人执行异议之诉</td></tr>
</table>

续表

执行担保	成立条件；担保方式；暂缓执行；救济机制
执行和解	可恢复、可起诉
参与分配	被执行人为公民或其他组织；财产分配方案异议之诉
执行承担	追加、变更被执行人
析产诉讼	析产的三条路：当事人协商；共有人起诉；申请执行人代位起诉
执行措施	直接型执行措施（对财物、对行为）+威慑型执行措施

一、执行程序概述

1. 执行程序的功能：通过国家强制力迫使义务人履行法律文书所确定的义务，不同于以解决当事人之间民事权利义务争议为主要功能的审判程序，执行程序本身并不解决民事实体权利义务纠纷，而是实现生效法律文书所确定的权利义务关系。

原理点睛

执行程序的核心功能是实现权利：执行效率 VS 执行的合法性和正当性。

2. 执行程序中不适用辩论原则、不适用调解，但是允许执行和解。

3. 民事审判程序不是执行程序的前提，执行依据的生成不单单依赖于审判程序；执行程序也不是审判程序的继续，执行程序并非每个案件的必经程序。

提示：执行依据的种类多样，并不限于法院作出的生效判决书、裁定书和调解书，还包括仲裁机构作出的具有执行内容的仲裁裁决书、经过公证的债权文书等。

4. 执行标的有限原则：执行只能针对被执行人的行为和财产，而不得针对被执行人的人身。

实战演练 （2021 年真题网络回忆版）**王某和顾某婚后育有一子，后法院判决两人离婚，儿子由王某抚养，顾某每月可探望两次，顾某因多次探望被拒，向法院申请强制执行。关于法院采取的措施，以下选项中正确的有？**[1]

A. 可对王某拘留

B. 可对王某罚款

C. 可将孩子带到指定场所探望

D. 可将顾某带到王某住处探望

二、执行依据

执行依据又称为执行名义，能够作为人民法院民事执行依据的应当是发生法律效力的法律文书，具体包括：

---

〔1〕 答案：AB。《最高人民法院关于适用〈中华人民共和国民法典〉婚姻家庭编的解释（一）》第 68 条规定："对于拒不协助另一方行使探望权的有关个人或者组织，可以由人民法院依法采取拘留、罚款等强制措施，但是不能对子女的人身、探望行为进行强制执行。"因此选项 C 和选项 D 均错误。

（1）人民法院作出的民事判决、裁定、调解书、决定、支付令。

（2）仲裁机构依照《仲裁法》作出的仲裁裁决、调解书。

（3）公证机构依照《公证法》作出的赋予强制执行效力的公证债权文书。

（4）人民法院作出的承认和执行外国法院判决、裁定、国外仲裁机构仲裁裁决的裁定。

（5）法律规定由人民法院强制执行的其他民事生效法律文书。

三、执行管辖

（一）执行管辖的确定

1. 发生法律效力的民事判决书、调解书，由第一审法院或者与其同级的被执行的财产所在地法院执行。

【例】甲与A银行贷款合同纠纷诉讼，一审法院为A法院，二审法院为B法院，再审法院为C法院，败诉的被告甲在D法院的辖区有一栋小别墅。此时若胜诉方申请执行，有管辖权的执行法院是第一审法院即A法院或与第一审法院同级的被执行财产所在地法院D法院。

2. 发生法律效力的裁定、决定、支付令，由作出裁定、决定、支付令的法院或者与其同级的被执行的财产所在地法院执行。

3. 法律规定的由法院执行的其他法律文书（其他机构作出的执行依据）：由被执行人住所地或被执行的财产所在地法院执行。例如：生效的仲裁裁决书和调解书、公证机关依法赋予强制执行效力的债权文书。

记忆胶囊 执行管辖："近人近财产"。

避坑指南

执行的管辖法院具有法定性，当事人无权约定执行管辖法院。

4. 共同管辖的处理

对两个以上人民法院都有管辖权的执行案件，人民法院在立案前发现其他有管辖权的人民法院已经立案的，不得重复立案。立案后发现其他有管辖权的人民法院已经立案的，应当撤销案件；已经立案并采取执行措施的，应当将控制的财产交给先立案的执行法院处理。

实战演练（2023年真题网络回忆版）A市B区的甲公司和C市D区的乙公司签订买卖合同，约定发生纠纷时由设立在A市的A仲裁委员会解决，向A市B区法院申请执行。之后甲公司就买卖合同向A仲裁委申请仲裁，A仲裁委支持了甲公司的请求。乙公司未履行，甲公司查到乙公司有很多财产在C市E区的仓库，拟申请执行。有执行管辖权的法院是?[1]

A. C 市 D 区法院和 C 市 E 区法院

B. 仅有 C 市 D 区法院

C. 仅有 C 市 E 区法院

D. 仅有 A 市 B 区法院

（二）执行管辖异议

人民法院受理执行申请后，当事人对管辖权有异议的，应当自收到执行通知书之日起10日内提出。人民法院对当事人提出的异议，应当审查。异议成立的，应当撤销执行案件，并告知当事人向有管辖权的人民法院申请执行；异议不成立的，裁定驳回。当事人对裁定不服的，可以向上一级人民法院申请复议。管辖权异议审查和复议期间，不停止执行。

【表】诉讼管辖异议 VS 执行管辖异议

—	诉讼管辖异议	执行管辖异议
提出异议的主体	通常是诉讼程序中的被告	执行程序当事人
提出异议的时间	提交答辩状期间	收到执行通知书之日起 10 日内
异议成立后的处理方式	裁定移送管辖	裁定撤销案件，并告知当事人向有管辖权的人民法院申请执行
救济机制	上诉	向上一级法院申请复议
共同管辖的处理	由先立案的法院管辖，后立案的法院应当裁定移送	由先立案的法院管辖，后立案的法院应裁定撤销案件；已采取执行措施的，将控制的财产交给先立案的执行法院处理

四、执行程序的启动：申请执行为原则、移送执行为补充

（一）移送执行的情形：直接由审判庭移送执行机构

1. 生效的具有给付赡养费、扶养费、抚养费内容的法律文书。
2. 具有强制执行内容的民事制裁决定书。
3. 刑事附带民事判决、裁定、调解书。
4. 检察机关提起公益诉讼案件判决、裁定发生法律效力，被告不履行的。
5. 审判人员认为应移送执行的其他法律文书。

---

〔1〕 答案：A。《最高人民法院关于人民法院办理仲裁裁决执行案件若干问题的规定》第 2 条第 1、2 款规定："当事人对仲裁机构作出的仲裁裁决或者仲裁调解书申请执行的，由被执行人住所地或者被执行的财产所在地的中级人民法院管辖。符合下列条件的，经上级人民法院批准，中级人民法院可以参照民事诉讼法第三十八条的规定指定基层人民法院管辖：（一）执行标的额符合基层人民法院一审民商事案件级别管辖受理范围；（二）被执行人住所地或者被执行的财产所在地在被指定的基层人民法院辖区内。"本案中的被执行人住所地法院为 C 市 D 区法院，被执行财产所在地法院为 C 市 E 区法院，因此 C 市 D 区法院和 C 市 E 区法院对本案有管辖权，选项 A 正确，选项 B 和选项 C 错误。当事人无权约定执行的管辖法院，因此甲公司和乙公司达成的管辖协议无效，A 市 B 区法院对本案不具有管辖权，选项 D 错误。

（二）申请执行的条件

1. 申请执行的法律文书已经生效且具有明确的权利义务主体和给付内容。

执行依据未明确权利义务主体或者给付内容的，执行法院可以要求作出机关或者机构通过说明、补正裁定、补充判决等方式明确。无法通过前述方式明确的，当事人可以通过诉讼、仲裁等方式取得新的执行依据后申请执行。

原理点睛

并非所有生效的民事判决书、裁定书、调解书均可以成为执行依据，还须具有明确具体的给付内容和明确的权利义务主体。

2. 申请执行的主体：法律文书确定的权利人或其权利继受人、继承人。

3. 属于受理执行申请法院的管辖范围。

4. 执行义务人在执行依据确定的期限内未履行义务。

（三）执行通知

执行员应当在收到申请执行书或者移交执行书后10日内，向被执行人发出执行通知书，并可以立即采取强制执行措施。

【例】赖某与贺某机械买卖合同纠纷一案，法院判决赖某在裁判生效后30日内向贺某支付货款12万元，后因赖某未按期履行，贺某向法院申请强制执行。执行员在接到申请执行书后，向赖某发出了执行通知书，并同时对其银行存款进行了冻结。执行员的这种做法是否合法？

答案：合法，因为执行员有权在发出执行通知书时同步采取强制执行措施。

实战演练（2023年真题网络回忆版）丙公司欠甲公司100万元一直不予归还，乙公司作为甲公司的股东，提起股东代表诉讼。法院判令丙公司向甲公司返还借款100万元。判决生效后，丙公司到期不履行，此时谁有权申请法院强制执行？[1]

A. 只有甲公司可以申请

B. 只有乙公司可以申请

C. 必须甲公司和乙公司共同申请

D. 甲公司和乙公司均可申请

五、执行异议：执行行为异议＋执行标的异议

（一）对执行行为的异议：行为——书面异议——复议

对执行行为的异议，是指当事人、利害关系人认为人民法院的执行行为违法，要求法院变更或停止执行行为的请求。

---

〔1〕答案：D。股东代表诉讼旨在维护公司利益，因此其胜诉利益归属于公司，公司可以申请强制执行。此外，股东代表诉讼中起诉的股东属于原告，在法院作出生效判决后，为维护公司利益依然可以自己的名义申请强制执行，因此选项D正确。

1. 执行行为异议的提出主体：当事人、利害关系人。

此处的“利害关系人”，是指当事人以外认为执行法院的程序性事项存在违法性且损害其利益的人。

2. 异议理由：认为法院的执行行为违法。

利害关系人提出执行行为异议的法定情形：（1）认为人民法院的执行行为违法，妨碍其轮候查封、扣押、冻结的债权受偿的；（2）认为人民法院的拍卖措施违法，妨碍其参与公平竞价的；（3）认为人民法院的拍卖、变卖或者以物抵债措施违法，侵害其对执行标的的优先购买权的；（4）认为人民法院要求协助执行的事项超出其协助范围或者违反法律规定的；（5）认为其他合法权益受到人民法院违法执行行为侵害的。

3. 形式、程序和时间

（1）以书面形式向负责执行的法院提出异议。

（2）当事人、利害关系人提出执行行为异议，应当在执行程序终结之前提出，但对终结执行措施提出异议的除外。

4. 处理方式：法院应在 15 日内对异议进行审查，异议成立的，裁定撤销或改正；异议不成立的，裁定驳回。

5. 救济机制：可自裁定送达之日起 10 日内向上一级法院申请复议。

6. 执行异议审查和复议期间，均不停止执行。被执行人、利害关系人提供充分、有效的担保请求停止相应处分措施的，人民法院可以准许；申请执行人提供充分、有效的担保请求继续执行的，应当继续执行。

（二）对执行标的的异议

对执行标的的异议，是指在执行过程中，案外人对被执行的财产的全部或一部分主张权利，要求法院停止并变更执行的请求。

1. 异议主体：只能是案外人。

2. 异议理由：案外人对执行标的主张权利。

避坑指南

当事人和案外人均可以提出执行行为异议；但只有案外人才能提出执行标的的异议。

3. 异议方式和管辖法院：在执行过程中向执行法院提出书面异议。

4. 审查异议

（1）法院应自收到书面异议之日起 15 日内进行审查，审查方式为实质审查。

（2）审查期间可以采取查封、扣押、冻结等保全措施，但是不得处分财产。

5. 审查后的处理

（1）案外人对执行标的不享有足以排除强制执行的权益的，裁定驳回其异议。

（2）案外人对执行标的享有足以排除强制执行的权益的，裁定中止执行。

注意：驳回案外人执行异议裁定送达案外人之日起 15 日内，法院不得对执行标的进行处分，因为其可能在该期间内提起执行异议之诉。

6. 对执行标的异议裁定不服时的救济路径

（1）如果对法院作出的执行标的异议裁定不服，认为原判决、裁定错误的，依照审判监督程序处理。

①当事人申请再审：当事人对法院作出的执行标的异议成立的裁定不服的，由当事人申请再审。

②案外人申请再审：案外人对法院作出的执行标的异议不成立的裁定不服的，可以自执行异议裁定送达之日起 6 个月内，向作出原判决、裁定、调解书的法院申请再审。

执行标的异议与再审

避坑指南

案外人：被遗漏的必要共同诉讼人 VS 案外第三人——因案外人申请人民法院裁定再审的，法院经审理认为案外人应为必要的共同诉讼人，此时如果是按照第一审程序进行再审，则应当追加该案外人为当事人，作出新判决；如果是按照第二审程序进行再审，则可先行调解，经调解不能达成协议的，应裁定撤销原判，发回重审，重审时应追加该案外人为当事人。案外人不是必要的共同诉讼当事人的，人民法院仅审理原判决、裁定、调解书对其民事权益造成损害的内容。经审理，再审请求成立的，撤销或者改变原判决、裁定、调解书；再审请求不成立的，维持原判决、裁定、调解书。

原理点睛

案外第三人不能直接申请再审，要以执行异议作为跳板，但可以提起三撤；而被遗漏的必要共同诉讼人，可以直接申请再审，但不能提起三撤。

【例 1】甲与乙对一块玉石的所有权发生争议并诉诸法院，法院终审判决该玉石归甲所有，但乙一直不肯将该玉石交给甲，甲遂申请法院强制执行，法院依据甲的申请将该玉石列为执行标的。在执行过程中，案外人丙提出自己才是该玉石的所有权人，乙只是借去欣赏，并提供了相应的证据。本案属于案外人提出的执行标的异议，法院应当审查该异议，如果异议成立，裁定中止对该标的物的执行；如果异议不成立，则裁定驳回丙的异议。当法院裁定异议不成立时，如果丙对该裁定不服，属于认为原裁判确有错误，应当根据审判监督程序处理，因为本案中对玉石所有权的认定与丙的主张相矛盾，一旦出了问题，则意味着法院的裁判可能错误，对于有错误的生效裁判，只能通过审判监督程序处理。当法院裁定异议成立时，此时当事人可以申请再审。

【例 2】甲与乙对一块玉石的所有权发生争议并诉至法院，法院终审判决该玉石归甲所有，但乙一直不肯将该玉石交给甲，甲遂申请法院强制执行，法院依据甲的申请将该玉石列为执行标的。在执行过程中，案外人丙提出自己是该玉石的共同共有人，并提供了相应的证据。本案同属案外人对执行标的提出的执行异议，但与上例的不同之处在于，丙主张其是玉石的共同共有人，因此属于必要共同诉讼人。启动再审程序时，如果按照第一审程序进行审理，则应追加丙为当事人；如果按照二审程序再审，则应当调解，调解不成的，裁定撤销原判、发回重审，重审时应追加丙为当事人。

（2）如果与原判决、裁定无关，可以自裁定送达之日起15日内向法院提起诉讼（执行异议之诉）。

①申请执行人执行异议之诉（许可执行之诉）：异议成立，由申请执行人向法院起诉。此时申请执行人为原告，案外人为被告。被执行人反对申请执行人主张的，以案外人和被执行人为共同被告；被执行人不反对申请执行人主张的，可以列被执行人为第三人。

执行标的异议与执行异议之诉

申请执行人提起执行异议之诉的条件：符合通常的起诉条件＋法院依案外人执行异议申请，裁定中止执行＋有明确的对执行标的继续执行的诉讼请求且诉讼请求与原判决、裁定无关。

注意：法院对执行标的裁定中止执行后，申请执行人在法律规定的期间内未提起执行异议之诉的，法院应当自起诉期限届满之日起7日内解除对该执行标的采取的执行措施。申请执行人对中止执行裁定未提起执行异议之诉，被执行人提起执行异议之诉的，法院告知其另行起诉。

②案外人执行异议之诉：异议不成立，由案外人向法院起诉。此时案外人为原告，申请执行人为被告。被执行人反对案外人异议的，以申请执行人和被执行人为共同被告；被执行人不反对案外人异议的，可以列被执行人为第三人。

案外人提起执行异议之诉的条件：符合通常的起诉条件＋案外人的执行异议申请已被法院裁定驳回＋有明确的排除对执行标的执行的诉讼请求且诉讼请求与原判决、裁定无关。

【例】乙为了开咖啡厅而向甲借款10万元，在还款期届满后，乙一直拒绝还款，甲无奈将乙诉至法院，法院终审判乙归还甲10万元，在执行程序中，法院将乙家中的一块玉石列为执行标的，但在执行过程中，案外人丙提出，该玉石归自己所有，并提供了相应的证据。此时法院应当审查该异议，如果异议成立，裁定中止对该标的物的执行；如果异议不成立，则裁定驳回丙的异议。如果对该异议的裁定不服，则属于与原生效裁判无关，应当自裁定送达之日起15日内起诉。因为原裁判中并未涉及玉石的所有权问题而仅仅是涉及欠款关系，此时相当于甲、乙、丙之间对玉石的所有权问题发生了争议，执行程序不解决纠纷，应当另行通过起诉的方式解决纠纷。本案中，如果法院裁定丙的执行标的异议成立，此时申请执行人甲可以提起许可执行之诉，即甲为原告，丙为被告，如果乙反对甲的主张，则将乙和丙列为共同被告；如果法院裁定丙的执行标的异议不成立，丙可以提起案外人异议之诉，即丙为原告，申请执行人甲为被告，如果被申请执行人乙反对丙的主张，则将甲和乙作为共同被告。

7. 执行异议之诉的审理程序

（1）法院审理执行异议之诉案件，适用普通程序。

（2）举证责任：案外人或者申请执行人提起执行异议之诉的，案外人应当就其对执行标的享有足以排除强制执行的民事权益承担举证证明责任。

避坑指南

在执行异议之诉中，无论是案外人起诉还是申请执行人起诉，该要件事实的证明责任均由案外人承担。

实战演练　（2017年卷三第71题）易某依法院对王某支付其5万元损害赔偿金之判决申请执行。执行中，法院扣押了王某的某项财产。案外人谢某提出异议，称该财产是其借与王某使用的，该财产为自己所有。法院经审查，认为谢某异议理由成立，遂裁定中止对该财产的执行。关于本案的表述，下列哪一选项是正确的？[1]

A. 易某不服该裁定提起异议之诉的，由易某承担对谢某不享有该财产所有权的证明责任

B. 易某不服该裁定提起异议之诉的，由谢某承担对其享有该财产所有权的证明责任

C. 王某不服该裁定提起异议之诉的，由王某承担对谢某不享有该财产所有权的证明责任

D. 王某不服该裁定提起异议之诉的，由王某承担对其享有该财产所有权的证明责任

（3）对执行力的影响

案外人执行异议之诉审理期间，法院不得对执行标的进行处分。申请执行人请求法院继续执行并提供相应担保的，法院可以准许。

（4）法院审理案外人执行异议之诉后的处理方式

①案外人就执行标的享有足以排除强制执行的民事权益的，判决不得执行该执行标的，执行异议裁定失效。

②案外人就执行标的不享有足以排除强制执行的民事权益的，判决驳回诉讼请求。

提示：案外人同时提出确认其权利的诉讼请求的，法院可以在判决中一并作出裁判。

（5）法院审理申请执行人执行异议之诉后的处理方式

①案外人就执行标的不享有足以排除强制执行的民事权益的，判决准许执行该执行标的——此时执行异议裁定失效，执行法院可以根据申请执行人的申请或者依职权恢复执行。

②案外人就执行标的享有足以排除强制执行的民事权益的，判决驳回诉讼请求。

（6）恶意利用执行异议的法律后果：被执行人与案外人恶意串通，通过执行异议、执行异议之诉妨害执行的，法院应当依照民事诉讼法有关妨害民事诉讼行为的规定处理。申请执行人因此受到损害的，可以提起诉讼要求被执行人、案外人赔偿。

提示：在执行中，被执行人通过仲裁程序将人民法院查封、扣押、冻结的财产确权或者分割给案外人的，不影响法院执行程序的进行。案外人不服的，可以依法提出执行异议。

【表】两种执行异议之诉

—	案外人执行异议之诉	申请执行人执行异议之诉（许可执行之诉）
前提	执行异议被裁定驳回	执行异议被裁定成立
目的功能	阻碍执行	恢复促进执行

[1] 答案：B。无论是谁提起执行异议之诉，案外人均应就其对执行标的享有足以排除强制执行的民事权益承担举证证明责任，因此选项B的说法正确，当选。

续表

—	案外人执行异议之诉	申请执行人执行异议之诉（许可执行之诉）
诉讼地位	案外人为原告，申请执行人被告；被执行人反对案外人的，作为共同被告；不反对的，可列为第三人	申请执行人为原告，案外人为被告；被执行人反对申请执行人的，作为共同被告；不反对的，可列为第三人
举证责任	两种异议之诉中，案外人均应当就其对执行标的享有足以排除强制执行的民事权益承担举证证明责任	
审理程序	法院审理执行异议之诉案件，适用普通程序	

解题窍门 两类执行标的异议

第一类执行异议：指向原生效裁判的正确性

玉石——玉石——玉石

（判）（执行）（案外人）

案外人异议{成立→中止执行→当事人再审；驳回→案外人再审}

第二类执行异议：与原生效裁判无关

钱——玉石——玉石

（判）（执行）（案外人）

案外人异议{成立→中止执行→申请执行人执行异议之诉（许可执行之诉）；驳回→案外人执行异议之诉}

实战演练（2019年真题网络回忆版）梁某被判决向曲某支付借款本金和利息320万元，梁某未及时履行，曲某申请执行法院查封梁某名下的房产，梁某的父亲老梁向执行法院提出异议，称该房产为老梁所有。关于本案，以下说法中正确的是？[1]

A. 老梁可以直接向法院提起异议之诉

B. 在法院审查执行异议期间，执行法院对该房产可以继续执行

C. 如果法院经审查裁定老梁的异议成立，则应当终结对该房产的执行

D. 如果法院经审查裁定驳回了老梁的异议，老梁可以曲某作为被告提起执行异议之诉

【指导案例链接】 1. 最高法指导案例第154号“王四光诉中天建设集团有限公司、白山和丰置业有限公司案外人执行异议之诉案”：在建设工程价款强制执行过程中，房屋买受人对强制执行的房屋提起案外人执行异议之诉，请求确认其对案涉房屋享有可以排除强制执行的民事权益，但不否定原生效判决确认的债权人所享有的建设工程价款优先受偿权的，属于《民事诉讼法》第234条（现第238条）规定的“与原判决、裁定无关”的情形，人民法院应予依法受理。

---

〔1〕 答案：BD。

2. 最高法指导案例第155号“中国建设银行股份有限公司怀化市分行诉中国华融资产管理股份有限公司湖南省分公司等案外人执行异议之诉案”：在抵押权强制执行中，案外人以其在抵押登记之前购买了抵押房产，享有优先于抵押权的权利为由提起执行异议之诉，主张依据《最高人民法院关于人民法院办理执行异议和复议案件若干问题的规定》排除强制执行，但不否认抵押权人对抵押房产的优先受偿权的，属于《民事诉讼法》第234条（现第238条）规定的“与原判决、裁定无关”的情形，人民法院应予依法受理。

实体拓展

对保留所有权买卖合同中标的物的执行

（1）被执行人将财产出卖给第三人：第三人已经支付部分价款并实际占有该财产，但根据合同约定被执行人保留所有权的，法院可以查封、扣押、冻结；第三人要求继续履行合同的，向法院交付全部余款后，裁定解除查封、扣押、冻结。

（2）被执行人购买第三人的财产：被执行人已经支付部分价款并实际占有该财产，第三人依合同约定保留所有权的，法院可以查封、扣押、冻结。保留所有权已办理登记的，第三人的剩余价款从该财产变价款中优先支付；第三人主张取回该财产的，可以依据《民事诉讼法》的规定提出执行标的异议——第三人的两种选择：要求继续履行合同；或者解除合同、取回财产。

实战演练 （2021年真题网络回忆版）张某购买杨某的一幅画，约定张某先支付10万元的首付款，画交给张某，但是付清尾款前杨某保留所有权。之后因为杨某对刘某负有债务且在诉讼中败诉，刘某申请法院对杨某强制执行，法院对该幅画进行了扣押。下列选项中说法正确的有？[1]

A. 张某可以提起执行异议之诉，法院应当受理

B. 张某可以主张不再继续履行合同，法院应予支持

C. 张某可对扣押行为提出执行异议，法院应予支持

D. 张某向法院付清该幅画的尾款后，申请解除对该幅画的扣押，法院应支持

六、委托执行

委托执行，是指有管辖权的人民法院遇到特殊情况，依法将应由本院执行的案件送交有关的法院代为执行。委托执行只能发生在法院之间，即委托主体与受委托主体均为法院。

1. 适用委托执行的前提：被执行人或被执行财产在外地

注意：当被执行人或被执行财产在外地时，不必然引发委托执行，因为负责执行的法院可以选择委托当地法院代为执行，也可以直接到当地执行。直接到当地执行的，负责执行的人民法院可以要求当地人民法院协助执行，当地人民法院应当根据要求协助执行。

---

〔1〕 答案：D。

2. 受委托法院的权限

执行案件被委托执行后，当事人、利害关系人对原执行法院的执行行为提出异议的，由提出异议时负责该案件执行的人民法院审查处理；受指定或者受委托的人民法院是原执行法院的下级人民法院的，仍由原执行法院审查处理。

执行案件被委托执行后，案外人对原执行法院的执行标的提出异议的，参照上述规定处理。

记忆胶囊 “近水楼台先得月”，但“就高不就低”。

七、执行担保

执行中，被执行人或者他人可以向人民法院提供担保，申请暂缓实施调查措施和执行措施，并承诺暂缓期限届满后被执行人仍不履行执行依据确定的义务的，自愿接受人民法院直接强制执行。

1. 担保的方式

（1）被执行人自己提供担保：财产保。

（2）第三人为被执行人提供担保：财产保或人保。

注意： 担保人应当具有代为履行或者代为承担赔偿责任的能力。公司为被执行人提供担保的，应提交符合公司法相关规定的公司章程、董事会或股东会、股东大会决议。

2. 执行担保的成立条件

（1）启动方式：依申请启动，即被执行人或第三人向法院提供担保。

（2）获得申请执行人的同意：出具书面同意意见，或者执行人员记入笔录。

（3）获得人民法院的准许。

3. 执行担保成立的法律后果：暂缓执行

注意： 法院可以决定暂缓执行的期限，有担保期限的，暂缓执行的期限应与担保期限一致，但最长期限不得超过1年。担保期间自暂缓执行期限届满之日起计算，担保书中没有记载担保期间或者记载不明的，担保期间为1年。超过担保期间后不再执行担保财产。

4. 救济机制及其法律后果

（1）暂缓执行期限届满后被执行人仍不履行义务，或者暂缓执行期间担保人有转移、隐藏、变卖、毁损担保财产等行为的，法院可以依申请执行人的申请恢复执行，并直接裁定执行担保财产或者保证人的财产，不得将担保人变更、追加为被执行人。

（2）担保人的追偿权：担保人承担担保责任后，提起诉讼向被执行人追偿的，法院应予受理。

【指导案例链接】 最高法指导案例第120号“青海金泰融资担保有限公司与上海金桥工程建设发展有限公司、青海三工置业有限公司执行复议案”：在案件审理期间保证人为被执行人提供保证，承诺在被执行人无财产可供执行或者财产不足清偿债务时承担保证责任的，执行法院对保证人应当适用一般保证的执行规则。在被执行人虽有财产但严重不方便执行时，可以执行保证人在保证责任范围内的财产。

八、执行和解

当事人可以自愿达成和解协议，依法变更执行依据确定的权利义务主体和给付内容。执行中，和解协议提交人民法院并经双方当事人认可，或者执行人员将协议内容记入笔录并由双方当事人签名或者盖章。

1. 执行和解的性质：当事人处分自己民事权利和诉讼权利的行为。执行程序中允许和解，但不允许调解。

2. 执行和解协议的效力

（1）执行和解协议不具有强制执行力，其只能由当事人自觉履行，而不能申请法院强制执行。

（2）当事人达成执行和解协议并生效后，执行程序中止；申请执行人请求撤回执行申请的，法院可以裁定终结执行。当事人按照和解协议的内容履行完毕时，法院按执行结案处理，执行程序即终结。

（3）执行和解协议虽然可以终结执行程序，但并不能撤销法院原来已生效的法律文书。

【例】王红与"二狗"娱乐杂志社因名誉侵权纠纷诉至法院，法院判决"二狗"娱乐杂志社向王红赔偿5万元，同时在省级刊物上公开赔礼道歉。判决生效后，杂志社按期在一家省级报纸上发表了道歉声明，但是一直没有支付赔偿款，王红遂申请法院强制执行。执行过程中，王红与杂志社自行达成口头协议，由杂志社在国家级刊物上公开赔礼道歉，王红愿意将赔偿款减为2万元。本案中，当事人之间的协议即为执行和解协议，虽然协议内容超出了判决的范围，但是不影响协议的效力，因为当事人有权自愿处分自己的实体权益。此时执行员应当将当事人的口头协议记入笔录，并由当事人双方签字或盖章，之后执行程序中止。如果杂志社按照和解协议的内容履行了义务，则法院应当作出执行结案的处理，执行程序即告终结。

3. 不履行执行和解时的救济机制：可恢复、可起诉

被执行人一方不履行执行和解协议的，申请执行人可以申请恢复执行原生效法律文书，也可以就履行执行和解协议向执行法院提起诉讼。申请执行人就履行执行和解协议提起诉讼，执行法院受理后，可以裁定终结原生效法律文书的执行。

执行和解

（1）如果当事人是部分不履行和解协议，在申请恢复执行时，当事人根据和解协议已经履行的部分有效，人民法院不再执行。

（2）执行和解协议中约定担保条款，且担保人向法院承诺在被执行人不履行执行和解协议时自愿接受直接强制执行的，恢复执行原生效法律文书后，法院可以依申请执行人申请及担保条款的约定，直接裁定执行担保财产或者保证人的财产。

（3）执行和解协议履行完毕，申请执行人因被执行人迟延履行、瑕疵履行遭受损害的，可以向执行法院另行提起诉讼。

（4）申请执行人因为受欺诈、胁迫才与被执行人达成和解协议的，应当先通过诉讼程序撤销和解协议，然后再申请法院恢复执行。

（5）当事人对于恢复执行或者不予恢复执行的裁定可以提出执行行为异议。

避坑指南

执行和解协议属于私法契约，因此和解协议不具有执行力。申请恢复执行的，执行依据是原生效的法律文书，而不能执行和解协议。

【指导案例链接】 1. 最高法指导案例第119号“安徽省滁州市建筑安装工程有限公司与湖北追日电气股份有限公司执行复议案”：执行程序开始前，双方当事人自行达成和解协议并履行，一方当事人申请强制执行原生效法律文书的，人民法院应予受理。被执行人以已履行和解协议为由提出执行异议的，可以参照《最高人民法院关于执行和解若干问题的规定》第19条的规定审查处理（裁定终结执行）。

2. 最高法指导案例第126号“江苏天宇建设集团有限公司与无锡时代盛业房地产开发有限公司执行监督案”：在履行和解协议的过程中，申请执行人因被执行人迟延履行申请恢复执行的同时，又继续接受并积极配合被执行人的后续履行，直至和解协议全部履行完毕的，属于民事诉讼法及相关司法解释规定的和解协议已经履行完毕不再恢复执行原生效法律文书的情形。

九、执行承担（追加、变更被执行人）

执行承担，是指在执行程序中由于法定情况，债权人的权利应由其他主体享有，或者债务人的义务应由其他主体履行，法院可以变更、追加相关主体进入执行程序（执行力扩张）。

1. 作为被执行人的公民死亡，其遗产继承人没有放弃继承的，人民法院可以裁定变更被执行人，由该继承人在遗产的范围内偿还债务。继承人放弃继承的，人民法院可以直接执行被执行人的遗产。

实战演练 （2016年卷三第49题）**何某依法院生效判决向法院申请执行甲的财产，在执行过程中，甲突发疾病猝死。法院询问甲的继承人是否继承遗产，甲的继承人乙表示继承，其他继承人均表示放弃继承。关于该案执行程序，下列哪一选项是正确的？**[1]

A. 应裁定延期执行

B. 应直接执行被执行人甲的遗产

C. 应裁定变更乙为被执行人

D. 应裁定变更甲的全部继承人为被执行人

2. 作为被执行人的法人或者其他组织分立、合并的，其权利义务由变更后的法人或者其他组织承受；作为法人的被执行人被撤销的，如果依有关实体法的规定有权利义务承受人的，可以裁定该权利义务承受人为被执行人。

3. 作为申请执行人的自然人离婚时，生效法律文书确定的权利全部或部分分割给其配偶，该配偶申请变更、追加其为申请执行人的，人民法院应予支持。

4. 申请执行人将生效法律文书确定的债权依法转让给第三人，且书面认可第三人取得该债权，该第三人申请变更、追加其为申请执行人的，人民法院应予支持。

---

〔1〕 答案：C。

5. 作为被执行人的法人分支机构，不能清偿生效法律文书确定的债务，申请执行人申请变更、追加该法人为被执行人的，法院应予支持。法人直接管理的责任财产仍不能清偿债务的，法院可以直接执行该法人其他分支机构的财产。作为被执行人的法人，直接管理的责任财产不能清偿生效法律文书确定的债务，法院可以直接执行该法人分支机构的财产。

6. 被执行人为个人合伙，无能力履行生效法律文书确定的义务的，人民法院可以裁定追加该合伙组织的合伙人为被执行人。

7. 作为被执行人的个人独资企业，不能清偿生效法律文书确定的债务，申请执行人申请变更、追加其出资人为被执行人的，法院应予支持。个人独资企业出资人作为被执行人的，法院可以直接执行该个人独资企业的财产。

8. 作为被执行人的合伙企业，不能清偿生效法律文书确定的债务，申请执行人申请变更、追加普通合伙人为被执行人的，人民法院应予支持。

9. 作为被执行人的有限合伙企业，财产不足以清偿生效法律文书确定的债务，申请执行人申请变更、追加未按期足额缴纳出资的有限合伙人为被执行人，在未足额缴纳出资的范围内承担责任的，人民法院应予支持。

10. 作为被执行人的营利法人，财产不足以清偿生效法律文书确定的债务，申请执行人申请变更、追加抽逃出资的股东、出资人为被执行人，在抽逃出资的范围内承担责任的，人民法院应予支持。

11. 作为被执行人的一人有限责任公司，财产不足以清偿生效法律文书所确定的债务，股东不能证明公司财产独立于自己的财产，申请执行人申请变更、追加该股东为被执行人，对公司债务承担连带责任的，人民法院应予支持。

12. 作为被执行人的公司，未经清算即办理注销登记，导致公司无法进行清算，申请执行人申请变更、追加有限责任公司的股东、股份有限公司的董事和控股股东为被执行人，对公司债务承担连带清偿责任的，人民法院应予支持。

避坑指南

对变更、追加裁定或驳回申请裁定不服时的救济机制

（1）因上述 1 至 8 的情形，被申请人、申请人或其他执行当事人对执行法院作出的变更、追加裁定或驳回申请裁定不服的，可以自裁定书送达之日起 10 日内向上一级人民法院申请复议。

（2）因上述 9 至 12 的情形，被申请人或申请人对执行法院作出的变更、追加裁定或驳回申请裁定不服的，可以自裁定书送达之日起 15 日内，向执行法院提起执行异议之诉（变更追加异议之诉）。被申请人提起执行异议之诉的，以申请人为被告。申请人提起执行异议之诉的，以被申请人为被告。

【指导案例链接】 最高法指导案例第 34 号“李晓玲、李鹏裕申请执行厦门海洋实业（集团）股份有限公司、厦门海洋实业总公司执行复议案”：生效法律文书确定的权利人在进入执行程序前合法转让债权的，债权受让人即权利承受人可以作为申请执行人直接申请执行，无须执行法院作出变更申请执行人的裁定。

十、代位执行

1. 当被执行人不能清偿债务，但对第三人享有到期债权时，依据债权人或债务人的申请，人民法院可以通知该第三人履行债务。

2. 第三人可以在收到通知后的 15 日内向执行法院提出异议，人民法院无须对异议进行实质审查。异议成立的，人民法院对第三人不得强制执行。

3. 代位执行限一次：如果该第三人确无财产可供执行，但又享有对其他人的债权的，不得再代位执行。

4. 若该第三人收到通知后擅自向被执行人履行债务，致使该财产不能追回的，除了在已经履行的财产范围内与被执行人承担连带责任外，还可追究其妨害执行的责任。

避坑指南

第三人提出自己无履行能力或其与申请执行人无直接法律关系，不构成异议。

【指导案例链接】最高法指导案例第 36 号“中投信用担保有限公司与海通证券股份有限公司等证券权益纠纷执行复议案”：被执行人在收到执行法院执行通知之前，收到另案执行法院要求其向申请执行人的债权人直接清偿已经法院生效法律文书确认的债务的通知，并清偿债务的，执行法院不能将该部分已清偿债务纳入执行范围。

十一、执行回转

执行回转属于补救性制度，是指执行完毕后，由于法定原因（据以执行的法律文书被撤销或变更）使已经被执行的财产的一部分或全部返还给被执行人，从而恢复到执行程序开始前的状况。该制度旨在纠正因生效法律文书错误而造成的执行失误，可以依申请启动也可以由法院依职权启动。

1. 发生执行回转的情形

（1）执行完毕后，据以执行的判决、裁定和其他法律文书确有错误，被法院撤销或变更的。

（2）法律规定由法院执行的其他法律文书执行完毕后，该法律文书被有关机关依法撤销或变更的，经当事人申请，适用执行回转。

【例】A 公司与 B 公司计算机买卖纠纷诉讼，A 公司依据法院作出的生效判决申请法院执行 B 公司的银行存款，执行完毕后，原审法院发现判决确有错误而自行决定启动再审，并最终撤销了原判决，驳回了 A 公司的诉讼请求。此时法院应当裁定执行回转。

2. 执行回转的条件

（1）执行程序已经进行完毕。

（2）执行依据被撤销或变更，即丧失了执行的正当性基础。

（3）依据新的法律文书执行。

3. 执行回转的方式

（1）法院作出裁定，责令取得财产的人返还；拒不返还的，强制执行。

（2）执行回转时，已执行的标的物系特定物的，应当退还原物。不能退还原物的，经双方当事人同意，可以折价赔偿。双方当事人对折价赔偿不能协商一致的，法院应当终结执行回转程序。申请执行人可以另行起诉。

十二、参与分配

参与分配，是指在执行过程中，因债务人的财产不足以清偿多个债权人的债权，申请执行人以外的其他债权人凭借有效的执行依据加入已经开始的执行过程中，使各个债权能够公平受偿的制度。

1. 参与分配的适用条件

（1）被执行人的财产无法清偿所有债权。

（2）被执行人为公民或其他组织，而非法人。

注意：当被执行人是法人时，不得适用参与分配制度，而是适用破产程序处理。

（3）有多个申请人对同一被申请人享有债权。

（4）申请人必须已经取得生效的执行依据，起诉后尚未获得生效判决的债权人不具备参与分配的资格。

提示：对法院查封、扣押、冻结的财产有优先权、担保物权的债权人，可以直接申请参与分配，主张优先受偿权。

（5）参与分配申请应当在执行程序开始后、被执行人的财产执行终结前提出，并应提交申请书。

（6）参与分配的债权仅限于金钱债权。

2. 参与分配的执行顺位

参与分配执行中，执行所得价款扣除执行费用，并清偿应当优先受偿的债权后，对于普通债权，原则上按照其占全部申请参与分配债权数额的比例受偿。清偿后的剩余债务，被执行人应当继续清偿。债权人发现被执行人有其他财产的，可以随时请求人民法院执行。

3. 财产分配方案与异议之诉

（1）多个债权人对执行财产申请参与分配的，执行法院应当制作财产分配方案，并送达各债权人和被执行人。

（2）财产分配方案异议之诉：债权人或者被执行人对分配方案有异议的，应当自收到分配方案之日起 15 日内向执行法院提出书面异议。未提出异议的债权人、被执行人自收到通知之日起 15 日内未提出反对意见的，执行法院依异议人的意见对分配方案审查修正后进行分配；提出反对意见的，应当通知异议人。异议人可以自收到通知之日起 15 日内，以提出反对意见的债权人、被执行人为被告，向执行法院提起诉讼；异议人逾期未提起诉讼的，执行法院按照原分配方案进行分配。

记忆口诀 财产分配方案异议之诉：对方案一有意见的人，起诉对方案二有意见的人（15 日内）。

实战演练（2016 年卷三第 48 题）甲向法院申请执行郭某的财产，乙、丙和丁向法院申请参与分配，法院根据郭某财产以及各执行申请人债权状况制定了财产分配方案。甲和乙认为分配方案不合理，向法院提出了异议，法院根据甲和乙的意见，对分配方案进行修正后，丙和丁均反对。关于本案，下列哪一表述是正确的？[1]

A. 丙、丁应向执行法院的上一级法院申请复议

B. 甲、乙应向执行法院的上一级法院申请复议

C. 丙、丁应以甲和乙为被告向执行法院提起诉讼

D. 甲、乙应以丙和丁为被告向执行法院提起诉讼

十三、执行措施的系统梳理

执行措施，是指法院按照法定程序，强制执行生效法律文书的方法和手段。执行措施的配备需要以执行对象为依据，即保证执行措施与执行对象的性质相适应。可以将执行措施分为三大类：对财产的执行措施、对行为的执行措施和保障性执行措施。

（一）一般的执行措施

通常的执行措施主要包括：查询、冻结、划拨被执行人的存款；扣留、提取被执行人的收入；查封、扣押、拍卖、变卖被执行人的财产；搜查被执行人的财产；强制被执行人交付法律文书指定的财物或票证；强制被执行人迁出房屋或退出土地；办理财产权证照转移手续等。

1. 查封、扣押动产的，法院可以直接控制该项财产。法院将查封、扣押的动产交付其他人控制的，应当在该动产上加贴封条或者采取其他足以公示查封、扣押的适当方式。

2. 查封不动产的，法院应当张贴封条或者公告，并可以提取保存有关财产权证照。

3. 查封、扣押、冻结已登记的不动产、特定动产及其他财产权，应当通知有关登记机关办理登记手续。未办理登记手续的，不得对抗其他已经办理了登记手续的查封、扣押、冻结行为。

4. 查封、扣押、冻结担保物权人占有的担保财产，一般应当指定该担保物权人作为保管人；该财产由人民法院保管的，质权、留置权不因转移占有而消灭。

5. 对已被法院查封、扣押、冻结的财产，其他法院可以进行轮候查封、扣押、冻结。查封、扣押、冻结解除的，登记在先的轮候查封、扣押、冻结即自动生效。

（二）责令被执行人支付延期利息、迟延履行金

1. 被执行人如果没有按生效法律文书确定的时间履行金钱债务，人民法院责令其支付延期利息：除了正常支付迟延履行的一般债务利息外，还应当加倍支付迟延履行期间的债务利息。

2. 被执行人如果未按判决、裁定和其他法律文书指定的期间履行非金钱给付义务，无论是否已给申请执行人造成损失，都应当支付迟延履行金。已经造成损失的，双倍补偿申请执行人已经受到的损失；没有造成损失的，迟延履行金可由法院根据具体案件情况决定。

---

〔1〕答案：D。

（三）对行为的执行措施：代履行

被执行人不履行生效法律文书确定的行为义务，法院可以强制执行或者委托有关单位或其他主体（代履行人）完成，费用由被执行人承担。例如，侵犯名誉权案件的执行措施中，侵权人拒不执行生效判决，不为对方恢复名誉、消除影响的，人民法院可以采取公告、登报等方式，将判决的主要内容及有关情况公布于众，费用由被执行人负担。

注意：代履行仅适用于可以由他人完成的行为义务，若相关行为只能由被执行人完成即不具有可替代性，则不得适用代履行。

（四）其他威慑措施

1. 限制高消费

被执行人不履行执行依据确定的义务，法院可以禁止其进行高消费及非生活或者经营必需的有关消费。法院决定采取限制消费措施的，应当向被执行人发出限制消费令。

禁止被执行人及其法定代表人、主要负责人、影响债务履行的直接责任人以被执行人的财产支付下列行为：（1）乘坐交通工具时，选择飞机、列车软卧、轮船二等以上舱位；（2）在星级以上宾馆、酒店、夜总会、高尔夫球场等场所进行高消费；（3）购买不动产或者新建、扩建、高档装修房屋；（4）租赁高档写字楼、宾馆、公寓等场所办公；（5）购买非经营必需车辆；（6）旅游、度假；（7）子女就读高收费私立学校；（8）支付高额保费购买保险理财产品；（9）其他非生活和工作必需的高消费行为。

2. 征信系统记录、失信被执行人名单

被执行人拒不履行法律文书确定的义务，法院可以将被执行人或被执行单位的法定代表人、负责人不履行义务的信息记录在个人征信系统中。

被执行人不履行法律文书确定的义务的，法院除对被执行人予以处罚外，还可以根据情节将其纳入失信被执行人名单，将被执行人不履行或者不完全履行义务的信息向其所在单位、征信机构以及其他相关机构通报。

3. 媒体公布

被执行人拒不履行法律文书确定的义务，执行法院可依职权或依申请将被执行人拒不履行义务的信息通过媒体公布，公布费用由被执行人负担。依申请公布时，相关费用由申请执行人垫付。

串讲小课堂

1. 执行管辖：近人近财产。

2. 执行行为异议：当事人或利害关系人 + 执行行为违法 + 上一级法院复议。

3. 执行标的异议：（1）指向原生效裁判的正确性——当事人申请再审或案外人申请再审；（2）与原生效裁判无关——案外人执行异议之诉或申请执行人执行异议之诉（许可执行之诉）。

4. 案外人或者申请执行人提起执行异议之诉的，案外人应当就其对执行标的享有足以排除强制执行的民事权益承担举证证明责任。

5. 执行担保：申请执行人同意 + 财产保或人保 + 暂缓执行 + 直接执行担保财产 + 不得将担保人变更、追加为被执行人。

6. 执行和解：和解协议没有执行力；可恢复、可起诉。

7. 追加、变更被执行人：执行力不能随意扩张；执行异议与上一级法院复议；执行异议与追加变更异议之诉。

8. 参与分配：非法人（自然人或其他组织） + 已取得生效执行依据 + 财产分配方案异议之诉（对方案一有意见的人，15 日内起诉对方案二有意见的人）。

9. 查封、扣押、冻结的程序及其法律效力。

第十七讲

仲裁与仲裁协议

思维导图

仲裁与仲裁协议
- 仲裁概述：适用范围+协议仲裁+或裁或审+一裁终局
- 仲裁协议的效力判断
- 仲裁协议的独立性

考点概览

仲裁的适用范围	财产权益争议
仲裁的适用条件	协议仲裁 + 或裁或审 + 一裁终局
仲裁协议的效力	仲裁协议的独立性原理
	仲裁协议的效力识别
	仲裁协议的拘束力扩张

一、仲裁的适用范围

《仲裁法》第2条规定："平等主体的公民、法人和其他组织之间发生的合同纠纷和其他财产权益纠纷，可以仲裁。"

1. 不得适用仲裁的纠纷类型（不具有可仲裁性的事项）

（1）婚姻、收养、监护、扶养、继承纠纷。

【例】 王大与王二因遗产继承问题发生纠纷，二人达成书面仲裁协议，约定将该纠纷交由北京仲裁委员会进行裁决，该仲裁协议无效，因为其中所约定的仲裁事项不属于仲裁的适用范围，即仲裁事项不具有可仲裁性，因为继承等身份关系纠纷不适用仲裁。

（2）依法应当由行政机关处理的行政争议。

2. 劳动争议和农业集体经济组织内部的农业承包合同纠纷：可以仲裁，但由法律另行规定而不受《仲裁法》规制。

【例1】 幸福村的村民大壮承包了本村25亩的温室大棚种植保健蔬菜秋葵，恰逢市场上对秋葵的需求量持续增大，大壮的温室大棚可谓欣欣向荣、盈利满满。见有利可图，村委会决定将大壮承包的大棚收归村委会所有。此时，大壮可否依据《仲裁法》来解决这一争议？

答案：不能，因为本案属于农业集体经济组织内部的农业承包合同纠纷，不适用《仲裁法》，《仲裁法》规定的主要是民商事仲裁。

【例 2】杨莉是某事业单位的工作人员，后因怀孕产子，单位对其降职降薪，杨莉认为单位的做法没有任何根据，此时其可否依据《仲裁法》申请仲裁？

答案：杨莉与单位的纠纷属于劳动争议，可以仲裁，但是须根据《劳动争议调解仲裁法》进行，而不能适用《仲裁法》。此外需要注意的是，劳动争议仲裁无须事先达成仲裁协议，并且是提起劳动诉讼的前置程序。

二、仲裁的原则和基本制度

（一）仲裁的原则

1. 自愿原则：是否选择仲裁、仲裁委的选择、仲裁庭的组成、审理方式和形式等自主选定。

2. 根据事实，符合法律规定，公平合理原则。

3. 独立仲裁原则

（1）仲裁独立进行，不受行政机关、个人、社会团体的干预。

（2）仲裁委之间相互独立而无隶属关系。

（3）仲裁庭独立裁决案件，不受仲裁委、其他行政机关、社会团体、个人的干预。

【小结】仲裁的特点：自愿性、专业性、保密性、灵活性、便捷性、独立性。

（二）仲裁的基本制度

1. 协议仲裁：不同于劳动争议仲裁，民商事仲裁的启动前提是双方达成了有效的仲裁协议或仲裁条款。

2. 或裁或审：有效的仲裁协议可以排除法院对案件的司法管辖权。

3. 一裁终局：不同于诉讼中采用两审终审的审级制度，仲裁裁决作出后，当事人不得针对同一纠纷再次申请仲裁，也不得向法院起诉。仲裁裁决受执行力保障。

（三）仲裁委员会（仲裁机构）

仲裁委员会是从事仲裁工作的专门机构，属于民间机构。仲裁委员会可以在直辖市和省、自治区人民政府所在地的市设立，也可以根据需要在其他设区的市设立，不按行政区划层层设立，县和未设立区的市不能设立仲裁委员会。不隶属于行政机关，各仲裁委员会之间也没有隶属关系。

仲裁委员会应当具备下列条件：1. 有自己的名称、住所和章程；2. 有必要的财产；3. 有该委员会的组成人员；4. 有聘任的仲裁员。

仲裁委员会的章程应当依照《仲裁法》制定。

【例】甲与乙签订了一份大闸蟹买卖合同，同时约定，如果在合同履行过程中发生纠纷，提交 A 县的仲裁委进行解决。甲收到乙提供的 50 盒大闸蟹后，认为并非大闸蟹而仅仅是不值钱的水晶蟹，此时甲可否通过仲裁来解决该纠纷？

答案：不能，因为双方达成的仲裁协议无效，县不存在仲裁委员会。

（四）仲裁协会的设立

中国仲裁协会是社会团体法人。仲裁委员会是中国仲裁协会的会员。中国仲裁协会的章程由全国会员大会制定。中国仲裁协会是仲裁委员会的自律性组织，根据章程对仲裁委员会及其组成人员、仲裁员的违纪行为进行监督。中国仲裁协会依照《仲裁法》和《民事诉讼法》的有关规定制定仲裁规则。

仲裁协会的章程应载明下列事项：1. 名称，即中国仲裁协会；2. 宗旨，即设立目的；3. 组织机构，即仲裁协会的内部机构；4. 仲裁协会会长的产生程序和职权；5. 职责；6. 对仲裁委员会和仲裁员的监督；7. 经费来源；8. 章程的修改程序；9. 其他必要事项。

提示：中国仲裁协会于2022年10月14日在民政部注册成立。

三、仲裁的类型

1. 国内仲裁与涉外仲裁

（1）国内仲裁，是指本国仲裁机构对不具有涉外因素的国内民商事纠纷的仲裁。

（2）涉外仲裁，是指涉及外国或外法域的民商事纠纷仲裁，即基于自然人、法人或其他组织之间及其相互之间，在涉外贸易、运输和海事中发生的民商事纠纷的仲裁。

提示：我国的所有仲裁机构均可根据当事人的仲裁协议受理国内仲裁案件和涉外仲裁案件。

2. 机构仲裁与临时仲裁

（1）机构仲裁，是指根据双方当事人达成的仲裁协议，将纠纷提交给约定的某一常设仲裁机构所进行的仲裁。

（2）临时仲裁，是指根据双方当事人达成的仲裁协议，将纠纷提交给由双方当事人选择的仲裁员临时组成的仲裁庭所进行的仲裁。

提示：《最高人民法院关于为自由贸易试验区建设提供司法保障的意见》第9条第3款规定，在自贸试验区内注册的企业相互之间约定在内地特定地点、按照特定仲裁规则、由特定人员对有关争议进行仲裁的，可以认定该仲裁协议有效。

3. 依法仲裁与友好仲裁

（1）依法仲裁，是指严格按照法律的规定进行的仲裁。

（2）友好仲裁，是指依据双方当事人的授权，仲裁庭不以严格的法律规范为依据，而是以其所认为的公平的标准为依据作出对当事人具有约束力的裁决。

四、仲裁协议的形式和内容

（一）仲裁协议的形式：书面形式

1. 口头方式订立的仲裁协议无效，当事人依此申请仲裁的，仲裁机构不予受理。

【例】甲长期向乙提供牛奶等乳制品，二人口头约定，如果发生纠纷，提交B仲裁委员会解决。若二人在乳制品买卖过程中发生争议并向B仲裁委员会申请仲裁，仲裁委员会将不予受理。

2. 仲裁协议的类型：（1）仲裁条款；（2）专门的仲裁协议；（3）其他书面文件中包含的仲裁协议。

3. 书面形式：包括信函、电报、电传、电子数据交换、电子邮件等。

【例1】甲与A公司签订了一份为期一年的商品运输合同，在合同生效后，A公司向甲发了一封电子邮件，称若在合同履行过程中发生争议，提交H仲裁委员会处理，甲表示同意并回复了该邮件。该仲裁协议即符合书面形式的要求。

【例2】甲与A公司签订了一份为期一年的商品运输合同，在合同生效后，A公司的相关人员给甲打电话商量纠纷解决方式的相关事项，双方在电话中约定，如果在合同履行过程中发生争议，提交H仲裁委员会处理。该仲裁协议属于口头协议，因此无效。

（二）仲裁协议的内容

1. 仲裁的意思表示：该意思表示须协商一致、真实、自愿。

注意：在欺诈、胁迫、误解等情形下作出的仲裁意思表示无效。

2. 明确约定的具有可仲裁性的仲裁事项：合同纠纷和其他财产权益纠纷。

3. 选定的仲裁委员会

（1）仲裁协议约定两个以上仲裁机构的，当事人可以协议选择其中的一个仲裁机构申请仲裁；当事人不能就仲裁机构选择达成一致的，仲裁协议无效。

（2）仲裁协议约定由某地的仲裁机构仲裁，但该地有两个以上仲裁机构的，当事人可以协议选择其中的一个仲裁机构申请仲裁；当事人不能就仲裁机构选择达成一致的，仲裁协议无效。当事人选择中国国际经济贸易仲裁委员会仲裁，而没有明确选择哪个具体的地点的，申请人有选择权。

【例】某出版社与张某签订了一份图书出版合同，合同中约定，如果发生争议提交北京市的仲裁机构处理。北京有两个仲裁机构，即北京仲裁委员会和中国国际经济贸易仲裁委员会，此时该仲裁协议并不当然无效，在发生争议时，当事人协商来选定一个机构，若无法达成一致时，仲裁协议才无效。

4. 仲裁协议约定的仲裁机构名称不准确，但能够确定具体的仲裁机构的，应当认定选定了仲裁机构。

【例】当事人双方在仲裁协议中存在文字性错误。例如，将南京仲裁委员会写成了南京市仲裁委员会的，此时仲裁协议仍然有效。

5. 仲裁协议中约定的仲裁委员会根本不存在的，仲裁协议无效。

【例】张三与李四约定，二人在履行房屋租赁合同的过程中如果发生争议，提交B县仲裁机构处理。该仲裁协议无效，因为在县一级不存在仲裁委员会。

实战演练（2019年真题网络回忆版）A市B区蓝月公司与C市D区新汇公司签署仓储合同（仓库在D区），合同中约定若发生任何争议，均提交E县仲裁机构仲裁。在该合同的履行过程中，新汇公司与F市G区顶力公司合并成新力公司（住所地F市G区），后蓝月公司欠费，新力公司准备追究蓝月公司的违约责任。关于本案的纠纷解决方式，下列说法中正确的有?[1]

A. 新力公司可向A市B区法院起诉

B. 未经顶力公司同意，仲裁协议对新力公司无效

C. 新力公司可向C市D区法院起诉

D. 仲裁协议对新力公司有效，应申请仲裁

6. 仲裁协议仅约定纠纷适用的仲裁规则的，视为未约定仲裁机构，但当事人达成补充协议或者按照约定的仲裁规则能够确定仲裁机构的除外。

7. 当事人约定可以向法院起诉也可申请仲裁的，仲裁协议无效；但一方向仲裁机构申请仲裁，另一方未在仲裁法规定的期间内提出异议的除外。

避坑指南

当事人约定既可以起诉也可以仲裁的，虽然仲裁协议原则上无效，但不影响可能成立有效的诉讼协议管辖。

五、仲裁协议的效力

（一）仲裁协议的一般法律效力

1. 排斥了当事人的起诉权。

2. 仲裁机构取得仲裁权。

3. 排斥法院的司法管辖权。

注意：仲裁协议既是仲裁机构受理争议案件的依据，同时也是对仲裁机构仲裁管辖权的范围限制，超出了仲裁协议中仲裁事项的范围就是无效仲裁。法院首次开庭前必须出示仲裁协议，否则视为应诉管辖。

（二）仲裁协议效力的独立性

仲裁协议独立存在，不受合同变更、解除、终止或者无效的影响。仲裁条款具有可以与主合同的其他条款相分离而独立存在的属性，对仲裁条款的效力应当单独判断，即仲裁条款不因主合同的无效而无效，不因主合同被撤销而失效，也不因合同未成立而影响其效力。

1. 合同成立后未生效或被撤销的，不影响仲裁协议的效力。

2. 当事人在订立合同时，就争议达成仲裁协议的，合同未成立不影响仲裁协议的效力。

实体拓展

《破产法解释（三）》[2]第8条最后一句规定："当事人之间在破产申请受理前订立有仲裁条款或仲裁协议的，应当向选定的仲裁机构申请确认债权债务关系。"

---

〔1〕答案：AC。在县和不设区的市，没有民商事仲裁机构，因此本案仲裁协议中约定的仲裁委员会根本不存在，仲裁协议无效，选项B和选项D均错误。仲裁协议无效的，不影响当事人的起诉权，本案属于合同纠纷，应当由合同履行地或被告住所地法院管辖，因此选项A和选项C均正确，当选。

〔2〕《最高人民法院关于适用〈中华人民共和国企业破产法〉若干问题的规定（三）》。

（三）仲裁协议的拘束力扩张

1. 当事人订立仲裁协议后合并、分立的，仲裁协议对其权利义务的继受人有效，但另有约定的除外。

2. 当事人订立仲裁协议后死亡的，仲裁协议对承继其仲裁事项中的权利义务的继承人有效。

3. 债权债务全部或者部分转让的，仲裁协议对受让人有效，但当事人另有约定、在受让债权债务时受让人明确反对或者不知有单独仲裁协议的除外。

实体拓展

仲裁协议对保险人的效力（《九民纪要》[1]）：保险代位求偿权是一种法定债权转让，保险人在向被保险人赔偿保险金后，有权行使被保险人对第三者请求赔偿的权利。被保险人和第三者在保险事故发生前达成的仲裁协议，对保险人具有约束力。

【例1】 A公司与C公司之间有一个单独的仲裁协议，A公司将自己的部分债权债务概括转让给B公司，B公司在受让债权债务时并不知道A公司与C公司之间存在单独的仲裁协议，此时B公司不受该仲裁协议的约束。

【例2】 大地房地产公司与天马水泥厂签订了一份水泥买卖合同，合同中约定若发生争议，提交F仲裁委员会处理。后天马水泥厂因为资金周转问题无法履行该供货合同，经大地房地产公司同意，天马水泥厂将债权债务转让给天河水泥厂，但天河水泥厂明确声明不接受仲裁条款。此时，大地房地产公司与天马水泥厂约定的仲裁条款对天河水泥厂没有拘束力。

实战演练 （2021年真题网络回忆版）甲因乙怠于行使对丙的到期债权，遂对丙提起代位权诉讼。在开庭审理前，丙称其与乙之间存在有效的仲裁协议，法院应当如何处理？[2]

A. 将案件移送给仲裁委员会

B. 裁定驳回甲的起诉

C. 裁定驳回丙的异议，继续审理

D. 询问乙的态度再决定

（四）仲裁协议效力的确认

1. 确认机构：仲裁委员会和人民法院。

2. 管辖

申请确认仲裁协议效力的案件，由仲裁协议约定的仲裁机构所在地、仲裁协议签订地、申请人住所地、被申请人住所地的中级法院或者专门法院管辖。

实战演练 （2017年卷三第50题）住所在A市B区的两江公司与住所在M市N区的百向公司，在两江公司的分公司所在地H市J县签订了一份产品购销合同，并约定如发生合同纠纷可向设在W市的仲裁委员会申请仲裁（W市有两个仲裁委员会）。因履行合

---

〔1〕《全国法院民商事审判工作会议纪要》。

〔2〕 答案：C。在代位权、撤销权诉讼中，如果原合同存在仲裁协议，此类案件只应向法院提出。换言之，除非当事人达成专门的仲裁协议，否则原仲裁协议不能阻碍法院的主管权。

同发生争议，两江公司向W市的一个仲裁委员会申请仲裁。仲裁委员会受理后，百向公司拟向法院申请认定仲裁协议无效。百向公司应向下列哪一法院提出申请？[1]

A. 可向W市中级法院申请

B. 只能向M市中级法院申请

C. 只能向A市中级法院申请

D. 可向H市中级法院申请

3. 法院确认优先

对于仲裁协议的效力，一方请求仲裁委员会作出决定，另一方请求人民法院作出裁定的，由人民法院裁定。

特殊情形：一方请求法院作出裁定，另一方请求仲裁委员会作出决定，仲裁机构先于法院接受申请并已经作出决定的，法院不予受理；若仲裁机构接受申请后尚未作出决定，法院应予受理并同时通知仲裁机构中止仲裁。

4. 时间要求：当事人对仲裁协议的效力有异议，应当在仲裁庭首次开庭前提出。当事人在仲裁庭首次开庭前没有对仲裁协议的效力提出异议，而后向人民法院申请确认仲裁协议无效的，人民法院不予受理。

《民诉法解释》第216条规定："在人民法院首次开庭前，被告以有书面仲裁协议为由对受理民事案件提出异议的，人民法院应当进行审查。经审查符合下列情形之一的，人民法院应当裁定驳回起诉：（一）仲裁机构或者人民法院已经确认仲裁协议有效的；（二）当事人没有在仲裁庭首次开庭前对仲裁协议的效力提出异议的；（三）仲裁协议符合仲裁法第十六条规定且不具有仲裁法第十七条规定情形的。"

【例】甲公司与乙公司签订了一份办公文具买卖合同，并约定如果发生争议，提交本市的C仲裁委员会仲裁。后因质量和供货时间等原因发生纠纷，甲公司向C仲裁委员会申请仲裁。在第一次开庭时，乙公司没有出庭参加仲裁审理，但在第一次开庭结束后，向本市中级法院申请确认仲裁协议无效，此时C仲裁委员会有权继续审理该案，因为乙公司未在法定期限内提出异议。

提示：（1）仲裁委员会对仲裁协议效力异议所作出的是决定；法院对仲裁协议效力异议所作出的是裁定，对此裁定不得上诉。

（2）既选择仲裁又协议管辖的，仲裁无效，但协议管辖不必然无效，只要符合协议管辖成立的法定要件，则该协议管辖有效。

（3）人民法院审理仲裁协议效力确认案件，应当组成合议庭并询问当事人。

（4）当事人在仲裁程序中未对仲裁协议的效力提出异议，在仲裁裁决作出后以仲裁协议无效为由主张撤销仲裁裁决或者提出不予执行抗辩的，法院不予支持。

实战演练（2015年卷三第50题）大成公司与华泰公司签订投资合同，约定了仲裁条款：如因合同效力和合同履行发生争议，由A仲裁委员会仲裁。合作中双方发生争议，大成公司遂向A仲裁委员会提出仲裁申请，要求确认投资合同无效。A仲裁委员会

---

〔1〕答案：AD（旧题新解）。

受理。华泰公司提交答辩书称，如合同无效，仲裁条款当然无效，故A仲裁委员会无权受理本案。随即，华泰公司向法院申请确认仲裁协议无效，大成公司见状，向A仲裁委员会提出请求确认仲裁协议有效。关于本案，下列哪一说法是正确的？[1]

A. A仲裁委员会无权确认投资合同是否有效

B. 投资合同无效，仲裁条款即无效

C. 仲裁条款是否有效，应由法院作出裁定

D. 仲裁条款是否有效，应由A仲裁委员会作出决定

（五）仲裁协议无效的法定情形

1. 以口头方式订立的仲裁协议无效。

2. 约定的仲裁事项超出法律规定的仲裁范围，仲裁协议无效。

3. 无民事行为能力人或限制民事行为能力人订立的仲裁协议无效。

4. 一方采取胁迫手段迫使对方订立仲裁协议的，协议无效。

5. 仲裁协议对仲裁事项没有约定或约定不明，或者对仲裁委员会没有约定或约定不明，当事人对此又达不成协议的，仲裁协议无效。

记忆胶囊 仲裁协议的效力识别：大错VS小错

仲裁协议中存在“大错”：自始无效	口头协议
	约定了不具有可仲裁性的事项
	违反了“或裁或审”的要求
	无人或限人订立的协议
	受胁迫订立的协议
仲裁协议中存在“小错”：协商补正，无法协商一致的，仲裁协议才无效	约定了两个以上的仲裁机构
	只约定了仲裁机构所在的地方
	只约定了仲裁的规则
	仲裁机构的名称不准确

【指导案例链接】 1. 最高法指导案例第197号“深圳市实正共盈投资控股有限公司与深圳市交通运输局申请确认仲裁协议效力案”：当事人未在仲裁庭首次开庭前对仲裁协议的效力提出异议的，应当认定当事人接受仲裁庭对案件的管辖权。虽然案件重新进入仲裁程序，但仍是对同一纠纷进行的仲裁程序，当事人在重新仲裁开庭前对仲裁协议效力提出异议的，不属于《中华人民共和国仲裁法》第二十条第二款规定的“在仲裁庭首次开庭前提出”的情形。

---

[1] 答案：C。当事人对仲裁协议效力有异议的，可以请求仲裁委作出决定或法院作出裁定，换言之，有权确认仲裁协议效力的机关包括仲裁委和仲裁委所在地的中级法院，选项A错误。仲裁协议具有独立性，虽然合同无效，但仲裁条款仍旧有效，选项B错误。一方请求仲裁委作出决定，另一方请求法院作出裁定的，原则上法院的确认权优先，但若仲裁机构已经先于法院受理申请并已作出决定，法院不予受理。本案中华泰公司向法院申请确认效力，大成公司向仲裁委申请确认效力，此时应由法院作出裁定，因此选项C正确，选项D错误。

2. 最高法指导案例第198号“中国工商银行股份有限公司岳阳分行与刘友良申请撤销仲裁裁决案”：实际施工人并非发包人与承包人签订的施工合同的当事人，亦未与发包人、承包人订立有效仲裁协议，**不应受发包人与承包人的仲裁协议约束**。实际施工人依据发包人与承包人的仲裁协议申请仲裁，仲裁机构作出仲裁裁决后，发包人请求撤销仲裁裁决的，人民法院应予支持。

串讲小课堂

1. 仲裁的适用范围：合同纠纷和其他财产权益纠纷。

2. 仲裁的基本制度：协议仲裁＋或裁或审＋一裁终局。

3. 民商事仲裁机构不按行政区划层层设立，县和未设立区的市不能设立民商事仲裁委员会。

4. 仲裁协议的独立性：仲裁协议独立存在，不受合同变更、解除、终止或者无效的影响。

5. 仲裁协议对保险人的拘束力：被保险人和第三者在保险事故发生前达成的仲裁协议，对保险人具有约束力。

6. 仲裁协议的效力判断：法院或仲裁委员会；大错——协议自始无效；小错——协商补正，无法协商一致的，仲裁协议无效。

7. 申请确认仲裁协议效力案件的管辖法院：仲裁协议约定的仲裁机构所在地、仲裁协议签订地、申请人住所地、被申请人住所地的中级法院或者专门法院管辖。

8. 当事人在仲裁程序中未对仲裁协议的效力提出异议，在仲裁裁决作出后以仲裁协议无效为由主张撤销仲裁裁决或者提出不予执行抗辩的，法院不予支持。

第十八讲
仲裁程序

思维导图

仲裁程序

- 保全：启动方式；具体程序
- 回避：决定权；法律效果
- 仲裁庭及其组成方式：合议仲裁庭与独任仲裁庭
- 审理方式：不公开审理为原则+可以书面审理
- 和解与调解
- 评议方式：无法形成多数意见时
- 文书简化

考点概览

仲裁保全	仲裁前保全 + 仲裁中保全：管辖、申请方式、裁定、救济
仲裁庭的组成	合议仲裁庭 + 独任仲裁庭
回避制度	适用对象、回避事由、决定权、法律后果
审理方式	不公开审理为原则、公开审理为例外
仲裁和解、调解	与诉讼和解、诉讼调解
仲裁裁决	裁决方式、法律效力、文书简化

一、仲裁保全

1. 仲裁前保全：由申请人直接向法院提交保全申请。

2. 仲裁中保全：当事人应当通过仲裁机构向法院提交保全申请书等相关材料，法院裁定采取保全措施或者裁定驳回申请的，应当将裁定书送达当事人并通知仲裁机构。简言之，由当事人提交仲裁委员会，通过仲裁委员会转交法院。

原理点睛

无论是仲裁前还是仲裁中保全，都只能依申请启动，因为仲裁机构没有保全裁定权，也没有保全裁定的执行权。

3. 仲裁保全的管辖

（1）级别管辖：国内仲裁的保全申请，由基层法院裁定；涉外仲裁的保全申请，由中级法院管辖。

原理点睛

除了国内仲裁保全由基层法院管辖外，其他与仲裁相关的事项大多由中级法院管辖。例如，确认仲裁协议效力、申请撤销仲裁裁决等，由中级法院管辖。

（2）地域管辖

①仲裁前证据保全：证据所在地、被申请人住所地或者对案件有管辖权的人民法院。

②仲裁中证据保全：证据所在地法院。

③仲裁前财产保全：被保全财产所在地、被申请人住所地或者对案件有管辖权的人民法院。

④仲裁中财产保全：被申请人住所地或财产所在地法院。

【例】中国甲公司与西班牙乙公司发生买卖合同争议，在中国进行仲裁的过程中，西班牙的乙公司提出财产保全申请，要求扣押甲公司存放在A地的一批货物。此时，仲裁委员会应当将乙公司的申请提交被申请人甲公司所在地的中级法院，或者提交该批货物所在地的中级法院，由法院进行审查和裁定。

4. 裁定与救济

（1）法院依照民事诉讼法的规定对保全申请进行审查，作出是否保全的裁定。

（2）对该裁定当事人有权申请复议一次，但复议不停止裁定的执行。

（3）申请有错误的，申请人应当赔偿被申请人因财产保全遭受的损失，仲裁委员会不承担赔偿责任。

二、仲裁庭的组成

1. 仲裁组织形式：（1）三名仲裁员组成的合议仲裁庭；（2）独任仲裁庭。

2. 组庭的程序：确定仲裁庭的组成形式→确定仲裁员。

（1）仲裁庭组成形式的确定：有约定从约定，若当事人未在规定期限约定，由仲裁委员会主任指定。

（2）仲裁员的确定

①合议仲裁庭仲裁员的产生方式：先由当事人各自选定或者各自委托仲裁委员会主任指定一名仲裁员，第三名仲裁员即首席仲裁员由当事人共同选定或共同委托仲裁委员会主任指定。

②独任制仲裁庭仲裁员的产生方式：与合议仲裁庭选定首席仲裁员的方式一样，即当事人共同选定或共同委托仲裁委员会主任指定。

三、仲裁员的回避

1. 回避对象：仲裁员。

2. 回避方式：自行回避；申请回避。

3. 回避理由：是本案的当事人或者当事人、代理人的近亲属；与本案有利害关系；与本案当事人、代理人有其他利害关系，可能影响案件公正仲裁的；私自会见当事人、代理人，或者接受当事人、代理人的请客送礼的。

4. 回避申请的提出时间：在首次开庭前提出；回避事由在首次开庭后知道的，可以在最后一次开庭终结前提出。

5. 回避的决定权

（1）对仲裁员的回避申请，由仲裁委员会主任决定。

（2）仲裁委员会主任担任仲裁员时的回避申请，由仲裁委员会决定。

6. 回避的后果

（1）被准许回避的仲裁员退出仲裁庭，重新选定或者指定仲裁员。

（2）当事人可以请求已经进行的仲裁程序重新进行，是否准许，由仲裁庭决定。仲裁庭也可以自行决定已进行的仲裁程序是否重新进行。

实战演练 （2016 年卷三第 50 题）**甲公司与乙公司因合同纠纷向某仲裁委员会申请仲裁，第一次开庭后，甲公司的代理律师发现合议庭首席仲裁员苏某与乙公司的老总汪某在一起吃饭，遂向仲裁庭提出回避申请。关于本案仲裁程序，下列哪一选项是正确的？**[1]

A. 苏某的回避应由仲裁委员会集体决定

B. 苏某回避后，合议庭应重新组成

C. 已经进行的仲裁程序应继续进行

D. 当事人可请求已进行的仲裁程序重新进行

四、仲裁的审理方式：以不公开审理、开庭审理为原则

1. 不公开审理为原则、公开审理为例外（保密性）：当事人协议公开的，可以公开，但涉及国家秘密的除外。

2. 开庭审理为原则、书面审理为例外：当事人协议不开庭的可以书面审理。

五、撤回仲裁申请和缺席裁决

1. 撤回仲裁申请后反悔的，当事人可以依据原仲裁协议申请仲裁。撤回仲裁申请并不影响原仲裁协议的效力，其仍旧排斥起诉权。

【例】 花果山果蔬连锁店与 A 公司签订了一份为期 3 年的果盘供应合同，合同中约定，若发生纠纷提交本市的 G 仲裁委员会处理。后因 A 公司经常拖欠货款，花果山果蔬

---

〔1〕 答案：D。

连锁店向G仲裁委员会申请仲裁。在仲裁委员会受理案件后，A公司经理表示之前公司周转困难，但现在情况已经好转，以后不会再出现类似问题。考虑到合作的长远性，花果山果蔬连锁店撤回了仲裁申请。但之后A公司仍旧没有按约定支付货款，此时花果山果蔬连锁店仍旧可以依据合同中的仲裁条款再次向G仲裁委员会提出仲裁申请。

2. 缺席仲裁的适用情形

（1）被申请人经书面通知，无正当理由不到庭。

（2）被申请人未经仲裁庭的许可中途退庭。

（3）仲裁被申请人提出反请求的情况下，如果仲裁申请人经书面通知无正当理由不到庭或未经仲裁庭准许中途退庭时，仲裁庭可以基于反请求对仲裁申请人作出缺席裁决。

【例】甲公司和乙公司签订奶酪买卖合同，并在合同中约定了仲裁条款，后由于甲公司拒绝支付奶酪货款，乙公司向仲裁委员会申请仲裁，要求甲公司支付货款。甲公司接到仲裁通知后作出答辩意见，同时提出由于乙公司提供的奶酪不符合质量规定而造成了经济损失，要求乙公司赔偿经济损失10万元的反请求。仲裁庭依法书面向双方当事人寄送了开庭通知。开庭当日，甲公司没有如期到庭参加庭审，仲裁庭应当在甲公司无故不到庭的情况下，对乙公司的仲裁请求缺席裁决，对甲公司的反请求视为撤回仲裁申请。

（4）被申请人的法定代理人经书面通知无正当理由不到庭或者未经仲裁庭许可中途退庭的，可以缺席裁决。

提示：仲裁委员会应当在仲裁规则规定的期限内将开庭日期通知双方当事人。当事人有正当理由的，可以在仲裁规则规定的期限内请求延期开庭。是否延期，由仲裁庭决定。申请人经书面通知，无正当理由不到庭或者未经仲裁庭许可中途退庭的，可以视为撤回仲裁申请。被申请人经书面通知，无正当理由不到庭或者未经仲裁庭许可中途退庭的，可以缺席裁决。

六、仲裁中的和解、调解与裁决

（一）仲裁和解

1. 自行和解的时间：仲裁委受理案件后、作出仲裁裁决前。

2. 和解后的选择

（1）可以请求仲裁庭根据和解协议制作仲裁裁决书；

（2）可以请求仲裁庭根据和解协议制作仲裁调解书；

（3）撤回仲裁申请：此时并不影响仲裁协议的效力，之后若反悔还可以依据原仲裁协议申请仲裁。

3. 仲裁和解协议的效力：无强制执行力，不能作为执行依据。

（二）仲裁调解

1. 仲裁庭在作出裁决前，可以先行调解。当事人自愿调解的，仲裁庭应当调解。调解不成的，应当及时作出裁决。

2. 经仲裁庭调解，双方当事人达成协议的，仲裁庭应当制作调解书。仲裁庭除了可以制作仲裁调解书之外，也可以根据协议的结果制作裁决书。调解书和裁决书具有同等法律效力。

3. 调解书经双方当事人签收后发生法律效力。如果调解书签收前当事人反悔的，仲裁庭应当及时作出裁决。

4. 调解解决纠纷后，当事人不得以同一事实和理由向仲裁委员会申请仲裁，也不得向人民法院起诉。

（三）仲裁裁决

1. 仲裁裁决的作出方式

（1）少数服从多数：仲裁裁决应当按照多数仲裁员的意见作出，少数仲裁员的不同意见可以记入笔录。对裁决持不同意见的仲裁员，可以在裁决书上签名，也可以不签名。

（2）仲裁庭不能形成多数意见时，裁决应当按照首席仲裁员的意见作出。

注意：首席仲裁员行使优先决定权的前提是无法形成多数意见，如果已经形成了多数意见，则依照多数意见作出裁决。

【例1】仲裁庭对某合同纠纷进行审理后，首席仲裁员甲认为该合同有效，应当继续履行；仲裁员乙和仲裁员丙均认为该合同应当解除。此时应当依据多数意见作出裁决，即裁决解除合同。

【例2】仲裁庭对某合同纠纷进行审理后，首席仲裁员甲认为该合同有效，应当继续履行；仲裁员乙认为合同自始无效；仲裁员丙认为合同部分可撤销。此时无法形成多数意见，应当按照首席仲裁员甲的意见作出裁决，即合同继续履行。

2. 仲裁裁决的内容

（1）仲裁裁决书的内容：仲裁请求、争议事实、裁决理由、裁决结果、仲裁费用的负担和裁决日期；

（2）当事人协议，可以不在仲裁裁决书中写明争议事实和裁决理由。

【例】北京市开心儿童玩具公司与上海市美丽商厦因玩具买卖合同发生纠纷，由北京仲裁委员会仲裁并作出裁决，为了保护商誉，上海市美丽商厦请求仲裁庭不要在仲裁裁决书中载明仲裁请求、争议事实和裁决理由，对于该申请，仲裁庭可否准许？

答案：仲裁庭可以不在仲裁裁决书中载明争议事实和裁决理由，但是仲裁请求不可省去。

3. 仲裁裁决的生效

（1）作出即生效（一裁终局）：仲裁裁决书自作出之日起发生法律效力。

（2）一事不再理、或裁或审：当事人不得就已经裁决的事项再行申请仲裁，也不得就此提起诉讼。

（3）仲裁裁决的确定性：仲裁机构不得随意变更已生效的仲裁裁决；其他任何机关或个人均不得变更仲裁裁决。

（4）仲裁裁决具有执行力，是法定的执行依据之一。

4. 先行裁决：仲裁庭仲裁纠纷时，其中一部分事实已经清楚，可以就该部分先行裁决。

5. 仲裁裁决的补正

（1）启动方式和时间：当事人可自收到裁决书之日起30日内请求仲裁庭补正；仲裁庭也可自行补正。

（2）可以补正的对象：仲裁裁决书中的文字错误、计算错误，以及已经裁决但在仲裁裁决书中漏记的事项。

串讲小课堂

1. 仲裁保全：（1）无论仲裁前或仲裁中保全，均只能依申请启动；（2）仲裁前保全直接向法院申请，仲裁中保全须由仲裁机构转交法院；（3）国内仲裁保全基层法院管辖，涉外仲裁保全中级法院管辖。

2. 仲裁庭的组成形式：（1）合议仲裁庭；（2）独任仲裁庭。

3. 对仲裁员的回避申请，由仲裁委员会主任决定；仲裁委员会主任担任仲裁员时的回避申请，由仲裁委员会决定。仲裁员被决定回避后，程序可能继续也可能重来，由仲裁庭决定。

4. 仲裁的审理方式：以不公开审理、开庭审理为原则。

5. 仲裁和解协议及调解协议，当事人可以选择做成调解书或裁决书。

6. 仲裁裁决应当按照多数仲裁员的意见作出，少数仲裁员的不同意见可以记入笔录。对裁决持不同意见的仲裁员，可以在裁决书上签名，也可以不签名。仲裁庭不能形成多数意见时，裁决应当按照首席仲裁员的意见作出。

7. 仲裁裁决：一裁终局＋执行力保障。

第十九讲

仲裁的司法监督

思维导图

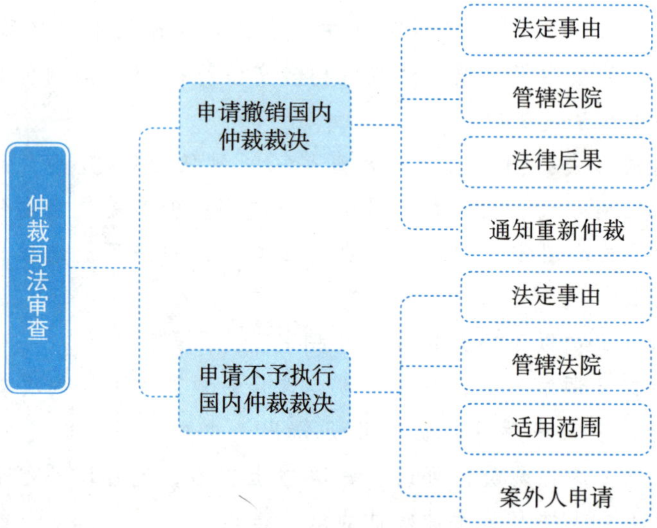

考点概览

仲裁裁决的执行	管辖法院；申请时限；救济机制
仲裁的司法审查	申请撤销国内仲裁裁决：法定事由；管辖法院；通知重新仲裁
	申请不予执行国内仲裁裁决：法定事由；管辖法院；适用范围；案外人申请不予执行仲裁裁决
	仲裁司法审查报核制度

一、申请执行仲裁裁决的条件[1]

1. 主体要件：只能由当事人申请。
2. 申请时限：两年，可中止、中断。
3. 管辖要件：被执行人住所地或者被执行人财产所在地的中级人民法院；经上级法

〔1〕 法律规范链接：《最高人民法院关于人民法院办理仲裁裁决执行案件若干问题的规定》。

院批准，中级人民法院可以指定相应的基层人民法院管辖仲裁执行案件。

记忆胶囊 仲裁裁决的执行管辖：中级法院管辖为原则、基层法院管辖为例外。

4. 救济机制：申请执行人对驳回执行申请裁定不服的，可以自裁定送达之日起10日内向上一级法院申请复议。

注意：如果一方申请执行裁决，另一方申请撤销裁决，则裁定中止执行。之后法院裁定撤销裁决的，应裁定终结执行；法院驳回撤销申请的，裁定恢复执行。

二、申请撤销国内仲裁裁决

1. 启动方式：以当事人申请撤销为原则，但法院认定仲裁裁决违背社会公共利益的，应当裁定撤销。

2. 申请主体和申请时间

（1）申请主体：仲裁当事人（仲裁申请人、被申请人），仲裁委员会无此资格；

（2）申请时间：收到仲裁裁决书之日起6个月内。

3. 管辖：仲裁委所在地中级人民法院。

4. 撤销仲裁裁决的法定情形（《仲裁法》第58条）

（1）没有仲裁协议的

①当事人之间根本没有达成仲裁协议。

②视为没有仲裁协议的两种情形：仲裁协议被认定无效；仲裁协议被撤销。

【例】望子成龙的张三与阳光早教中心签订了一份合同，协议中约定若发生争议提交南京仲裁委员会或上海仲裁委员会裁决处理。后因为收费问题双方发生争议，阳光早教中心向法院申请裁定该仲裁条款无效。法院经审查做出了仲裁条款无效的裁定。之后，张三依据该仲裁协议向上海仲裁委员会申请仲裁，上海仲裁委受理了该申请并作出了裁决。此时，阳光早教中心可以申请法院撤销该仲裁裁决。

（2）裁决的事项不属于仲裁协议的范围或者仲裁委员会无权仲裁的

“裁决的事项不属于仲裁协议的范围或者仲裁机构无权仲裁的”具体情形：①裁决的事项超出仲裁协议约定的范围；②裁决的事项属于依照法律规定或者当事人选择的仲裁规则规定的不可仲裁事项；③裁决内容超出当事人仲裁请求的范围；④作出裁决的仲裁机构非仲裁协议所约定。

当事人以仲裁裁决事项超出仲裁协议范围为由申请撤销仲裁裁决，经审查属实的，人民法院应当撤销仲裁裁决中的超裁部分。但超裁部分与其他裁决事项不可分的，人民法院应当撤销仲裁裁决。

【例】G仲裁委员会对A公司与B公司的承揽合同纠纷作出裁决后，发现该裁决对当事人双方未请求仲裁的事项进行了裁决，导致两公司对该裁决书均不满。此时，G仲裁委不能直接变更已生效的裁决，因为受一裁终局的约束，但是两公司可以请求法院撤销该仲裁裁决。

（3）仲裁庭的组成或者仲裁的程序违反法定程序的

违反仲裁法规定的仲裁程序、当事人选择的仲裁规则或者当事人对仲裁程序的特别约定，可能影响案件公正裁决，经法院审查属实的。

例如：当事人在仲裁过程中未获得充分的陈述自己意见的机会；仲裁庭违法剥夺或限制当事人的辩论机会；仲裁庭违反回避的相关规定。

【例】某仲裁案件中，仲裁庭的组成人员之一是被申请人的代理律师的妻子，仲裁申请人在仲裁庭作出仲裁裁决后才听说了该情况，此时其可以在法定期限内申请法院撤销该仲裁裁决。

（4）裁决所根据的证据是伪造的

①该证据已被仲裁裁决采信；②该证据属于认定案件基本事实的主要证据；③该证据经查明确属通过捏造、变造、提供虚假证明等非法方式形成或者获取，违反证据的客观性、关联性、合法性要求。

（5）对方当事人隐瞒了足以影响公正裁决的证据的

①该证据属于认定案件基本事实的主要证据；②该证据仅为对方当事人掌握，但未向仲裁庭提交；③仲裁过程中知悉存在该证据，且要求对方当事人出示或者请求仲裁庭责令其提交，但对方当事人无正当理由未予出示或者提交。

（6）仲裁员在仲裁该案时有索贿受贿、徇私舞弊、枉法裁决行为的。

原理点睛

法院对国内仲裁的监督范围，原则上限于程序问题和仲裁员个人品行问题，事实和法律问题一律不干预，证据问题仅干预两种严重的情形［上述第（4）和第（5）两种］。

【例】甲与乙汽车租赁合同纠纷案件，经B仲裁委员会审理后作出裁决。在收到仲裁裁决书后，甲认为仲裁庭作出裁决所依据的证据不足，遂向法院申请撤销该仲裁裁决，对于该申请，法院不予受理，因为证据不足不是申请撤销仲裁裁决的法定事由，这也体现了司法对仲裁自治性的尊重。

5. 审理方式和期限

（1）法院受理当事人提出的撤销裁决的申请后，必须组成合议庭审理，并询问当事人。

【例】王某与蔡某借用合同纠纷中，仲裁庭的首席仲裁员黄某是被申请人蔡某的亲弟弟，王某在仲裁庭作出仲裁裁决后才听说了该情况，于是以违反法定程序为由向法院申请撤销该仲裁裁决。此时应当由仲裁委所在地的中级法院对该申请进行审查，且审查时必须组成合议庭，并询问当事人。

（2）期限：法院应当在受理之日起2个月内审查。

6. 法院审查后的不同处理方式

（1）撤销仲裁裁决

经审查，发现法定撤销理由的，裁定撤销仲裁裁决；若属于超裁情形且超裁部分与其他部分裁决可分，则可以撤销部分裁决。

（2）驳回撤销申请

经审查没有发现撤销事由，裁定驳回撤销仲裁裁决的申请，该裁定不能上诉，驳回后，原仲裁裁决具有执行力。

（3）通知重新仲裁

通知仲裁庭重新仲裁是一个特殊阶段，在下列两种情况下，人民法院可以通知重新仲裁：①仲裁裁决所根据的证据是伪造的；②对方当事人隐瞒了足以影响公正裁决的证据的。人民法院应当在通知中说明要求重新仲裁的具体理由。

注意：是否重新仲裁，由仲裁庭自己决定。若仲裁庭拒绝重新仲裁的，人民法院应当裁定恢复撤销程序；若仲裁庭接受建议开始重新仲裁的，仲裁庭无须重新组成，由原仲裁庭仲裁，也无须当事人重新达成仲裁协议。

7. 撤销仲裁裁决的后果

对于人民法院作出的撤销仲裁裁决的裁定或者驳回申请的裁定，当事人不得上诉。仲裁裁决一旦撤销，当事人可以重新达成仲裁协议申请仲裁，或者向法院提起诉讼。

避坑指南

撤回仲裁申请 VS 撤销仲裁裁决：当事人撤回仲裁申请后，原先的仲裁协议仍然有效，可以重新申请仲裁，但不能起诉。法院裁定撤销仲裁裁决的，原先的仲裁协议失去拘束力，当事人可以起诉，但如果还想申请仲裁，须重新达成仲裁协议。

实战演练 **（2020年真题网络回忆版）甲公司与乙公司因借款合同发生纠纷，甲公司依据合同中的仲裁条款向深圳仲裁委员会申请仲裁，仲裁庭经过审理裁决乙公司向甲公司返还借款90万元。之后乙公司向深圳市中级人民法院申请撤销仲裁裁决，法院经过审理裁定撤销该裁决。请问甲公司如何救济自身的权益？**[1]

A. 甲公司可以向法院提起诉讼，要求乙公司返还借款

B. 甲公司可以依据原先的仲裁条款，向深圳仲裁委重新申请仲裁

C. 甲公司可以向深圳市中级人民法院申诉，请求法院自行启动再审予以纠错

D. 甲公司可以向广东省人民检察院申请提出抗诉

三、申请不予执行国内仲裁裁决

1. 司法监督标准的一致性：不予执行国内仲裁裁决的六项事由与撤销国内仲裁裁决的事由完全相同。

2. 管辖：受理执行申请的法院。

3. 申请时间：当事人请求不予执行仲裁裁决的，应当在执行终结前提出。

4. 法院不予支持不予执行申请的情形

（1）禁止重复申请：当事人向法院申请撤销仲裁裁决被驳回后，又在执行程序中以相同事由提出不予执行申请的，法院不予支持；当事人向法院申请不予执行被驳回后，又以相同事由申请撤销仲裁裁决的，法院不予支持。

（2）当事人在仲裁程序中未对仲裁协议的效力提出异议，在仲裁裁决作出后以仲裁协议无效为由主张撤销仲裁裁决或者提出不予执行抗辩。

（3）被执行人申请不予执行仲裁调解书或者根据当事人之间的和解协议、调解协议作

---

〔1〕答案：A。

出的仲裁裁决，法院不予支持，但该仲裁调解书或者仲裁裁决违背社会公共利益的除外。

【例】范某根据与黄某达成的仲裁协议，向某仲裁委员会申请仲裁。在仲裁审理中，双方达成和解协议并申请依和解协议作出裁决。裁决作出后，范某拒不履行其义务，黄某向法院申请强制执行，而范某则向法院申请裁定不予执行该仲裁裁决。此时，法院应当继续执行，不予审查是否具有不予执行仲裁裁决的情形，因为本案中的仲裁裁决书是依据范某与黄某之间的仲裁和解协议作出的，属于法院不予支持申请的范围。

5. 案外人申请不予执行仲裁裁决：防范虚假仲裁

（1）案外人向法院申请不予执行仲裁裁决或仲裁调解书的条件：

①有证据证明仲裁案件当事人恶意申请仲裁或者虚假仲裁，损害其合法权益；

②案外人主张的合法权益所涉及的执行标的尚未执行终结；

③自知道或者应当知道法院对该标的采取执行措施之日起 30 日内提出。

（2）法院支持案外人不予执行申请的条件：

①案外人系权利或者利益的主体；

②案外人主张的权利或者利益合法、真实；

③仲裁案件当事人之间存在虚构法律关系，捏造案件事实的情形；

④仲裁裁决主文或者仲裁调解书处理当事人民事权利义务的结果部分或者全部错误，损害案外人合法权益。

（3）法院基于案外人申请裁定不予执行仲裁裁决或者仲裁调解书，当事人不服的，可以自裁定送达之日起 10 日内向上一级法院申请复议；法院裁定驳回或者不予受理案外人提出的不予执行仲裁裁决、仲裁调解书申请，案外人不服的，可以自裁定送达之日起 10 日内向上一级法院申请复议。

【表】申请撤销国内仲裁裁决 VS 申请不予执行国内仲裁裁决

—	申请撤销国内仲裁裁决	申请不予执行国内仲裁裁决
申请主体	仲裁当事人	仲裁当事人或案外人
申请时限	收到仲裁裁决书之日起 6 个月内	对方当事人申请执行仲裁裁决 之后、执行程序终结前
管辖法院	仲裁委所在地的中级法院	受理执行申请的法院
程序设置	通知重新仲裁只可能发生在申请撤销仲裁裁决的情形中	
相同之处	（1）总体性质：均属于司法对仲裁的监督机制 （2）法定事由相同 （3）法律后果相同：法院裁定撤销或不予执行仲裁裁决的，当事人可以直接向法院起诉，或者重新达成仲裁协议后申请仲裁	

四、关于仲裁司法审查案件报核的规定

《最高人民法院关于仲裁司法审查案件报核问题的有关规定》

第 2 条第 2 款：各中级人民法院或者专门人民法院办理非涉外涉港澳台仲裁司法审

查案件，经审查拟认定仲裁协议无效，不予执行或者撤销我国内地仲裁机构的仲裁裁决，应当向本辖区所属高级人民法院报核；待高级人民法院审核后，方可依高级人民法院的审核意见作出裁定。

第3条：本规定第二条第二款规定的非涉外涉港澳台仲裁司法审查案件，高级人民法院经审查，拟同意中级人民法院或者专门人民法院以违背社会公共利益为由不予执行或者撤销我国内地仲裁机构的仲裁裁决的，应当向最高人民法院报核，待最高人民法院审核后，方可依最高人民法院的审核意见作出裁定。

第6条：上级人民法院收到下级人民法院的报核申请后，认为案件相关事实不清的，可以询问当事人或者退回下级人民法院补充查明事实后再报。

第8条：在民事诉讼案件中，对于人民法院因涉及仲裁协议效力而作出的不予受理、驳回起诉、管辖权异议的裁定，当事人不服提起上诉，第二审人民法院经审查拟认定仲裁协议不成立、无效、失效、内容不明确无法执行的，须按照本规定第二条的规定逐级报核，待上级人民法院审核后，方可依上级人民法院的审核意见作出裁定。

【指导案例链接】 最高法指导性案例第199号“高哲宇与深圳市云丝路创新发展基金企业、李斌申请撤销仲裁裁决案”：仲裁裁决裁定被申请人赔偿与比特币等值的美元，再将美元折算成人民币，属于变相支持比特币与法定货币之间的兑付交易，违反了国家对虚拟货币金融监管的规定，违背了社会公共利益，人民法院应当裁定撤销仲裁裁决。

串讲小课堂

1. 仲裁裁决的执行管辖：被执行人住所地或者被执行人财产所在地的法院；中级法院管辖为原则，基层法院管辖为例外。

2. 如果一方申请执行裁决，另一方申请撤销裁决，则裁定中止执行。之后法院裁定撤销裁决的，应裁定终结执行；法院驳回撤销申请的，裁定恢复执行。

3. 申请撤销仲裁裁决：当事人申请+6种事由+仲裁委所在地中院管辖+通知重新仲裁（2种事由）。

4. 申请不予执行仲裁裁决：当事人或案外人申请+6种事由+受理执行申请的法院管辖。

5. 仲裁司法审查案件报核制度：仲裁协议无效（报高院）；仲裁裁决违背社会公共利益（报最高院）。

重要知识点快速索引

续表

瑞达法考直属分校联系方式

北方分校

办公地址：北京市海淀区西三环北路72号世纪经贸大厦B座27层2700

上课地址：天津市武清区新源道18号奥蓝际德商务酒店（园区免费停车）

1. 客服值班电话：400－1660－360转1转1再转1；王老师：17343174185（同微信） 杨老师：17812032760（同微信）；2. 北京市面授及网课咨询：闫老师：15910626131（同微信） 卜老师：15901252307（同微信）；王老师：17810798753（同微信）；3. 天津市面授及网课咨询：王老师：17810798753（同微信）；4. 河北省面授及网课咨询：卜老师：15901252307（同微信）；5. 辽宁省面授及网课咨询：陈小龙老师：17810632673（同微信）；6. 吉林省面授及网课咨询：陈鸿丰老师：17810712815（同微信）；7. 黑龙江面授及网课咨询：陈鸿丰老师：17810712815（同微信）；8. 内蒙古面授及网课咨询：陈鸿丰老师：17810712815（同微信）；9. 河南省面授及网课咨询：陈小龙老师：17810632673（同微信）；10. 山西省、陕西省咨询：卜老师：15901252307（同微信）；11. 甘肃省、新疆区域咨询：闫老师：15910626131（同微信）；12. 青海省、宁夏区域咨询：杨老师：17812032760（同微信）

南京分校

客服值班电话：4001660360转1转1再转5

江苏、安徽、山东报名咨询：沙老师13812318935；办公地址：南京市鼓楼区新楼花马路66号南邮大厦1714室

上海分校

客服值班电话：4001660360转1转1再转2

1.（市区报名）上海市静安区汉中路158号汉中广场902室；地铁1号线、12号线、13号线汉中路站下。电话：021－52902865、021－52902869、18516307172（微信同号）陈老师、13738188215（微信同号）；2.（大学城报名）上海市松江区三新北路1800弄8号楼3002室（松江大学城六期）；上海海事大学、江西省报名咨询：13052397071（微信同号）余老师；3. 上海政法学院、上海商学院、华东理工、上师大、厦门报名咨询：13052393272（微信同号）陈老师；4. 上大、贤达、金融、衫达、海关、漳州、泉州咨询：13395718787（微信同号）李老师

杭州分校

客服值班电话：4001660360转1转1转4

1. 杭州分校报名咨询：0571－87756276、13738188215（微信同号）；地址：杭州市西湖区文二路195号（靠近教工路）耀江文欣大厦1503室；2. 浙大宁波理工、温州、嘉兴地区：梅老师13738188215（微信同号）；3. 下沙地区、杭州商学院、现科、浙大城院：梅老师13738188215（微信同号）；4. 万里学院、宁波科技学院、浙江工业大学、杭州师范大学：梅老师13738188215（微信同号）；5. 绍兴地区、金华地区、农林大学、警官学院、东方财经、科艺学院：谢老师15168367817（微信同号）

广州分校

客服值班电话：4001660360转1转1再转3

广州地址：广州市天河区广州大道北613号城光大厦700A－B

咨询热线：020－62875806　手机：17688466828

乘车路线：地铁天号线平架A出口（南洋长胜酒店方向）；公交：兴华路口站

1. 广技师、五邑大学、新华学院（林老师）：16624710323；2. 广外、广大、广警、北理、北师（李老师）：18124065249；3. 广海、岭师、广油、华农、中山电子（林华老师）：13922309460；4. 广应科、培正、华师（柳老师）：13602889765；5. 韶关学院、广东工业大学、广东财经大学、广州商学院、嘉应学院、惠州学院、肇庆学院、东莞理工学院城市学院（张老师）：18620087770

深圳分校

客服值班电话：4001660360转1转1再转6

深圳地址：深圳市福田区深南中路2016号兴华大厦B座829

咨询热线：0755－23964781，手机：13316856786

乘车路线：地铁科学馆站B口出前行150米

深圳大学、海南三亚学院、海南大学咨询：13311520165（王老师）

法考 免费课程听课流程

电脑听课流程

① 通过浏览器输入瑞达法考的网址进行搜索，进入瑞达法考官网首页。

https://www.ruidaedu.com

② 进入首页后向下滑动找到 “热门课程” 点击课程即可观看。

（提示：这里展现的是近期最新部分课程，观看更多请点击右边“更多精彩课程”进行观看）

③ 进入首页后，点击导航条上的 “免费课堂” 再点击课程即可观看。

（提示：您也可以根据专业/讲师/阶段/年份来找到对应课程进行观看）

首页　免费课堂　配套教材　瑞达讲师　面授班次　加盟分校　瑞达e学　最新资讯

APP手机听课流程（提示：图书封底扫二维码下载“瑞达法考APP”）

进入“瑞达法考APP”首页—公开课—点击课程—去学习—就可以听课啦！

（提示：没有注册的瑞宝请先进入“瑞达法考APP”我的—注册/登录—登录账号）

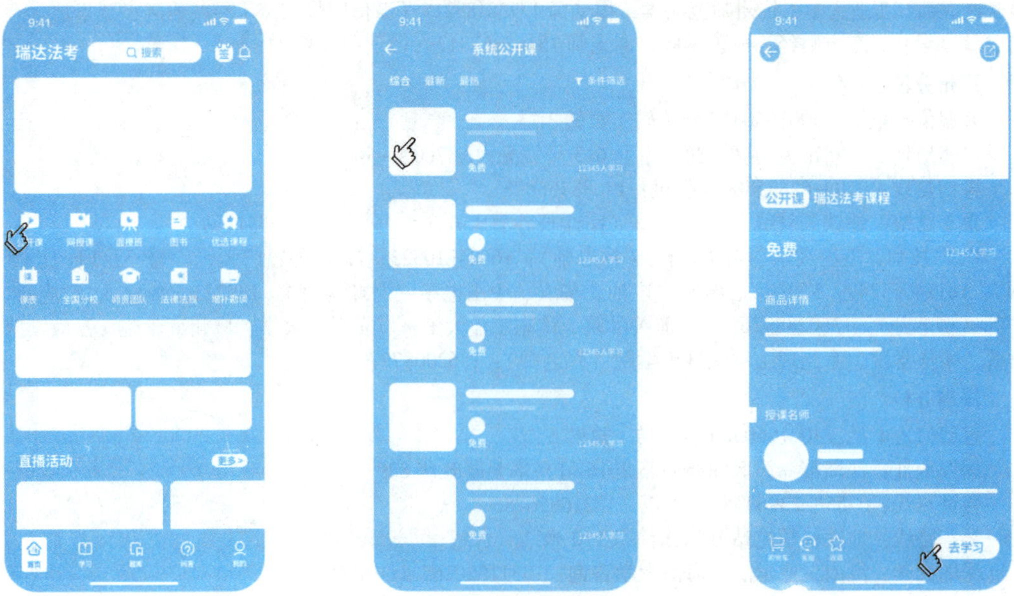

瑞达法考客观题系列

2024 国家统一法律职业资格考试

民事诉讼法
精讲
之彩蛋篇

◎韩心怡 编著

瑞达教育 出品

目 录

一、《民法典合同编通则解释》的民诉视角

（一）合同成立的民诉视角

第3条第3款：当事人主张合同无效或者请求撤销、解除合同等，人民法院认为合同不成立的，应当依据《最高人民法院关于民事诉讼证据的若干规定》第五十三条的规定将合同是否成立作为焦点问题进行审理，并可以根据案件的具体情况重新指定举证期限。

【考点提示】原告的诉讼请求是合同无效、撤销合同或解除合同，但法院认为合同不成立的，应将合同是否成立作为审理焦点，并可重新指定举证期限。此时法院的审理焦点与原告的诉讼请求并不一致，表面上看起来貌似违反了处分原则，但其正当性基础是一次性解决纠纷，避免引发新的诉讼。

（二）批准生效合同的民诉视角

第12条第3款：合同获得批准前，当事人一方起诉请求对方履行合同约定的主要义务，经释明后拒绝变更诉讼请求的，人民法院应当判决驳回其诉讼请求，但是不影响其另行提起诉讼。

【考点提示】获得批准前合同尚未生效，当事人不得要求对方履行合同主要义务。原告起诉要求对方履行合同主要义务的，法院应释明其变更诉讼请求。原告拒绝变更诉讼请求的，法院应判决驳回其诉讼请求，但其可以另行起诉，不构成重复起诉。

（三）以物抵债的民诉视角

第27条：债务人或者第三人与债权人在债务履行期限届满后达成以物抵债协议，不存在影响合同效力情形的，人民法院应当认定该协议自当事人意思表示一致时生效。

债务人或者第三人履行以物抵债协议后，人民法院应当认定相应的原债务同时消灭；债务人或者第三人未按照约定履行以物抵债协议，经催告后在合理期限内仍不履行，债权人选择请求履行原债务或者以物抵债协议的，人民法院应予支持，但是法律另有规定或者当事人另有约定的除外。

前款规定的以物抵债协议经人民法院确认或者人民法院根据当事人达成的以物抵债协议制作成调解书，债权人主张财产权利自确认书、调解书生效时发生变动或者具有对抗善意第三人效力的，人民法院不予支持。

债务人或者第三人以自己不享有所有权或者处分权的财产权利订立以物抵债协议的，依据本解释第十九条的规定处理。

【考点提示】1. 法院制作的以物抵债调解书，不能直接发生物权效力。

2. 在执行中，法院不得依据当事人的和解协议制作以物抵债裁定书。

3. 一审中当事人达成以物抵债协议后的处理方式

（1）请求法院依据协议制作调解书结案，调解书可申请执行；或者

（2）申请撤回起诉，之后可以再次起诉。

4. 二审中当事人达成以物抵债协议后的处理方式

（1）申请撤回起诉，之后不得再次起诉。

（2）申请撤回上诉的，法院告知其申请撤回起诉。

（3）申请依据协议制作调解书的，法院不应准许，并继续审理原债权债务关系。

（四）同时履行判决

第31条　当事人互负债务，一方以对方没有履行非主要债务为由拒绝履行自己的主要债务的，人民法院不予支持。但是，对方不履行非主要债务致使不能实现合同目的或者当事人另有约定的除外。

当事人一方起诉请求对方履行债务，被告依据民法典第五百二十五条的规定主张双方同时履行的抗辩且抗辩成立，被告未提起反诉的，人民法院应当判决被告在原告履行债务的同时履行自己的债务，并在判项中明确原告申请强制执行的，人民法院应当在原告履行自己的债务后对被告采取执行行为；被告提起反诉的，人民法院应当判决双方同时履行自己的债务，并在判项中明确任何一方申请强制执行的，人民法院应当在该当事人履行自己的债务后对对方采取执行行为。

当事人一方起诉请求对方履行债务，被告依据民法典第五百二十六条的规定主张原告应先履行的抗辩且抗辩成立的，人民法院应当驳回原告的诉讼请求，但是不影响原告履行债务后另行提起诉讼。

【考点提示】

前提条件	当事人一方起诉请求对方履行债务，被告主张双方同时履行的抗辩且抗辩成立
法律效果	1. 被告未提起反诉：法院应当判决被告在原告履行债务的同时履行自己的债务，并在判项中明确原告申请强制执行的，人民法院应当在原告履行自己的债务后对被告采取执行行为
	2. 被告提起反诉：法院应当判决双方同时履行自己的债务，并在判项中明确任何一方申请强制执行的，人民法院应当在该当事人履行自己的债务后对对方采取执行行为
其他	当事人一方起诉请求对方履行债务，被告主张原告应先履行的抗辩且抗辩成立的，法院应当驳回原告的诉讼请求，但是不影响原告履行债务后另行提起诉讼

（五）债权人代位权的民诉视角

第35条【代位权诉讼的管辖法院】债权人依据民法典第五百三十五条的规定对债务人的相对人提起代位权诉讼的，由被告住所地人民法院管辖，但是依法应当适用专属管辖规定的除外。

【债务人和次债务人之间的协议管辖对债权人没有拘束力】债务人或者相对人以双

方之间的债权债务关系订有管辖协议为由提出异议的，人民法院不予支持。

第36条【代位权诉讼与仲裁协议、管辖协议】债权人提起代位权诉讼后，债务人或者相对人以双方之间的债权债务关系订有仲裁协议为由对法院主管提出异议的，人民法院不予支持。但是，债务人或者相对人在首次开庭前就债务人与相对人之间的债权债务关系申请仲裁的，人民法院可以依法中止代位权诉讼。

第37条【代位权诉讼中当事人的诉讼地位】债权人以债务人的相对人为被告向人民法院提起代位权诉讼，未将债务人列为第三人的，人民法院应当追加债务人为第三人。

【代位权诉讼中的合并审理】两个以上债权人以债务人的同一相对人为被告提起代位权诉讼的，人民法院可以合并审理。债务人对相对人享有的债权不足以清偿其对两个以上债权人负担的债务的，人民法院应当按照债权人享有的债权比例确定相对人的履行份额，但是法律另有规定的除外。

第38条【起诉债务人后又提起代位权诉讼】债权人向人民法院起诉债务人后，又向同一人民法院对债务人的相对人提起代位权诉讼，属于该人民法院管辖的，可以合并审理。不属于该人民法院管辖的，应当告知其向有管辖权的人民法院另行起诉；在起诉债务人的诉讼终结前，代位权诉讼应当中止。

第39条【代位权诉讼中债务人起诉相对人】在代位权诉讼中，债务人对超过债权人代位请求数额的债权部分起诉相对人，属于同一人民法院管辖的，可以合并审理。不属于同一人民法院管辖的，应当告知其向有管辖权的人民法院另行起诉；在代位权诉讼终结前，债务人对相对人的诉讼应当中止。

第40条【代位权不成立的处理】代位权诉讼中，人民法院经审理认为债权人的主张不符合代位权行使条件的，应当驳回诉讼请求，但是不影响债权人根据新的事实再次起诉。

债务人的相对人仅以债权人提起代位权诉讼时债权人与债务人之间的债权债务关系未经生效法律文书确认为由，主张债权人提起的诉讼不符合代位权行使条件的，人民法院不予支持。

【考点提示】1. 代位权诉讼适用“原告就被告”的一般地域管辖规则，由被告住所地法院管辖，但不能对抗专属管辖。

2. 债务人和次债务人的管辖协议，对债权人的代位权诉讼没有拘束力。

3. 债务人和次债务人之间的仲裁协议，不能对抗债权人的代位诉权。在代位权诉讼首次开庭前，债务人或次债务人已经对二者之间的债权债务关系申请仲裁的，法院可以裁定中止代位权诉讼。

4. 代位权诉讼中当事人的诉讼地位：债权人为原告，次债务人为被告，债务人应当列为第三人。

5. 两个以上的债权人，对同一个次债务人提起代位权诉讼的，法院可以合并审理。

6. 债权人起诉债务人之后，又提起代位权诉讼的，符合条件的可以合并审理，但应当裁定中止代位权诉讼。

7. 债权人起诉次债务人后，债务人又对超过债权人代位请求数额的债权部分起诉次债务人的，符合条件的可以合并审理，但应当裁定中止债务人对次债务人的诉讼。

（六）债权人撤销权的民诉视角

第44条【撤销权诉讼的当事人、管辖和合并审理】债权人依据民法典第五百三十八条、第五百三十九条的规定提起撤销权诉讼的，应当以债务人和债务人的相对人为共同被告，由债务人或者相对人的住所地人民法院管辖，但是依法应当适用专属管辖规定的除外。

两个以上债权人就债务人的同一行为提起撤销权诉讼的，人民法院可以合并审理。

第46条【撤销权行使的法律效果】债权人在撤销权诉讼中同时请求债务人的相对人向债务人承担返还财产、折价补偿、履行到期债务等法律后果的，人民法院依法予以支持。

债权人请求受理撤销权诉讼的人民法院一并审理其与债务人之间的债权债务关系，属于该人民法院管辖的，可以合并审理。不属于该人民法院管辖的，应当告知其向有管辖权的人民法院另行起诉。

债权人依据其与债务人的诉讼、撤销权诉讼产生的生效法律文书申请强制执行的，人民法院可以就债务人对相对人享有的权利采取强制执行措施以实现债权人的债权。债权人在撤销权诉讼中，申请对相对人的财产采取保全措施的，人民法院依法予以准许。

【考点提示】 1. 撤销权诉讼中当事人的诉讼地位：债权人为原告，债务人和受让人、受益人为共同被告。

2. 撤销权诉讼的管辖法院：债务人住所地或受让人、受益人住所地法院，但依法应当适用专属管辖的除外。

3. 撤销权诉讼中的证明责任分配

（1）债权人须证明债务人存在不当财产处分行为及损害债权。

（2）有偿行为中，债权人还需证明受让人存在恶意。

4. 保全：债权人在撤销权诉讼中，申请对相对人的财产采取保全措施的，法院依法予以准许

（七）债权转让的民诉视角

第47条【债权债务转让纠纷中的诉讼第三人】债权转让后，债务人向受让人主张其对让与人的抗辩的，人民法院可以追加让与人为第三人。

债务转移后，新债务人主张原债务人对债权人的抗辩的，人民法院可以追加原债务人为第三人。

当事人一方将合同权利义务一并转让后，对方就合同权利义务向受让人主张抗辩或者受让人就合同权利义务向对方主张抗辩的，人民法院可以追加让与人为第三人。

（八）解除合同的民诉视角

第54条【起诉解除合同与撤诉】当事人一方未通知对方，直接以提起诉讼的方式主张解除合同，撤诉后再次起诉主张解除合同，人民法院经审理支持该主张的，合同自再次起诉的起诉状副本送达对方时解除。但是，当事人一方撤诉后又通知对方解除合同且

该通知已经到达对方的除外。

（九）违约金的民诉视角

第 64 条【请求调整违约金的民诉视角】当事人一方通过反诉或者抗辩的方式，请求调整违约金的，人民法院依法予以支持。

违约方主张约定的违约金过分高于违约造成的损失，请求予以适当减少的，应当承担举证责任。非违约方主张约定的违约金合理的，也应当提供相应的证据。

当事人仅以合同约定不得对违约金进行调整为由主张不予调整违约金的，人民法院不予支持。

第 66 条【违约金调整的释明与改判】当事人一方请求对方支付违约金，对方以合同不成立、无效、被撤销、确定不发生效力、不构成违约或者非违约方不存在损失等为由抗辩，未主张调整过高的违约金的，人民法院应当就若不支持该抗辩，当事人是否请求调整违约金进行释明。第一审人民法院认为抗辩成立且未予释明，第二审人民法院认为应当判决支付违约金的，可以直接释明，并根据当事人的请求，在当事人就是否应当调整违约金充分举证、质证、辩论后，依法判决适当减少违约金。

被告因客观原因在第一审程序中未到庭参加诉讼，但是在第二审程序中到庭参加诉讼并请求减少违约金的，第二审人民法院可以在当事人就是否应当调整违约金充分举证、质证、辩论后，依法判决适当减少违约金。

【考点提示】

<table>
<tr><td>主张方式</td><td>当事人一方可以通过反诉或者抗辩的方式申请调整违约金</td></tr>
<tr><td rowspan="3">举证责任</td><td>一般规则：谁主张、谁举证</td></tr>
<tr><td>非违约方主张约定的违约金低于违约造成的损失请求予以增加，非违约方承担举证责任</td></tr>
<tr><td>违约方主张约定的违约金过分高于违约造成的损失请求予以适当减少的，违约方承担举证责任</td></tr>
<tr><td>释明</td><td>合同约定的违约金过分高于因违约所造成的损失，但是违约方以合同不成立、未生效、无效、确定不发生效力、不构成违约或者非违约方不存在损失等为由抗辩，未主张调整过高的违约金的，法院应当向当事人释明</td></tr>
<tr><td rowspan="2">改判</td><td>未释明：第一审法院经审理认为抗辩不成立，但是未予释明并判决按照合同约定赔偿违约金，或者第一审法院认为抗辩成立故未予释明，但是第二审法院经审理认为应当判决支付违约金的，第二审法院可以直接释明并根据当事人的请求依法判决适当减少违约金数额</td></tr>
<tr><td>未到庭：被告在第一审程序中未到庭参加诉讼，但是在第二审程序中到庭参加诉讼并请求减少违约金的，第二审法院可以依法判决适当减少违约金数额</td></tr>
<tr><td colspan="2">最高法指导案例第 166 号：当事人双方就债务清偿达成和解协议，约定解除财产保全措施及违约责任。一方当事人依约申请人民法院解除了保全措施后，另一方当事人违反诚实信用原则不履行和解协议，并在和解协议违约金诉讼中请求减少违约金的，人民法院不予支持</td></tr>
</table>

二、《公司法》（2023年修订）的民诉视角

条文内容	民诉结合点
1. 法人人格否认制度 第23条　公司股东滥用公司法人独立地位和股东有限责任，逃避债务，严重损害公司债权人利益的，应当对公司债务承担连带责任。 股东利用其控制的两个以上公司实施前款规定行为的，各公司应当对任一公司的债务承担连带责任。 只有一个股东的公司，股东不能证明公司财产独立于股东自己的财产的，应当对公司债务承担连带责任。	举证责任倒置
2. 会议：电子通信方式 第24条：公司股东会、董事会、监事会召开会议和表决可以采用电子通信方式，公司章程另有规定的除外。	1. 电子化会议：通过微信等方式形成的会议决议和表决结果，在诉讼中属于电子数据（2022年主观题考点） 2. 关于决议效力的影响
3. 决议效力制度 第25条【决议无效】公司股东会、董事会的决议内容违反法律、行政法规的无效。 第26条【决议可撤销】公司股东会、董事会的会议召集程序、表决方式违反法律、行政法规或者公司章程，或者决议内容违反公司章程的，股东自决议作出之日起六十日内，可以请求人民法院撤销。但是，股东会、董事会的会议召集程序或者表决方式仅有轻微瑕疵，对决议未产生实质影响的除外。 未被通知参加股东会会议的股东自知道或者应当知道股东会决议作出之日起六十日内，可以请求人民法院撤销；自决议作出之日起一年内没有行使撤销权的，撤销权消灭。 第27条【决议不成立】有下列情形之一的，公司股东会、董事会的决议不成立： （一）未召开股东会、董事会会议作出决议； （二）股东会、董事会会议未对决议事项进行表决； （三）出席会议的人数或者所持表决权数未达到本法或者公司章程规定的人数或者所持表决权数； （四）同意决议事项的人数或者所持表决权数未达到本法或者公司章程规定的人数或者所持表决权数。	1. 诉的类型与时效 不成立、无效：确认之诉 撤销：形成之诉 2. 股东提起撤销之诉，删除了原告提供担保的规定

续表

条文内容	民诉结合点
4. 股东失权制度 第 52 条　股东未按照公司章程规定的出资日期缴纳出资，公司依照前条第一款规定发出书面催缴书催缴出资的，可以载明缴纳出资的宽限期；宽限期自公司发出催缴书之日起，不得少于六十日。宽限期届满，股东仍未履行出资义务的，公司经董事会决议可以向该股东发出失权通知，通知应当以书面形式发出。自通知发出之日起，该股东丧失其未缴纳出资的股权。 依照前款规定丧失的股权应当依法转让，或者相应减少注册资本并注销该股权；六个月内未转让或者注销的，由公司其他股东按照其出资比例足额缴纳相应出资。 股东对失权有异议的，应当自接到失权通知之日起三十日内，向人民法院提起诉讼。	1. 如果股东失权的实体条件不满足或者未遵守正当程序的，股东可以依据该款提起确认之诉，请求法院确认股东身份存续，从而主张失权的无效 2. 确认之诉的被告与管辖
5. 股东出资加速到期 第 54 条　公司不能清偿到期债务的，公司或者已到期债权的债权人有权要求已认缴出资但未届出资期限的股东提前缴纳出资。	1. 公司作为债务人，能否直接列出资期限未届满的股东为共同被告？判决中应当如何确定责任的承担？ 2. 执行中，追加股东为被执行人
6. 股东知情权制度 第 57 条　股东有权查阅、复制公司章程、股东名册、股东会会议记录、董事会会议决议、监事会会议决议和财务会计报告。 股东可以要求查阅公司会计账簿、会计凭证。股东要求查阅公司会计账簿、会计凭证的，应当向公司提出书面请求，说明目的。公司有合理根据认为股东查阅会计账簿、会计凭证有不正当目的，可能损害公司合法利益的，可以拒绝提供查阅，并应当自股东提出书面请求之日起十五日内书面答复股东并说明理由。公司拒绝提供查阅的，股东可以向人民法院提起诉讼。 股东查阅前款规定的材料，可以委托会计师事务所、律师事务所等中介机构进行。 股东及其委托的会计师事务所、律师事务所等中介机构查阅、复制有关材料，应当遵守有关保护国家秘密、商业秘密、个人隐私、个人信息等法律、行政法规的规定。 股东要求查阅、复制公司全资子公司相关材料的，适用前四款的规定。	1. 范围的扩展：股东名册；会计凭证全资子公司的相关材料 2. 知情权之诉的原告；例外；被告 3. 判决书应当明确具体（具备执行力）

续表

条文内容	民诉结合点
7. 有限公司股权转让 第 84 条　有限责任公司的股东之间可以相互转让其全部或者部分股权。 股东向股东以外的人转让股权的，应当将股权转让的数量、价格、支付方式和期限等事项书面通知其他股东，其他股东在同等条件下有优先购买权。股东自接到书面通知之日起三十日内未答复的，视为放弃优先购买权。两个以上股东行使优先购买权的，协商确定各自的购买比例；协商不成的，按照转让时各自的出资比例行使优先购买权。 公司章程对股权转让另有规定的，从其规定。 第 86 条　股东转让股权的，应当书面通知公司，请求变更股东名册；需要办理变更登记的，并请求公司向公司登记机关办理变更登记。公司拒绝或者在合理期限内不予答复的，转让人、受让人可以依法向人民法院提起诉讼。 股权转让的，受让人自记载于股东名册时起可以向公司主张行使股东权利。	1. 侵犯优先购买权 时效：知道同等条件之日起 30 日 + 变更登记 1 年 2. 诉讼请求的提出：仅要求确认转让行为无效，未同时主张优先购买权的，不予支持 3. 要求变更名册和登记，具有可诉性
8. 异议股东回购之诉 第 89 条　有下列情形之一的，对股东会该项决议投反对票的股东可以请求公司按照合理的价格收购其股权： （一）公司连续五年不向股东分配利润，而公司该五年连续盈利，并且符合本法规定的分配利润条件； （二）公司合并、分立、转让主要财产； （三）公司章程规定的营业期限届满或者章程规定的其他解散事由出现，股东会通过决议修改章程使公司存续。 自股东会决议作出之日起六十日内，股东与公司不能达成股权收购协议的，股东可以自股东会决议作出之日起九十日内向人民法院提起诉讼。 公司的控股股东滥用股东权利，严重损害公司或者其他股东利益的，其他股东有权请求公司按照合理的价格收购其股权。 公司因本条第一款、第三款规定的情形收购的本公司股权，应当在六个月内依法转让或者注销。	1. 情形的扩张 2. 起诉的时间
9. 自此再无股东大会 第 111 条　股份有限公司股东会由全体股东组成。股东会是公司的权力机构，依照本法行使职权。	请求召开股东会会议，不具有可诉性

续表

条文内容	民诉结合点
10. 股票公示催告制度 第164条　股票被盗、遗失或者灭失，股东可以依照《中华人民共和国民事诉讼法》规定的公示催告程序，请求人民法院宣告该股票失效。人民法院宣告该股票失效后，股东可以向公司申请补发股票。	公示催告程序与除权判决
11. 代表诉讼制度 第189条　董事、高级管理人员有前条规定的情形的，有限责任公司的股东、股份有限公司连续一百八十日以上单独或者合计持有公司百分之一以上股份的股东，可以书面请求监事会向人民法院提起诉讼；监事有前条规定的情形的，前述股东可以书面请求董事会向人民法院提起诉讼。 监事会或者董事会收到前款规定的股东书面请求后拒绝提起诉讼，或者自收到请求之日起三十日内未提起诉讼，或者情况紧急、不立即提起诉讼将会使公司利益受到难以弥补的损害的，前款规定的股东有权为公司利益以自己的名义直接向人民法院提起诉讼。 他人侵犯公司合法权益，给公司造成损失的，本条第一款规定的股东可以依照前两款的规定向人民法院提起诉讼。 公司全资子公司的董事、监事、高级管理人员有前条规定情形，或者他人侵犯公司全资子公司合法权益造成损失的，有限责任公司的股东、股份有限公司连续一百八十日以上单独或者合计持有公司百分之一以上股份的股东，可以依照前三款规定书面请求全资子公司的监事会、董事会向人民法院提起诉讼或者以自己的名义直接向人民法院提起诉讼。	1. 将股东代表诉讼的被告范围扩张至全资子公司的董事、高级管理人员，构建双重股东代表诉讼制度 2. 前置程序及其例外 3. 反诉 4. 所得利益的归属 5. 调解书的出具
12. 司法解散诉讼 第231条　公司经营管理发生严重困难，继续存续会使股东利益受到重大损失，通过其他途径不能解决的，持有公司百分之十以上表决权的股东，可以请求人民法院解散公司。	1. 原告；被告；第三人 2. 证据、财产保全 3. 注重调解

三、大串讲：结构串讲+知识点串讲

- 总体结构概览
  - 民诉总论
    - 民诉法概述；基本原则；基本制度；诉；主管与管辖；当事人与诉讼代理人；诉讼辅助与保障制度
  - 民事证据与证明
    - 证据论
    - 证明论
  - 民事诉讼程序
    - 普通程序
    - 简易程序：传统型+小额诉讼程序
    - 二审程序
    - 再审程序
  - 非讼程序
    - 特别程序
    - 督促程序
    - 公示催告程序
  - 民事执行程序
    - 执行概述；执行管辖与执行管辖异议；执行行为异议；执行标的异议与再审；执行标的异议与执行异议之诉；委托执行；执行担保；执行和解；参与分配；变更、追加被执行人；各种执行措施
  - 民商事仲裁
    - 仲裁协议
    - 仲裁程序
    - 仲裁司法审查

四、民诉法的相关原理回顾

1. 诉讼程序 VS 非讼程序 VS 执行程序：程序的功能不同，制度设计、体系结构和运行原理亦随之不同。

2. 民事诉讼的灵魂主线：当事人的处分权与法院的审判权——二者之间相互制约。

3. 诉的预备合并：主位请求 VS 备位请求

4. 管辖：如果原告和被告的状态相同，则仍然“原告就被告”。

5. 当某一案件存在请求权基础竞合的情况时（例如侵权与违约竞合），选择不同的请求权基础，将对案件的管辖、当事人的确定、证明责任的分配等产生不同的影响。

6. 移送管辖的功能是纠正立案错误，原则上有错才纠错，纠错才移送，没错不纠错，不纠错就不移送，但级别管辖和专属管辖除外。

7. 涉及身份关系的案件：强调实质接触当事人；涉及公序良俗，当事人处分权受限，法院职权主义增强。

8. 三撤与再审的关系：三撤和再审均指向原生效裁判的正确性，均属于事后救济，因此存在功能重叠，不能同时并行。再审的救济范围广于三撤，因此“大鱼吃小鱼”，原则上再审吸收三撤；但如果涉及虚假恶意诉讼，则中止再审，先审三撤。

9. 法院判决结案时，不能超判或漏判，否则违反处分原则。但调解结案时，由当事人主导，因此调解协议的范围可以超出诉讼请求的范围。

10. 如果因为鉴定机构或鉴定人的原因而导致鉴定意见无法使用，其均应当退还鉴定费用。

11. 先判断是否具备证据能力（证据“三性”），之后再判断证明力的大小强弱。

12. 证明责任的基本理论

（1）行为意义上的证明责任：谁主张、谁举证，当事人对自己主张的事实，有义务提供证据加以证明。

（2）结果意义上的证明责任：如果当事人无法提供证据或提供的证据不充分，导致法官无法形成心证（即待证事实真伪不明），且法律上没有拟制、抵充、推定等特殊安排，那么作为穷尽一切手段之后的最后途径，法官可以用结果意义上的证明责任判案，即谁对该真伪不明的要件事实承担证明责任，谁就要承担不利的后果（败诉的风险）。

13. 在采用无过错归责原则的案件中，加害方是否存在过错根本不是证明对象，原告不用证明被告有过错，被告也不用证明自己没有过错。

14. 举证责任倒置，是指法律规定将本应由受害方证明的要件事实规定为加害方证明。加害方对免责事由承担证明责任并不属于举证责任倒置，而是一般分配原则。

15. 立法者在分配证明责任时考量的因素：谁作出积极行为；谁更接近证据；谁更专业、更有实力。

16. 起诉条件 VS 胜诉条件

17. 诉讼中止 VS 诉讼终结

18. 重复起诉：“三同说”“两同说”；禁止重复救济；不得人为故意拆分请求。

19. 一审、二审和再审程序的功能定位不同，决定了其审理范围亦随之不同：一审程序中额可以增加或变更请求；二审程序中可以增加请求，都不能单纯变更请求；再审程序中原则上既不能增加请求，也不能变更请求。

20. 二审程序 VS 再审程序：通常救济 VS 特殊救济（裁判的正确性与终局性）

21. 诉讼程序 VS 非讼程序：二审程序和再审程序是诉讼案件的救济机制，而不是非讼案件的救济机制。非讼程序的救济机制通常与其特性相适应，即非讼程序自带救济。诉讼程序与非讼程序的功能定位和制度设计均存在本质差异。

22. 针对同一债权债务关系，督促程序与诉讼程序可能前后相继，但不能同时并行。

23. 执行程序的主要功能是实现权利，其更侧重效率价值的追求。

24. 执行和解属于一种独立的民事合同，本质上属于私法范畴，该项制度应当尊重当事人的意思表示，切实保障债权人的合法权益。执行和解虽然不否定创设新的法律关系，但是不能因此轻易否认原有债权的性质和效力。

25. 执行救济机制：执行行为异议；执行标的异议；执行异议之诉；财产分配方案异议之诉；追加变更异议之诉；执行回转。

26. 仲裁协议的效力判断：大错 VS 小错

27. 仲裁协议效力的独立性

28. 仲裁协议的拘束力扩张

29. 仲裁司法审查：有限性与事后性

五、民诉法的解题技巧回顾

1. 平等原则 VS 同等原则、对等原则

2. 处分原则 VS 辩论原则

3. 判断诉的种类“两步法”

第一步：定性——确定属于诉讼案件 → 第二步：原告诉讼请求的具体内容

4. 识别反诉的从易到难“三步法”

1. 主体是否同一（本诉原告是反诉被告，本诉被告是反诉原告） → 2. 请求是否独立（假如本诉不存在） → 3. 是否具备牵连关系（3种择其一）

5. 一般地域管辖的“四分法”

一般地域管辖常考的四类型	离开住所超过1年的离婚案件	双方均离开住所：原告就被告 仅被告离开住所：原告和被告均可管
	人身不自由的案件（监禁、强制性教育措施）	双方均不自由：原告就被告 仅被告不自由：被告就原告
	“三费”案件（赡养费、扶养费、抚养费）	只有一个被告或几个被告在同一辖区：原告就被告 几个被告不在同一辖区：原告和被告均可管
	三种特殊被告（不在中国境内、下落不明、宣告失踪）	身份关系案件：被告就原告 其他类型案件：原告就被告

6. 网购合同纠纷确定地域管辖的“两步法”

7. 合同有约定履行地，但没有实际履行

合同没有实际履行（原告住所地在A区，被告住所地在B区）	①约定履行地为A区——管辖法院：A区（约定履行地）+B区（被告住所地）
	②约定履行地为B区——管辖法院：B区（既是约定履行地也是被告住所地）
	③约定履行地为C区——管辖法院：被告住所地B区（此时约定履行地毫无价值和意义，因此没有管辖权）

8. 合同纠纷中确定地域管辖的“三步法”

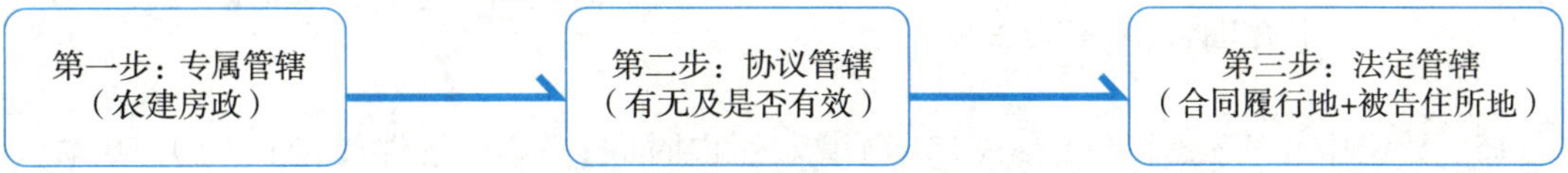

9. 确定管辖和确定当事人的共同路径：先定性、找规范、得答案。

10. 案外第三人的救济途径（不同阶段）

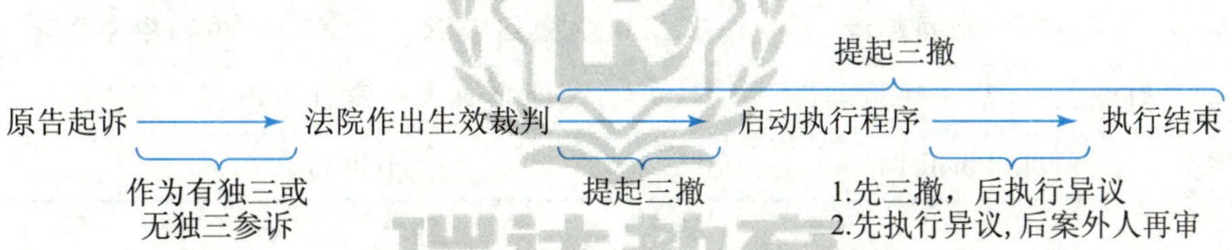

11. 鉴定人出庭的前置过滤装置

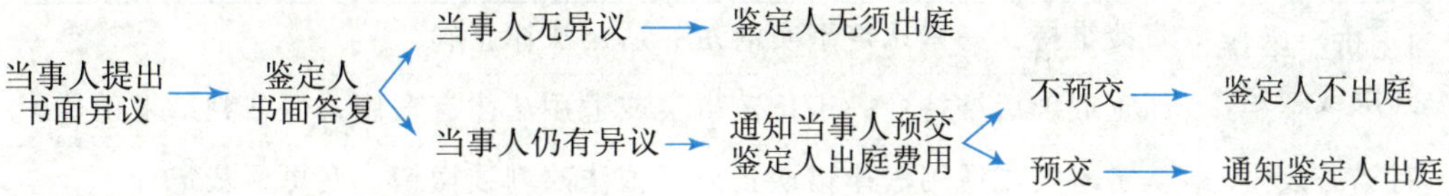

12. 区分本证与反证的三步法

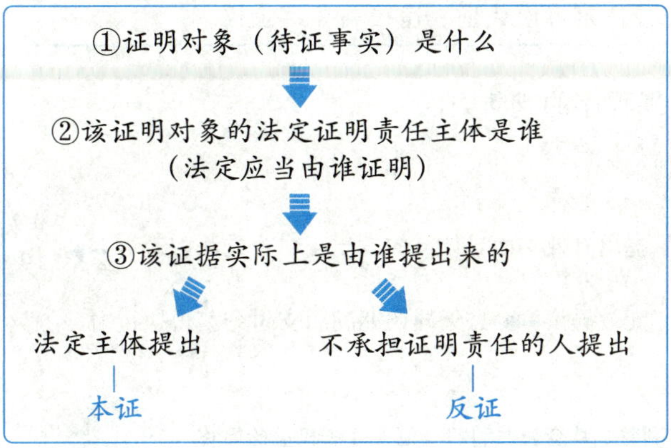

13. 分配证明责任的“三步法”

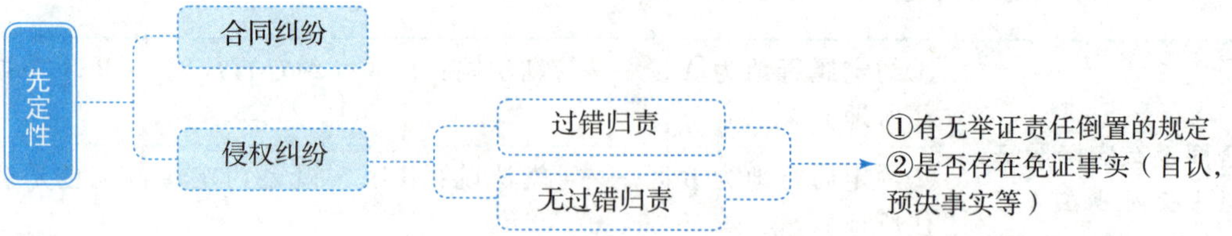

14. 普通程序的基本流程

15. 诉讼中止 VS 诉讼终结：（1）当事人死亡时间；（2）案件类型；（3）实体法中的规定。

16. 撤诉：撤回起诉 + 撤回上诉

—	一审中撤回起诉	二审中撤回起诉	再审中撤回起诉
条件	自愿、合法 + 法院准许	其他当事人同意且不损害“三益”[1]	
法律后果	可以再起诉	不得再次起诉	

17. 二审中的四类特殊调解

18. 二审案件的裁判方式

驳回上诉、维持原判决或裁定	直接维持：一审认定事实清楚、适用法律正确
	纠正瑕疵后维持：一审认定事实或适用法律有瑕疵，但裁判结果正确
有错必改	认定事实或适用法律错误：应当依法改判或撤销、变更原裁定
可改判、可发回	认定基本事实不清
只能发回重审	严重的程序违法：漏人、违法缺席判决、审判组织不合法、违反回避制度、未经法定诉讼代理、违法剥夺辩论权

19. 再审案件审理程序的判断方法

20. 督促程序的总体流程

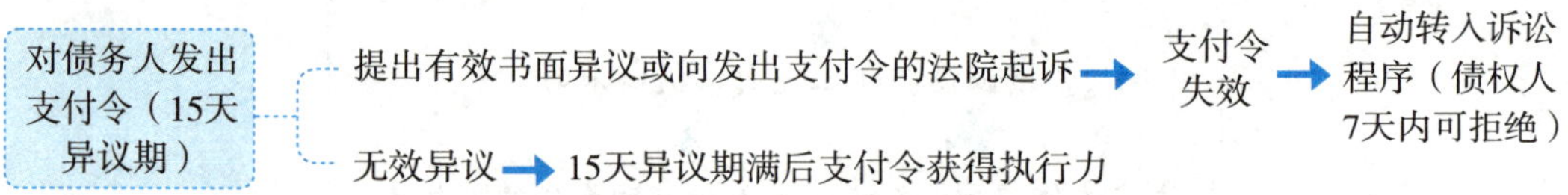

〔1〕“三益”是国家利益、社会公共利益、他人合法权益的简称。

21. 公示催告程序的总体流程

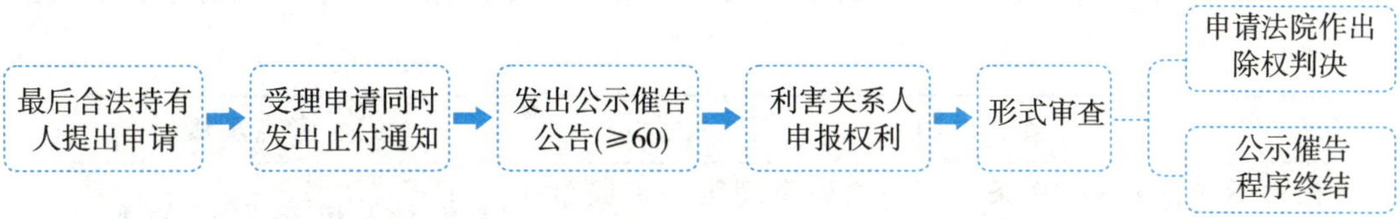

22. 执行行为异议 VS 执行标的异议

23. 两类执行标的异议

第一类执行异议：指向原生效裁判的正确性

玉石——玉石——玉石

（判）（执行）（案外人）

案外人异议 { 成立→中止执行→当事人再审 ; 驳回→案外人再审 }

第二类执行异议：与原生效裁判无关

钱——玉石——玉石

（判）（执行）（案外人）

案外人异议 { 成立→中止执行→申请执行人执行异议之诉（许可执行之诉） ; 驳回→案外人执行异议之诉 }

24. 两种执行异议之诉

—	案外人执行异议之诉	申请执行人执行异议之诉（许可执行之诉）
前提	执行异议被裁定驳回	执行异议被裁定成立
目的功能	阻碍执行	恢复促进执行
诉讼地位	案外人为原告，申请执行人被告；被执行人反对案外人的，作为共同被告；不反对的，可列为第三人	申请执行人为原告，案外人为被告；被执行人反对申请执行人的，作为共同被告；不反对的，可列为第三人
举证责任	两种异议之诉中，案外人均应当就其对执行标的享有足以排除强制执行的民事权益承担举证证明责任	
审理程序	法院审理执行异议之诉案件，适用普通程序	

25. 执行和解：可恢复、可起诉（二者择其一）

26. 外国人或外国公司——涉外诉讼；未成年人或精神病人——无、限人。

六、2023年《民事诉讼法修正案》考点整合（国内部分）

条文内容	考点解读
《民事诉讼法》第40条：人民法院审理第一审民事案件，由审判员、人民陪审员共同组成合议庭或者由审判员组成合议庭。合议庭的成员人数，必须是单数。 适用简易程序审理的民事案件，由审判员一人独任审理。基层人民法院审理的基本事实清楚、权利义务关系明确的第一审民事案件，可以由审判员一人适用普通程序独任审理。 人民陪审员在参加审判活动时，除法律另有规定外，与审判员有同等的权利义务。	完善了人民陪审员的职能，与《人民陪审员法》的相关规定保持一致。 《人民陪审员法》第22条：人民陪审员参加七人合议庭审判案件，对事实认定，独立发表意见，并与法官共同表决；对法律适用，可以发表意见，但不参加表决。
《民事诉讼法》第47条：审判人员有下列情形之一的，应当自行回避，当事人有权用口头或者书面方式申请他们回避： （一）是本案当事人或者当事人、诉讼代理人近亲属的； （二）与本案有利害关系的； （三）与本案当事人、诉讼代理人有其他关系，可能影响对案件公正审理的。 审判人员接受当事人、诉讼代理人请客送礼，或者违反规定会见当事人、诉讼代理人的，当事人有权要求他们回避。 审判人员有前款规定的行为的，应当依法追究法律责任。 前三款规定，适用于法官助理、书记员、司法技术人员、翻译人员、鉴定人、勘验人。	将法官助理和司法技术人员纳入回避的适用范围 1. 法官助理：审判辅助人员。在法官的督导下工作，协助法官进行法律研究，起草法律文书以及其他与案件准备和案件管理有关的工作。 2. 司法技术人员：自2005年全国法院开展司法鉴定体制改革以来，全国法院的鉴定、评估工作由内部专业技术人员负责转为通过委托外部鉴定、评估机构负责，法院的司法技术部门逐渐转为内部职能部门，主要负责办理对外委托评估、鉴定等相关事项，但基本不参与民事案件审判程序的具体工作。
《民事诉讼法》第140条：开庭审理前，书记员应当查明当事人和其他诉讼参与人是否到庭，宣布法庭纪律。 开庭审理时，由审判长或者独任审判员核对当事人，宣布案由，宣布审判人员、法官助理、书记员等的名单，告知当事人有关的诉讼权利义务，询问当事人是否提出回避申请。	
《民事诉讼法》第115条：当事人之间恶意串通，企图通过诉讼、调解等方式侵害国家利益、社会公共利益或者他人合法权益的，人民法院应当驳回其请求，并根据情节轻重予以罚款、拘留；构成犯罪的，依法追究刑事责任。 当事人单方捏造民事案件基本事实，向人民法院提起诉讼，企图侵害国家利益、社会公共利益或者他人合法权益的，适用前款规定。	强化对虚假恶意诉讼的规制 1. 完善了虚假诉讼的表现形式：双方恶意串通型+单方捏造型。 2. 在被侵害的利益中增加了国家利益和社会公共利益。

续表

<table>
<tr><th>条文内容</th><th>考点解读</th></tr>
<tr><td>《民事诉讼法》第 130 条：人民法院受理案件后，当事人对管辖权有异议的，应当在提交答辩状期间提出。人民法院对当事人提出的异议，应当审查。异议成立的，裁定将案件移送有管辖权的人民法院；异议不成立的，裁定驳回。
当事人未提出管辖异议，并应诉答辩或者提出反诉的，视为受诉人民法院有管辖权，但违反级别管辖和专属管辖规定的除外。</td><td>与《民诉讼解释》中有关应诉管辖的规定相一致。</td></tr>
<tr><td>《民事诉讼法》第 194 条：对遗产管理人的确定有争议，利害关系人申请指定遗产管理人的，向被继承人死亡时住所地或者主要遗产所在地基层人民法院提出。
申请书应当写明被继承人死亡的时间、申请事由和具体请求，并附有被继承人死亡的相关证据。</td><td rowspan="4">在“特别程序”中增加一种案件：指定遗产管理人案件——与《民法典》相契合
1. 管辖法院；
2. 申请方式；
3. 指定遗产管理人的原则；
4. 遗产管理人存在特殊情形时的处理方式。</td></tr>
<tr><td>《民事诉讼法》第 195 条：人民法院受理申请后，应当审查核实，并按照有利于遗产管理的原则，判决指定遗产管理人。</td></tr>
<tr><td>《民事诉讼法》第 196 条：被指定的遗产管理人死亡、终止、丧失民事行为能力或者存在其他无法继续履行遗产管理职责情形的，人民法院可以根据利害关系人或者本人的申请另行指定遗产管理人。</td></tr>
<tr><td>《民事诉讼法》第 197 条：遗产管理人违反遗产管理职责，严重侵害继承人、受遗赠人或者债权人合法权益的，人民法院可以根据利害关系人的申请，撤销其遗产管理人资格，并依法指定新的遗产管理人。</td></tr>
<tr><td colspan="2">2023 年《民事诉讼法》修调内容精炼（国内部分）
1. 完善人民陪审员的审判职能；
2. 增加法官助理、司法技术人员的相关规定；
3. 强化对虚假恶意诉讼的规制；
4. 完善应诉管辖的构成条件；
5. 在特别程序中增加“指定遗产管理人案件”。</td></tr>
</table>